乐游全球

跟团游系列……③

澳大利亚

Australia

实业之日本社海外版编辑部◎编著

张文颖　刘芳◎译

TEP 旅游教育出版社

乐游全球

跟团游系列……3

澳大利亚

Australia

目录 CONTENTS

G'DAY
FROM
CATABY
W.A.

本书的使用方法

关于本书的数据

本书所列的费用、营业时间、公休日、电话号码、交通工具的出发与到达时刻等各种数据，是经实地调查获得的，并逐一进行了确认。

但这些数据可能会随时间变化而变动，最好事先电话确认一下。关于一些重要事项，建议根据具体情况提前查看相关信息，或通过咨询观光处等途径来再次确认。

关于本书的地图

●地图符号

- H…酒店
- R…餐厅
- …咖啡厅
- S…商店
- N…夜生活场所
- …邮局
- P…停车场
- …公交车站
- M…地铁站
- …火车站
- 文…学校
- …机场
- …医院
- …基督教堂
- 卍…佛教寺院
- 3 54…道路编号
- …步行商业街
- i…观光咨询处
- …高尔夫球场
- ▲…山
- ——铁路

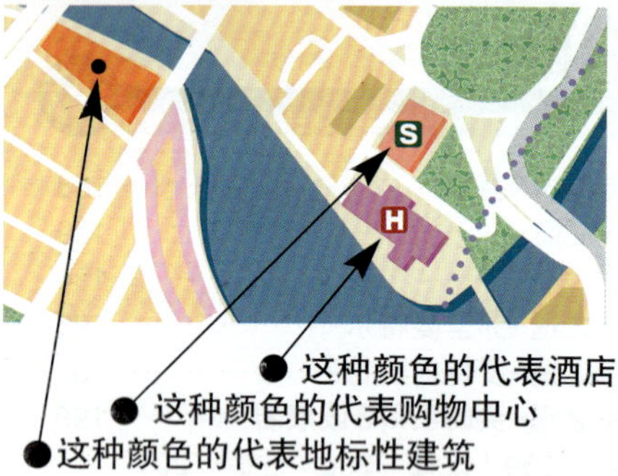

澳大利亚基本信息

国名 澳大利亚联邦
Commonwealth of Australia

首都 堪培拉

面积 约7 686 580km²

人口 约22 696 000人（截至2011年9月）

语言 英语

国花 金合欢。豆科金合欢属，花期为8~10月

时差 时差根据地域不同，比北京早2小时

民族 英格兰、爱尔兰裔占了国民的80%。接收来自世界各国的移民。作为土著人的原住民族只占全体的2%左右。

宗教 主要为基督教，占全体人口的65%，无宗教信仰者占全体人口的20%。

货币 澳元A$(1A$约等于6.6元人民币)

国旗 由英国国旗和代表南十字星、六州一区的七角星组成

政治 属于君主立宪制联邦制。英国女王是其国家元首，由女王任命的总督为最高行政长官。政体为议会民主制，现任总理是茱莉雅•吉拉德。

电压 澳大利亚的电压是230V～240V，频率是50Hz，中国国内电器可以直接使用。澳大利亚的插座都是三孔插座，国内的三孔扁插可以正常使用，但国内的两孔插头则需插头转换器。插头转换器可以直接向酒店前台索要，也可以在国内大型商店购买澳大利亚插头转换器。

物价 咖啡 约A$2.70
市内电车 约A$1.80
矿泉水500ml 约A$1.60

小费 基本不需要

观光 Sightseeing

Anzac Square
澳新军团广场 ♀♀♀ ← 必看图符

地图 p.102-C

●中央车站前　Adelaide St. between Edward and Creek Sts.

这是位于中央车站前的广场。广场中间有一座让人联想起希腊神殿的建筑物，它向人们传达了第一次世界大战中澳新军团的英勇表现。

> **小知识**
>
> 澳新军团
>
> 澳新军团广场和澳新军团日中的“澳新军团（Anzac）”是“Australian and New Zealand Army Corporation（澳大利亚和新西兰联合军团）”的简称。因澳大利亚独立后不久参加了第一次世界大战，并于1914年组建了澳新军团。尽管损失惨重，但也取得了重要战果。澳大利亚因此登上了国际舞台，“一战”后成功加入了国际联盟。

本文中用红色表示的语句在“小知识”一栏中特别提出并加以详细解说。

♀♀♀♀ 必看图符……在“观光”部分介绍的事物中，如果有特别值得推荐的景点会附上♀标记。此标记的数量越多说明推荐度越高。（分♀、♀♀、♀♀♀、♀♀♀♀四个推荐层次）

●**其他特别说明的事项**

*餐厅介绍里的预算一项是大致的标准。原则上不包括饮料费用。

*酒店介绍里刊登的各项住宿费用是除套房等特殊房间外的房费（不包括税费）。

*费用数据后的“~”表示“XX起”，如“A$15~”，即表示“15澳元起”。

*标有“全年无休”字样的地方，也大多在12/25前后和1/1休息，需要注意一下。

购物、饮食、住宿图例代码一览

- ✉……地址
- ☎……电话号码
- FAX……传真号码
- 营……营业时间
- 休……休息时间
- MAP……地图位置
- 交……交通方式
- HP……网页地址
- 中……可以使用中文
- 英……可以使用英语
- 英……提供英语菜单
- ……对服装有要求的场所
- 支付卡……可以使用的支付卡 本书中出现的有V（Visa卡）、M（万事达卡）、A（美国运通卡）
- A$……费用
- 预算……消费支出（以澳元为计量单位）
- 问……咨询处
- 客房数……客房间数
- ……餐厅
- ……游泳池
- H……酒店•招待所•行程计划
- ……Spa健身中心
- TV……电视机
- 冷……冰箱
- SB……保险箱

澳大利亚
Australia
0
300km
N
印度洋
Indian Ocean
帝汶海
Timor Sea
A
B
E
F
I
J
利奇菲尔德国家公园
梅尔维尔岛
Melville Is.
p.12 卡卡杜国家公
Kakadu National P
凯瑟琳溪谷
Katherine Gorge
约瑟夫·波拿巴湾
Joseph Bonaparte Gulf
温德姆
Wyndham
库努纳拉
Kununurra
金伯利高原
Kimberley Plateau
托普斯普斯林
Top Springs
阿盖尔湖
Lake Argyle
p.13波奴鲁鲁国家公园（班古鲁班古）
Purnululu National Park(Bungle Bungle)
布鲁姆
Broome
霍尔斯克里克
Halls Creek
沃尔夫-克里克陨星坑
Wolf Creek Meteorite Crater
大沙沙漠
Great Sandy Desert
黑德兰港
Port Headland
丹皮尔港
Dampier
奇切斯特山脉国家公园
Chichester Ra. National Park
哈默斯利山脉国家公园
Hamersley Ra. National Park
Canning Stock Route
麦凯湖
L. Mackay
西北角
North West Cape
半岛国家公园
Cape Ra. National Pk.
皮尔巴拉
Pilbara
失望湖
L. Disappointment
西澳大利亚州
Western Australia
艾尔斯巨石（乌卢鲁）p.135
Ayers Rock
p.138 奥尔加
The Olgas
吉布森沙漠
Gibson Desert
鲨鱼湾 p.13
Shark Bay
卡那封
Carnarvon
Great Northern Hwy.
大北公路
卡内基湖
L. Carnegie
乌卢鲁—卡塔楚塔国家公园 p.13,138
Uluru-Kata Tjuta National Park
猴滩
Monkey Mia
贝壳海滩
Shell Beach
米卡萨拉
Meekatharra
韦尔斯湖
L. Wells
海豚信息咨询中心
Dolphin Information Centre
维多利亚大沙漠
Great Victoria Desert
芒特马格尼特
Mt. Magnet
纳拉伯大平原
Nullabor Plain
卡尔巴里国家公园
Kalbarri National Pk.
杰拉尔顿
Geraldton
利奥诺拉
Leonora
95
巴利湖
L. Barlee
卡尔古利
Kalgoorlie
p.198 平纳克勒斯
Pinnacles
穆尔湖
L. Moore
澳大利亚横贯铁路（印度洋—太平洋号）
Trans Australian Rlwy.
林博国家公园
Numbung National Park
南克罗斯
Southern Cross
大东公路
Great Eastern Hwy.
扬切普国家公园
Yanchep Nat'l. Pk.
诺斯曼
Norseman
艾尔公路 Eyre Hwy.
马都拉
Madura
珀斯 p.187
Perth
约克
York
波浪岩 p.198
Wave Rock
阿里德角国家公园
Cape Arid National Park
纳罗金
Narrogin
埃斯佩兰斯
Esperance
大澳大利亚湾
Great Australian Bight
p.21 玛格丽特河
Margaret River
班伯里
Bunbury
斯特灵山脉国家公园
Stirling Ra. National Park
哈梅林湾国家公园
Hamelin Bay National Park
奥尔巴尼
Albany
南极海
Antarctic Ocean
1

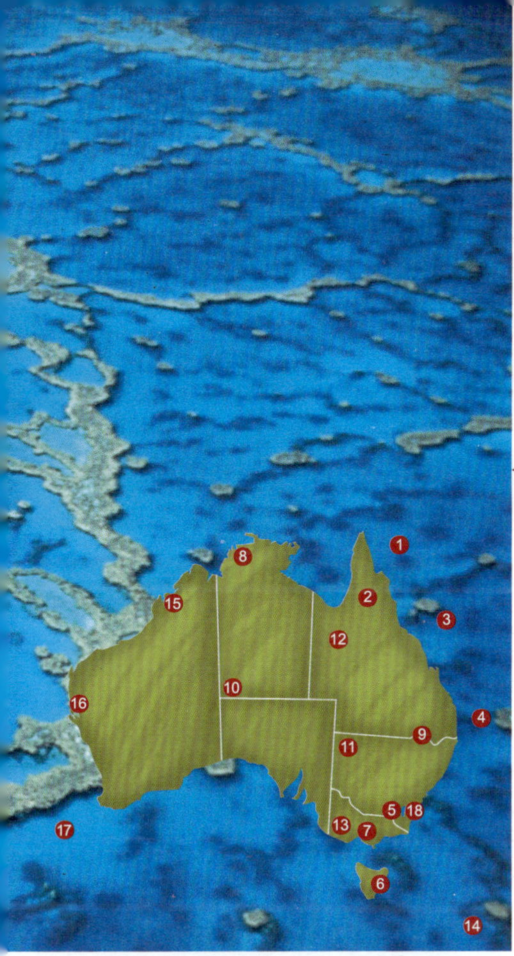

何为世界遗产?

在1972年联合国教科文组织全会通过的《保护世界文化和自然遗产公约》中规定，世界遗产是指全人类公认的具有普遍价值的文物古迹及自然景观。1981年，澳大利亚有3处景观列入了世界遗产名录，分别为卡卡杜国家公园、大堡礁和威兰德拉湖区。截至2010年，澳大利亚共有19处世界遗产。

1 大堡礁

Greet Barrier Reef

（1981年划为自然遗产 昆士兰州）

它北起与巴布亚新几内亚相邻的托雷斯海峡，南至格莱斯顿海，长达2000公里，是世界最大最长的珊瑚礁群。这里生长着350多种珊瑚。

2 昆士兰州热带湿润地区

Queensland Wet Tropics

（1988年划为世界遗产 昆士兰州）

这是澳大利亚规模最大的热带雨林带。这片热带丛林以丹特里溪谷为中心，面积约为895 000km^2。生长着483种珍稀植物，其中83种为濒临灭绝的珍稀物种。此外，还有25种以上的珍贵动物。

4 豪勋爵群岛

Load Howe Island Group

（1982年划为自然遗产 新南威尔士州）

豪勋爵群岛因其独特的自然形态——岛屿形态而闻名于世。群岛由28个岛组成，被美丽的海滨沙滩和奇岩怪石包围着。这里有许多珍稀动植物，既有包括74种固有种在内多达219种植物，还有濒临灭绝的129种鸟类在这里繁衍生息。豪勋爵群岛和另外两个世界最南端的珊瑚礁很早就成为自然保护对象。

⑤ 大蓝山地区
The Great Blue Mountains

（2000年划为自然遗产 新南威尔士州）

大蓝山地区位于悉尼北部的国家公园。这里既有布满桉树的雄伟山脉，又有美丽的溪谷和瀑布，也是多种动植物的宝库。来自于土著人古老传说的三姊妹峰，是大自然的杰作。

⑥ 塔斯马尼亚荒原
Tasmanian Wildness

（1982、1989年划为复合遗产 塔斯马尼亚州）

这里位于塔斯马尼亚岛西南部，面积广阔。塔斯马尼亚恶魔等岛上的固有物种、远古时代流传下来的珍贵冷温带雨林、一边开发小岛一边生活的土著人的足迹——塔斯马尼亚岛完整地记录着它们的原貌。

⑦ 皇家展览馆和卡尔顿园林
The Royal Exhibition Building/The Carlton Gardens

（2004年划为文化遗产 维多利亚州）

皇家展览馆和围绕在其附近的卡尔顿园林，是为1880年墨尔本世博会而特别设计建造的。整体风格融合了拜占庭式、罗马式以及意大利文艺复兴时期的各种元素。优雅的建筑物和宽阔的绿色园林巧妙地融合在了一 起。

⑧ 卡卡杜国家公园
Kakadu National Park

（1981、1987、1992年划为复合遗产 北领地）

卡卡杜国家公园面积广大，相当于我国半个台湾省。热带雨林、沼泽地、断层崖以及极富变化的环境，为很多动植物生长、繁衍生息提供了有利条件。公园里保存着约5000处岩石壁画，这些壁画记载着原住民族——也是公园名字的由来——卡卡杜族和土著人的生活，是非常宝贵的资料。

⑨ 澳大利亚冈瓦纳雨林
Gondwana Rainforeasts of Austrialia

（1987、1994年划为自然遗产 新南威尔士州、昆士兰州）

这里是包括50处国家公园和保护区的广袤雨林。由暖温带及亚热带雨林形成的森林中存留着170种以上的植物群，如冈瓦纳古陆时代的假山毛榉属针叶林、石灰纪时代幸存下来的蕨类、苔藓类等物种。一些珍稀鸟类及考拉也在这里繁衍生息。

澳大利亚全景

欢迎来到世界遗产的广袤大地

⑩ 乌卢鲁-卡塔楚塔国家公园
Uluru-Kata tjuta National Park

（1987、1994年划为复合遗产 北领地）

公园内有世界最大的独体岩石——艾尔斯岩，上面还存留着土著人的壁画。此外，还有以卡塔楚塔命名的奥尔加岩群。

⑪ 威兰德拉湖区
Willamdra Lakes Region

（1981年划为复合遗产 新南威尔士州）

这里是人类考古学上最宝贵的遗迹之一。约26000~35000年前的人类遗骸被陆续发掘，为研究人类早期的历史提供了丰富资料。虽然它被冠以“湖”之名，却早已干涸成了干燥的沙漠地带。

⑫⑬ 里弗斯雷和纳拉库特的哺乳动物化石遗址
Austrialian Fossil Mammal Sites

（1994年划为自然遗产 南澳大利亚州、昆士兰州）

纳拉库特是位于澳大利亚东南部的化石遗址，是研究地球演化历史的重要地区，在维多利亚洞窟内发现了许多肉食动物的完整化石，此外还有诸多爬虫类和鸟类的化石。在里弗斯雷则发现了冈瓦纳古大陆时代的动物化石。

⑭ 麦夸里岛
Macquaire Island

（1997年划为自然遗产 海外领土）

麦夸里岛位于塔斯马尼亚岛和南极大陆的中间，是地球上唯一的一处从海洋深处逐渐升出海平面的岛屿，因而形成了世界上绝无仅有的景色，这里也是企鹅、海鸟和海象的一大乐园。

⑮ 波奴鲁鲁国家公园（班古鲁班古山脉）
Purnululu National Park (Bungle Bungle)

（2003年划为自然遗产 西澳大利亚州）

这里地处金伯利高原地域，被称为“澳大利亚最后的秘境”。放眼望去，绵延着奇形怪状的岩石群和千沟万壑的地层，而地层又被褐色覆盖着。在距今两万年前土著文化就在这里繁盛地发展着，而直到二三十年前人们才发现它的存在。

⑯ 鲨鱼湾
Shark Bay

（1991年划为自然遗产 西澳大利亚州）

鲨鱼湾是澳大利亚最大的自然保护区，包括鲨鱼湾及其海岸区域在内共2.2万平方公里。这里水很浅且平稳，近一万头儒艮在这样的环境中繁衍生息，这里正成为身处濒临灭绝危机的海洋生物的避难所。

⑰ 赫德岛和麦克唐纳群岛
Heard and McDonald Islands

（1997年划为自然遗产 海外领土）

赫德岛宛如漂浮于南冰洋之上，耸立于岛上的山脉被永久冰雪和冰川所覆盖。因此，人类和外来的动植物物种完全无法进入这里，只有王企鹅和海豹休憩于此。

⑱ 悉尼歌剧院
Opera House

（2007年划为文化遗产 悉尼）

悉尼歌剧院由丹麦建筑家约恩•乌松设计，是澳大利亚的标志性建筑。工程开工后历经14年才于1973年建成。

⑲ 澳大利亚监狱遗址
Australian Convict Sites

（2010年划为世界遗产 悉尼附近及塔斯马尼亚岛）

英国曾在澳大利亚设立了数千所监狱，关押被放逐到澳洲殖民地的成千上万名男性、女性和儿童。这一遗址就是选取了其中的11座殖民监狱。

享受与大陆共呼吸的乐趣①

在野生王国中与动物邂逅

澳大利亚长时间与其他大陆隔离，动物在进化过程中相对保持了独特性，如用腹部的袋子养育后代的有袋类动物树袋熊和袋鼠、产卵的哺乳类动物鸭嘴兽等。你可以在动物园及动物保护区内近距离观察这些珍稀动物。

树袋熊 Koala

又名考拉，仅以采食桉树叶为生，基本上不饮用水。每天一半以上的时间是在树上睡觉度过的。

鸭嘴兽 Duckbill

产卵后靠母体的温度孵化，幼儿破壳而出后以母乳哺育。有喙和蹼。

鸸鹋 Emu

体长最大的达2米，在鸟类中仅次于鸵鸟。可以每小时40公里的速度行走。

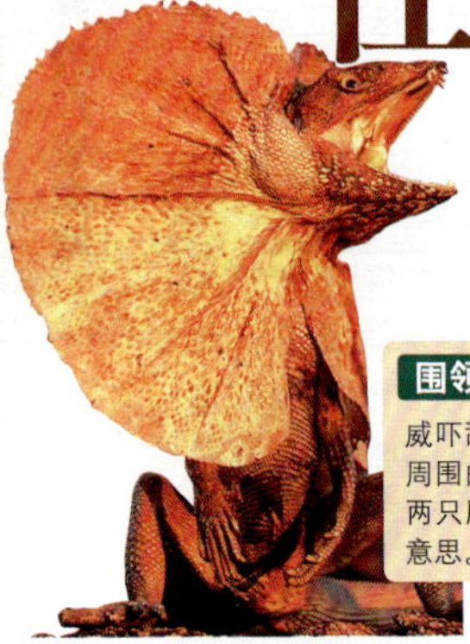

围领蜥蜴 Frilled Lizard

威吓敌人及求爱时，脸部周围的襞就会展开。它用两只脚走路的样子也很有意思。

小袋鼠 Wallaby

约50种袋鼠中体型最小的一种，身高只有50~60厘米。它主要在夜间活动。

袋熊 Wombat

与树袋熊属于同类，外貌如同小熊一般。食青草、野菜，在土中挖穴而居。

澳大利亚全景

神仙企鹅 Fairy Penguin

生活于澳大利亚南侧的海岸地区。身长20~30厘米，是企鹅中特别小的一类。

黑天鹅 Black Swan

正如其名，长有黑色羽毛的天鹅。身长1~1.5米，红色的嘴非常漂亮。

澳洲野犬 Dingo

据说是由土著人祖先带来的一种野生犬。食肉，牙齿锋利，性格有些凶暴。

袋鼠 Kangaroo

带有育儿袋的有袋类动物。后肢非常发达，一下可以跳10米。

在这里可以看到的澳大利亚主要动物园

塔荣嘎动物园

Taronga Zoo（悉尼）

在这里可以看到许多树袋熊、袋鼠等原产于澳大利亚的动物。鹦鹉的种类众多，除此之外，海狗等动物的表演也非常受欢迎。

墨尔本皇家动物园

The Royal Melbourne Zoological Gardens（墨尔本）

园内饲养着鸸鹋等300多种动物。这里没有笼子或围栏，你可以在近乎自然的环境中观察它们，这也是其魅力所在。

悉尼野生动物世界

Sydney Wildlife World （悉尼）

热带鸟等130种珍稀动物聚集于此，其饲养环境亲近自然。有些区域还可以和树袋熊一起拍照（收费）。

特宾比拉自然保护区

Tidbinbilla Nature Reserve（堪培拉）

该保护区可以让你在亲近自然的环境中欣赏树袋熊和袋鼠的身姿。这里还有由管理人员组成的动物观察团。

无尾熊保护区

Lone Pine Koala Sanctuary（布里斯班）

这里是1927年建立的世界最大、历史最悠久的树袋熊保护区。饲养着100多只树袋熊，可以抱着它们拍照。

克里兰自然保护区

Cleeland Conservation Park（阿德莱德）

广阔的自然保护区以最接近大自然的方式饲养着澳大利亚的固有动物。可以抱着树袋熊拍纪念照片。此外，这里还可以看到珍贵的澳洲野犬。

凯恩斯热带动物园

Cairns Tropical Zoo（凯恩斯）

在园内可以近距离观察树袋熊和袋鼠，扣人心弦的鳄鱼表演是绝对不可错过的。到了晚上还会有夜间动物园开放。

珀斯动物园

Perth Zoo（珀斯）

该动物园以小袋鼠和有袋动物等澳大利亚特有动物为主，还聚集着非洲及南非等世界各地的动物。

欣赏点缀大陆的绚烂之花

澳大利亚有许多独具外形与色彩的花朵，如干燥地带的野生花朵、热带的兰花等。它们在不同的土地上争芳斗艳般地盛开着。让我们尽情欣赏这扎根于大陆的美丽花朵吧！

享受与大陆共呼吸的乐趣②

沙漠豌豆花 Sturts Desert Pea
主要生长在中央沙漠地带，属野生豆科植物。它是南澳大利亚州州花。

特洛皮花 Waratah
鲜红色的花瓣是其主要特征，属山龙眼科植物。它是新南威尔士州州花。

袋鼠爪花 Kangaroo Paw
长长的花茎形状很像袋鼠的前足，因此得名“袋鼠爪花”。它是西澳大利亚州州花。

金合欢花 Golden Wattle
它是澳大利亚国花，属豆科金合欢属植物。花期为每年的9~11月。

沙漠玫瑰 Sturts Desert Rose
生长于北领地的沙漠地区，是一种野生花，几乎全年盛开，被称为“沙漠中的玫瑰”。

石斛兰 Cooktown orchid
兰花的一种，2~6月盛开可爱的花朵。它是昆士兰州州花。

粉色石楠花 Pink Herth
见于东南部的灌木，盛开着筒状的可爱花朵。它是维多利亚州州花。

桉树 Eucalyptus
开于高为10~30米的常绿乔木之上，属桃金娘科植物。红色或黄色的放射状花朵是其主要特征。

在这里可以看到的澳大利亚主要植物园

皇家植物园（悉尼）
Royal Botanic Gardens(Sydney)

园内种植了来自世界各国4000种以上的植物。走到北端的海角还可以观赏杰克逊港无与伦比的绝美景色。

卧龙岗植物园(卧龙岗)
Wollongong Batanic Gardens (Wollongong)

植物园总面积为27万平方米,从热带雨林植物到桉树、仙人掌等，各种各样的花草树木都聚集于此。

阿德莱德大温室
Adelaide Tropical Rainforest

它是1989年为庆祝澳大利亚建国200周年而建造的玻璃大温室，是南半球规模最大的温室，内部使用高新技术再现了热带雨林。

郁郁葱葱的温室内

皇后花园（汤斯维尔）
Queens Gardens (Townsville)

园内兰花、热带植物等竞相盛开，色彩艳丽的鹦哥交错地飞来飞去。假期带着家人一起去观赏，非常热闹。

阿德莱德植物园
Adelaide Botanic Gardens

植物园位于澳大利亚北部台地东侧，面积为16万平方米。这里有原产于当地的树木和来自于世界各国的植物，此外还有水莲的收藏展示。

植物园（布里斯班）
Botanic Gardens (Brisbane)

在20万平方米的园内，九重葛及木槿等亚热带植物繁茂地生长着。可以骑租赁来的自行车到园内观光。

国家植物园（堪培拉）
National Botanic Gardens

植物园绵延于黑山脚下，面积为40万平方米。园内设置了热带雨林、桉树林等4条参观路线。

布里斯班森林公园
Brisbane Forest Park

它位于布里斯班市郊外，面积为2650万平方米。早行的野生动物观光团和夜行的动物观光团非常有人气。

皇家植物园（墨尔本）
Royal Botanic Gardens(Canberra)

该植物园于1845年开放，历史很悠久。面积近40万平方米，约有12 000种植物、50多种野生鸟类在这里繁衍生息。

库萨山植物园（布里斯班）
Mount Coot-Tha Gardens(Brisbane)

该植物园位于一个微微凸起的小丘上，热带植物繁盛茂密。站在园内的观景台上，城区可以尽收眼底，夜景尤其迷人。

国王公园（珀斯）
Kings Park (Path)

植物园、庭园、步行道、观景台等散布于这个广阔的自然公园中。从8~11月公园里会盛开大批绚丽缤纷的野花。

●悉尼DFS环球免税店
DFS Galleria p.57

探寻 送给自己的礼物

寻找礼物是旅行的一大乐趣，给重要的人送礼物自不必说。澳大利亚之游，也不要忘记给自己买一些纪念礼物哦！室内装饰品、工艺品、服饰用品等，让我们一起来探寻心仪物品吧！

点彩画

用颜料将原本在沙漠中所绘出来的沙画描绘到画布上的一种作品。

●澳大利亚精神艺术廊
Sprit of Australia Gallery p.92

●原住民沙漠艺术廊

Aboriginal Desert Art Gallery
MAP p.144
交 从艾利斯斯普林斯车站步行20分钟
✉ 87 Todd Mall
☎ 08-8953-1005
营 9:00~17:00
休 圣诞节
支付卡 V M A

土著商品

以澳大利亚原住民的传统设计为原型而制成的极具个性的商品。

●澳大利亚地理商店（悉尼）
Australian Geographic Shop(Sydney) p.57

企鹅型的小物件

无论一圈圈地打开多少次，里面出来的都是相同形状的小企鹅，非常有意思。

室内小装饰品

●澳大利亚地理商店（堪培拉）

Australian Geographic Shop(Canberra) MAP p.76左下
交 从堪培拉中心出发开车需15分钟 ✉ DG111 Westfield Shopping Centre,woden ☎ 02-6260-4860 营 9:00~17:30（周五、周六9:00~17:00，周日10:00~16:00） 休 无 支付卡 V M A

●布里斯托尔&布鲁克斯
Bristol & Brooks p.56

装饰时钟

独特的骰子型的桌上时钟非常可爱，像靠垫一样，手感很好，颜色及材质也有很多种类。

罐装布偶

手掌般大小的布玩偶装在罐子中，显得格外可爱。有袋鼠、树袋熊等种类可选择。

蜡烛

不同颜色、不同形状的蜡烛样样齐全，此外还有具有芳香疗法效果的蜡烛。

玻璃工艺

由南澳大利亚州的艺术家制作的花瓶和碟子等生活用具品质超群。

●果酱工厂
Jam Factory p.184

●蜡烛工厂
The Candle Factory p.54

生活小帮手 工艺品

艺术作品

一看到这些澳大利亚主题的插图，那些美好的回忆也会随之涌上心头。

●伊娃·汉娜画廊
Eva Hannah Gallery p.56

●钢笔店
The Pen Shop p.55

钢笔

一流品牌的钢笔，拥有极好的笔致，越用越顺手，这也是其魅力所在。

蓝宝石

以蓝色为主，此外还有粉色、黄色、绿色等颜色，非常适合搭配衣服使用。

●帕帝蓝宝石
Parti Sapphire p.123

●美容蜜蜂
Beauty&the Bees MAP p.7-K
交从Town Hall步行5分钟
✉70 MurraySt.,Hobart TAS
营9:00~17:30 休周日
支付卡 V M A

化妆品

以有机植物提取出来的浓缩精华为主要成分，保持了自然的品质。

珍珠

澳大利亚产的珍珠颗粒较大、色泽美丽，尽显优雅与高贵。

●茱莉蔻专柜
Jurlique MAP p.176-C
交从交通中心步行4分钟
✉Rundle Mall Plaza
☎08-8410-7180
营9:00~17:30，周六9:30~15:30
休无
支付卡 V M A

护肤品

使用蜂蜜和热带雨林的天然水制成，是澳大利亚特有的产品。除了上面提到的地方之外，在当地的自然风商店也可以买到。

扮靓 美妆品

●斯特兰德海特
Strand Hatter p.55

●多恩艺术设计
Done Art And Design p.54

肯·多恩

由肯·多恩设计的T恤流露着浓浓的时尚品位，相当引人注目。

帽子

澳洲的牛仔帽，帽檐宽阔且柔软，相当受欢迎。

丰饶大地产出优质葡萄酒

探寻佳酿之乡

尽享 优质美味葡萄酒

澳大利亚葡萄酒，其历史源于18世纪英国移民政策的实行，其美味在世界上也是闻名遐迩的。如今广阔的国土上已有近60处葡萄酒产地，许多酒厂都可以观光或者试饮葡萄酒。

压弯了枝头的葡萄

寻找喜欢的味道

曼达岬葡萄酒
西澳大利亚州
玛格丽特河产

霍顿勃艮第白葡萄酒
西澳大利亚州
天鹅谷产

玫瑰山庄霞多丽白葡萄酒
新南威尔士州
猎人谷产

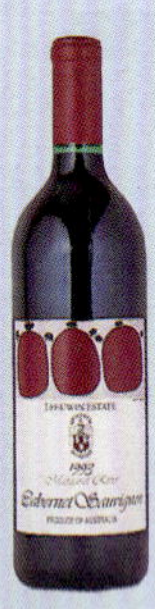

露纹1993卡百内
西澳大利亚州玛格丽特河产

彼德利蒙酒
南澳大利亚州
巴罗莎谷产

澳大利亚原产葡萄酒受欢迎的奥秘

得益于广袤的土地和良好的气候条件，澳大利亚种植出了许多优质葡萄，因而葡萄酒的质量也就得到了保证。另一方面，不同地区的气候、地形和土质也有区别，因此种植的葡萄品种多样。无论是平时的佐餐葡萄酒，还是高级葡萄酒，都称得上是美味佳酿。

澳大利亚
闻名遐迩的酒庄

恬静的葡萄园绵延不断

悉尼周边

猎人谷
Hunter Valley

这是澳大利亚历史最悠久的葡萄酒生产地，因获得众多奖项而闻名于世。其产量约占澳洲的三分之一。70多家大大小小的酒庄散布于此。收获期为每年的2~3月，4月会举行丰收庆祝活动。

墨尔本周边

雅拉谷
Yara Valley

雅拉河流经墨尔本市内，沿河逆流而上的丘陵地带约有40处酒庄。这里温凉且适度干燥的气候非常适合葡萄种植。其中以红葡萄酒中的黑品乐和白葡萄酒中的霞多丽最为有名。

古尔本谷
Goulburn Valley

古尔本谷大体位于维多利亚州的中部。古尔本河及其附近的湖沼周围是主要种植区域。其中米奇尔顿是一家著名酒庄，以马尔萨讷为原料制成的白葡萄酒是这里的特产。

珀斯周边

天鹅谷
Swan Valley

天鹅谷绵延于天鹅河一带。共约40家酒庄散布于此。既有大规模的酒庄餐厅，又有家庭经营的小规模酒厂。也有试饮及观光工厂的导游团。

玛格丽特河
Margaret River

这里种植葡萄开始于20世纪60年代。冬季多雨、夏季温暖干燥的气候条件非常适于葡萄的种植，现已发展成为优良品质的高级葡萄酒的产地，其中马尔萨讷等品种非常有名。

阿德莱德周边

巴罗莎谷
Barossa Valley

这里是南澳大利亚州葡萄酒业的中心地区，有50多家酒庄。澳大利亚约六成的葡萄酒是在这里生产的。

鼎力推荐的酒庄旅行团信息

来自于主要城市的酒庄旅行团也非常有人气，可以尽享葡萄酒的美味。

猎人谷是一处备受欢迎的悉尼一日游观光游胜地，因此也吸引了很多从悉尼出发的旅行团。

雅拉谷位于墨尔本东北方向，约一小时即可到达。可参加有半天左右的简单旅行团。

在天鹅谷，可以在享受沿天鹅河逆流而上游艇巡游的乐趣，同时还可探访上游的酒庄。这一旅行团深受游客的好评。

尝遍当地特色美食

澳大利亚全景

感受饮食文化

澳大利亚是一座食材宝库，各种肉类、鱼贝海鲜，应有尽有。另外，澳大利亚饮食的烹调方法还吸收了世界众多国家的不同口味。不妨尽情品尝一下澳大利亚特有的美味吧！

在这里可以品尝到的美食

牛排

一定要品尝一下"牛肉王国"低脂肪、高蛋白的澳洲牛肉！

■约翰沃克斯、安格斯餐厅
Jonhnnie Walkar's Angus Restaurant　MAP p.30-J

可以吃到谷物饲养的牛肉，分量十足。

交 从马丁广场车站步行6分钟　✉ 25Bligh St.　☎ 02-9232-6099　营 12:00~15:00,17:00~21:30（周六只夜间营业）休 周日　支付卡 V、M、A　预算 A$12～30

■卡尼餐厅
Kani's Restaurant　→p.125

■斯夸尔斯阁楼牛排
Squaires Loft Steak　→p.168

龙虾

澳大利亚盛产海鲜，尤其是龙虾的产量非常高。11月到第二年6月是捕捞期。

■食通天海鲜馆
Cate China　→p.125

■VUE餐厅酒吧
Vue Restaurant &Bar　→p.96

■托雷斯船长餐厅
Captian Torres　→p.64

袋鼠肉

这是澳大利亚特有的美味。袋鼠肉很有嚼头，越嚼越有味道。

■邓迪餐厅
Dundee's Restaurant　→p.125

■穆棱咖啡厅
Moorings Cafe on the Jetty　→p.200

进澳大利亚餐厅先了解

在澳大利亚的餐厅可以看到B.Y.O的标志，意思是"Bring Your Own(可自带酒水)"。因为在澳大利亚允许出售酒水，所以不提供酒水的店出乎意料的多。有B.Y.O标志的地方就可以携带酒水去，餐厅会收取约A$2～5的开瓶服务费。

肉馅饼

这是一种加入鸡肉或牛肉糜的馅饼，配上青豌豆和肉汁非常美味。

■蒙迪爱尔咖啡厅
Café Mondial　→p.109

水果

丰饶的土地、充足的阳光使当地的水果含有丰富的维生素。

■海浪餐厅
Waves Restaurant　→p.95

■喜来登露天餐厅
Terrace Restaurant Sheraton　→p.96

悉尼

S Y D N E Y

交通

●从中国乘飞机去悉尼

从北京首都国际机场出发12~14小时可直达

从上海浦东国际机场出发12~14小时可直达

从广州新白云机场出发12小时左右直达

●从澳大利亚其他主要城市到悉尼

从凯恩斯乘飞机3小时可达

从布里斯班乘飞机1小时15分可达

从墨尔本乘飞机1小时25分可达

从堪培拉乘飞机2小时可达

从珀斯乘飞机4小时可达

悉尼是个什么样的地方?

about SYDNEY

景点概况

悉尼位于澳大利亚东海岸，是澳大利亚最大的城市，同时也是澳大利亚的经济中心和文化中心。作为旅游胜地，每年都吸引着众多游客。悉尼的历史开始于殖民地开拓时代，是澳大利亚各城市中历史最为悠久的。

库克船长植物学湾登陆

1770年4月，英国海军上尉库克率“努力”号登上了植物学湾，并将这块区域命名为新南威尔士。1788年1月26日，第一任总督阿瑟•菲利普率船队载着700多名流放者、200多名士兵及其家人登上了悉尼湾（现在的环形码头）。现在，这一天也已成为澳大利亚的建国纪念日。

开拓殖民地，探求新天地

最初开拓的殖民地是岩石区。正如其名，因岩石多而得名。殖民地开拓是由罗科斯向南部逐渐推进的。第五任总督麦夸里勋爵任命身为囚犯的建筑家弗朗西斯•格林韦为公共事业副总监督官，以推进公共事业的建设与发展。海德公园军营和圣詹姆斯教堂就是由弗朗西斯•格林韦设计的。1813年，三个采矿者发现了通往悉尼郊外蓝山山顶的路。以此为开端，殖民者开始了向内陆地区的拓展。

残留着古代余韵的Campbells Storehouse

黄金热引起的人口增长

1851年，悉尼西部发现了金矿。大街小巷沸腾了，被黄金的魅力吸引的移民从世界各地聚集于此。人口骤然膨胀，城市也充满了活力。

1855年，悉尼和帕拉玛塔之间修建了第一条铁路；1858年，悉尼—墨尔本—阿德莱德电信网开通；1879年，悉尼举办了世界博览会，新南威尔士州美术馆、悉尼中央邮局、唐人街和维多利亚女王大厦也是在这一时期建造的；1901年，六块殖民地改制为州，标志着澳大利亚联邦的诞生。设悉尼为新南威尔士州首府，开放中央车站；1932年悉尼港湾大桥落成。

迈进发展的新时代

虽然被卷入了第二次世界大战和越南战争，悉尼还是取得了飞速发展。1973年，悉尼歌剧院建成并开放，平民区帕丁顿也化身为时尚之街。各地开始投资建城，来自东南亚的移民也蜂拥而至。在城市的中心地区，高楼林立、商铺密集，作为经济、文化中心，悉尼充满了活力。2000年，20世纪最后一届奥运会在这里举行，这使悉尼的国际声望和知名度空前提高。如今，悉尼虽重新恢复了往日的平静，但作为一个日益国际化的大都市，它每年都吸引了大批游客前往参观游览。

达令港吸引了来自世界各地的游客

亮点 Highlight

悉尼的不同地区各具特色。古香古韵的旧街区，充满活力的海滨区，高层建筑鳞次栉比的商业区，美丽、热闹的娱乐区，无论去哪儿都有丰富多彩的娱乐。

◆岩石区（Rocks）

悉尼的历史起源于这里，因岩石多而得名，当看过穿山道和用砂岩建造的建筑物后就会明白的。殖民开拓时代的氛围在这里可以感受到。

◆环形码头（Circular Quay）

站在悉尼湾前，右边是世界遗产悉尼歌剧院，左边是港桥。从栈桥可以看到过往的定期渡轮和豪华观光客船。周围店铺鳞次栉比，格外热闹。

◆市中心（CITY）

市中心是指马丁广场和南北延伸的海德公园的周边地区。这里到处是高层建筑和被绿色环绕的住宅区，而午餐时间的广场和公园，随处可见悠闲休息的商务人士和白领丽人。

◆达令港（Darling Harbour）

这里是非常受欢迎的娱乐区。可以乘坐单轨列车绕达令港一周。也可以逛逛购物中心、水族馆和赌场等。

◆列王十字区（Kings Cross）

在这里，璀璨的霓虹灯光终夜不灭。酒店、餐厅、游戏中心、礼品店等鳞次栉比，人群熙攘，非常热闹。

◆帕丁顿（Paddington）

帕丁顿位于从海德公园南端向东南延伸的牛津街及周边地区。这里有极具个性的时装精品店、餐厅、画廊以及可以欣赏现场演奏的音乐厅等，是流行时尚的发源地。

◆德宝湾（Double Bay）

在这里豪华住宅、高级公寓随处可见，著名的餐厅和品牌专卖店也很多。还有可以打网球和高尔夫的度假村。

悉尼的气候 ▶ 夏季白天的最高气温约为26℃，冬季白天的最高气温约为18℃，全年都比较温暖。但要注意一天的温差，早晚较冷。降水量稍多。

悉尼的美食 ▶ 这里大都市特有的饮食多样性极具魅力。除以袋鼠、鸸鹋为食材的澳洲美食外，还可以尽情品尝各国美食和海鲜。

悉尼的特产 ▶ 购物中心的特产应有尽有，名牌产品要在市中心附近购买，有特色的小礼物则可以去跳蚤市场购买。

悉尼的节日和活动 ▶ 全年的庆典活动非常多。2月末~3月初举行的悉尼同性恋狂欢节格外引人注目。

观光咨询处

悉尼游客中心（Sydney Visitor Center）
MAP p.30-F ✉ Cnr Argyle &Playfair St.,The Rocks 营 9:30~17:30 休 无

澳大利亚旅游专家处（Austrilia Travel Specialist）
MAP p.32-E ✉ Harbourside Shopping CentreDarling Harbour 营 10:00~18:30 休 无
MAP p.30-F ✉ Circular Quary,Jetty No.6 营 9:00~18:30 休 无

悉尼郊外
Vicinity of Sydney
0
20km
N
A
B
C
D
E
F
登曼
敦格峡谷
格雷斯福德
坎伯韦尔
杰里斯普莱恩斯
威登
沃克沃斯
Warkworth
辛格尔顿
Singleton
Hunter R.
猎人川
帕特森
巴尔加
布朗斯酷斯顿
伍德威尔逊
米尔布罗代尔
梅特兰
Maitland
科利亚蒂山
Mount Coriaday
金达兰山
Kindarun Mt.
麦克唐纳川
布罗克
库里库里
波高尔宾
132
猎人谷 p.21
Hunter Valley
科里卡吉山▲1257
Mt. Coricudgy
豪斯山谷
塞斯诺克
纽卡斯尔
Newcastle
梧莱米国家公园
Wollemi National Park
沃洛比
步伦克维尔
珀蒂
多伦多
查尔斯
Charles
科洛河
音巴克提
贝尔蒙特
Lake Macquarie
格林德维斯
莫隆山
Mt. Molong
莫莉塞特
Capertee R.
卡波蒂河
凯瑟琳希尔湾
Newness
MacDonald River
巴吉沃依
Budgewoi
库纳拉
1
丘克利
珍罗兰溶洞方向
Genolan Caves p.53
Colo River
怀昂
塘鹅湖
Tuggerah Lake
马拉马拉国家公园
Marramarra Nat. Park
吉恩斯特朗
科洛高地
怀斯曼斯费里
戈斯福德
Gosford
中央海岸
Central Coast
上科洛
利斯戈
Lithgow
威尔逊山
泰里加尔
澳大利亚雷普尔公园
Australian Reptile Park
比平
霍克斯伯里
Hawkesbury R.
沃伊沃伊
Woy Wyo
贝尔
威尔伯福斯
基尔卡雷
哈特利
32
科拉逊
卡村
布罗肯湾
Broken Bay
维多利亚山
里士满
科怀
格林斯顿
H 莉莉安费尔斯蓝山酒店 p.74
Lilianfels Blue Mountains
温莎
库灵盖蔡司国家公园
Ku-Ring-Gai Chase Nat. Park
布莱克西斯
回声谷
莫纳维尔
卡通巴
Katoomba
斯普林伍德
霍恩斯比
布里斯班水滨国家公园
Brisbane Water Nat. Park
劳森
彭里斯
Penrith
三姊妹峰
The Three Sisters
Great Western Hwy.
布莱克顿
曼利 p.51
Manly
蓝山国家公园
Blue Mountains National Park
Coxs R.
帕拉马塔
Parramatta
悉尼奥林匹克公园
Sydney Olympic Park
美景世界 p.53
Scenic World
沃拉西亚
蓝山山脉 p.52
Blue Mountains
利物浦
Liverpool
p.51 邦黛
Bondi
悉尼 p.23
Sydney
博戈朗湖
Lake Burragorang
植物学湾
Botany Bay
卡南拉博德国家公园
Kanangra-Boyd National Park
卡姆登
萨瑟兰
库内尔
塔斯曼海
Tasman Sea
坎贝尔敦
奥克代尔
皇家国家公园
The Royal Nat. Park
31
皮克顿
阿比安
Wollondill
巴克斯顿
巴戈尔
科恩代尔
斯卢
p.74 米尔顿 H
田园酒店
Milton Park Country House Hotel
科勒律
卧龙岗
Wollongong
米塔岗
贝里马
鲍勒尔
肯布拉港
达普托
伊拉瓦拉湖
Lake Illawarra
莫斯威尔
48
阿尔比恩公园
奥克弗拉茨
←堪培拉方向
↓墨尔本方向

悉尼周边
Around Sydney
0
2km
N
曼利海滩 p.51
Manly Beach
巴尔格拉
Balgowlah
Sydney Rd.
卡斯尔湾
锡福斯
Middle Harbour
中港
Manly
North Cove
Harbour
北波恩特
North Pt.
悉尼港国家公园
Sydney Harbour
National Park
西林菲尔德
罗斯维尔
恩科夫河国家公园
Lane Cove River
National Park
查茨伍德
Chatswood
Boundary St
Eastern Valley Way
Penshurst St.
中湾
卡斯尔克拉
克朗塔夫
布拉特角
Grotto Pt.
北瑟伯尔墓地
Northern Suburb
查茨伍德西
Mowbray Rd.
威洛比街
WILLOUGHBY
诺斯布里奇
比优特波恩特
北黑德
米德尔角 North Head
Middle Pt.
阿塔尔蒙
凯姆苏
Hunters
Bay
南黑德
Inner South Head
洛纳科夫西
Epping Rd
戈雷山
洛纳科夫
LANE COVE
圣莱昂那茨
克莱蒙
Military Rd.
巴尔莫勒尔
乔治高地
莫斯曼
MOSMAN
曼利客船 p.38
多尔海鲜餐厅 p.64
Doyles on the Beach
奥斯本公园
Falcon
St.
河景房
Riverview
克罗斯内丝特
内特拉尔湾
屈臣氏湾
Watsons
Bay
沃特森斯湾
麦夸里灯塔
Macquarie
Lighthouse
Burns Bay Rd
莱兹维尔
Burns Bay
p.75 麦克拉伦酒店
The McLaren Hotel
北悉尼（北岸）酒店
North Sydney(North Shore)
塔荣噶动物园
Taronga Zoo
p.50
亨特斯高地
HUNTERS HILL
Victoria Rd
格莱兹维尔桥
Gladesville Bridge
北悉尼 p.50
North Sydney
Cremorne Point
杰克逊港
Shark Is.
沃克卢斯宅邸
Vaucluse House
德拉莫因
DRUMMOYEN
悉尼海港大桥 p.42
Sydney Harbour Bridge
海港隧道
歌剧院 p.44
Sydney Opera House
达令角
Darling Point
玫瑰湾
多弗尔高地
Old South Head Rd
伯克茨福德
德拉莫因
别根海特奥特莱斯购物中心
Birkenhead Point
Outlet Centre
伯格罗夫
艾恩湾桥
岩石区
The Rocks
环形码头
Circular Quay
巴尔梅恩
东皮尔蒙特
列王十字区 p.50
Kings Closs
德宝湾 p.50
Double Bay
莱卡特
LEICHHARDT
艾恩湾
Iron Cove
利菲尔德
达令港 p.48
Darling Harbour
帕丁顿
Paddington
伍拉勒
WOOLLAHRA
韦佛利
WAVERLEY
菲佛多
格勒贝
安娜戴尔
邦黛海滩 p.51
Bondi Beach
哈伯菲尔德
莱卡特
悉尼大学
中央车站
Central Sta.
穆尔公园
邦黛章克申
Bondi Junction
艾士菲
斯坦莫尔
南悉尼
SOUTH SYDNEY
South Dowling St.
森特尼尔公园
悉尼 p.28~29
露伊尚
恩莫尔
纽敦
亚历山德里亚
Arison Rd
克洛伯里
Clovelly
兰德威克赛马场
马利维
MARRICKVILLE
马利维
艾士菲
ASHFIELD
圣彼得
泽特兰
肯辛顿
新南威尔士大学
兰德威克
RANDWICK
库吉
Coogee
坎特伯雷赛马场
锡德纳姆
Sydenham
罗斯伯里
金斯福德
马利维南
马斯特科
达西维尔
Anzac Pde
塔斯曼海
Tasman Sea
埃尔斯伍德
安德克利尔
伊斯特莱克斯
Bonnie Doon G.C.
Bunnerong Rd
Malabar Rd
国内航线终点站
国际航线终点站
International Terminal
East Lakes
G.C.
Maroubra
Rd.
Maroubra Bay
马鲁布拉湾
Bexley Rd
丘瑞勒
佩奇伍德
植物学区
BOTANY
巴德维尔公园
Haffron Park
赫弗龙公园
Bardwell Park
安克利夫
贝克斯利南
Kogarah
G.C.
希尔斯代尔
班克西亚
Banksia
凯默
班克斯梅多
马特勒维尔
澳新军团射击场
Anzac Rife Range
Foreshore Rd.
Long Bay
金斯格罗夫
悉尼金斯福德史密斯机场
Sydney Kingsford Smith Airport
罗克代尔
ROCKDALE
罗克代尔
奇夫利
马拉巴
贝克斯利
科格拉
布莱顿勒桑茨
布莱顿勒桑茨
菲利普湾
小湾
卡尔顿
Princes Hwy
蒙特雷
植物学湾
Botany Bay
Frenchmans
Bay
拉佩罗斯
阿拉瓦
贝弗利公园
Beverley
Park
拉姆斯盖特海滩
Ramsgate
Beach
N. S. W. G.C.
科格拉
KOGARAH
科格拉湾
拉姆斯盖特
Rocky Point Rd
碑文角
Inscription Pt.
班克斯角
Cape Banks
多尔角
Dolls Pt.
陶拉角
Towra Pt.
库克船长登陆地
Captain Cook Landing Place
布莱克斯特
桑德灵厄姆
Kogarah Bay
克内尔
乔治河桥
Georges
River Bridge
库克船长桥
Captain
Cook Bridge
陶拉角自然保护区
Towra Point
Nature Reserve
植物学湾国家公园
Botany Bay
National Park
A
B
C
D
E
F
1
4
14
26
40
54
66
70
76

麦克拉伦酒店p.75
北悉尼站
North Sydney
北悉尼p.50
North Sydney
拉文德湾
LAVENDER BAY
米尔森斯角站
Milsons Point
拉文德湾
Lavender Bay
悉尼月神公园 p.50
Sydney's Luna Pa
科里比
KIRRIE
米尔森斯角
MILSONS PT.
Sydney Harbour Tunnel
Balls Head Drive
伯利斯湾
Berrys Bay
朗诺斯角
Long Nose Point
马克马航斯角
McMAAPHONS PT.
Blues Point Rd.
鲍尔斯黑德公园
Balls Head Reserve
Balls Head
Lousia Rd.
A
伯奇格罗夫公园
Birchgrove Park
伯奇格罗夫
BIRCHGROVE
布鲁斯角
Blues Point
悉尼海港大桥 p.42
Sydney Harbour Bridge
戈特岛
Goat Island
Rowntree St.
莫特湾
Mort Bay
p.47 高塔瞭望台
Pylon Lookout
p.61 歌剧院市
Opera House Mar
p.40,46 悉尼游客中心
Sydney Visitor Centre
p.44 歌剧院
Sydney Opera House
巴尔梅恩
BALMAIN
巴尔梅恩东
BALMAIN EAST
岩石区 p.25,40,46
The Rocks
Darling St.
p.42 悉尼天文台
Sydney Observatory
环形码头 p.25
Circular Quay
p.42 现代美术馆
Museum of Contemporary Art
Cahill Expwy
达令港
Darling Harbour
约翰逊斯顿斯湾
Johnstons Bay
环形码头站
Circular Quay
Hickson Rd.
Bridge St.
p.43 悉尼博物馆
Museum of Sydney
皇家植物园
Royal Bota
Gardens
怀特湾
White Bay
p.40,48 星港城
Star City
温亚德站
Wynyard
马丁广场站
Martin Pl.
悉尼轻轨
皮特街购物中心
Pitt Street Mall
Clarence St.
York St.
马丁广场
Macquarie St.
E
F
John Street Square
Star City
40
海德公园军
Hyde Park
Barracks
格贝勒岛桥
Gleve Island Bridge
p.48 澳大利亚国家海事博物馆
National Maritime Museum
p.49 悉尼塔
AMP Tower Centerpoint
皮尔蒙特
PYRMONT
p.48 悉尼水族馆
Sydney Aquarium
罗泽尔湾
Rozelle Bay
Fish Market
州立剧院
The State Theatre
p.58 港畔购物中心
Harbourside Shopping Center
Pyrmont Bay
圣詹姆斯站
St. James
布莱克沃特尔湾
达令港 p.25
Darling Harbour
朱比利公园
Jubilee Park
Park St.
海德公园
Convention
悉尼会展中心
p.48 市政厅
市政厅站
Town Hall
Wentworth Park
博物馆站
Museum
Exhibition Centre
Jubilee Park
阿尔蒂莫
ULTIMO
中国花园
Chinese Garden
东悉尼
EAST SYDN
格勒贝
GLEBE
Glebe
温特沃斯公园
Wentworth Park
William Henry St.
11
唐人街
Chinatown
赫马基特
HAYMARKET
Wigram Rd.
Glebe Point Rd.
p.49 动力博物馆
Powerhouse Museum
Paddy's Markets
Capitol Square
Campbell St
Bridge Rd.
百老汇
BROADWAY
贝尔莫尔公园
Belmore Park
Ross St.
悉尼科技大学
Institute of Technology Sydney
Central Sta.
Albion St.
p.65 极速网吧
Well Connected
福里斯特洛奇
FOREST LODGE
p.60 格勒贝市场
Glebe Market
Broadway
中央车站
达令港
p.32~
女皇剧院
Her Majesty's Theatre
中央车站
Central Station
Parramatta Rd.
(Great Western Hwy.)
I
悉尼大学
University of Sydney
维多利亚公园
Victoria Park
奇彭代尔
CHIPPENDALE
Devonshire St.
萨里高地
SURRY HI
普林斯艾尔弗雷德公园
Prince Alfred Park
Missenden Rd.
City Rd.
Chalmers St.
Elizabeth St.
Crown St.
雷德芬站
Redfern
Cleveland St.
Carillon Ave.
达灵顿
DARLINGTON
Wilson St.
雷德芬
REDFERN
↙悉尼金斯福德史密斯机场方向
↓机场方向

悉尼
Sydney
0 500m
N
科里芒角
CREMORNE PT.
p.50 塔荣嘎动物园
Taronga Zoo
Kurraba Rd.
Bradleys Head Rd.
库里巴角
Kurraba Point
悉尼港国家公园
Sydney Harbour National Park
C
D
罗伯逊角
Robertsons Point
阿什顿公园
Ashton Park
曼利方向↗
↗沃特森斯湾方向
比利角
billi Point
杰克逊港
Port Jackson
布拉德里斯角
Bradleys Head
岩石区／环形码头 p.30~31
鲨鱼岛
Shark Island
加登岛
Garden Island
麦夸里夫人角p.42
Mrs. Macquaries Point
克拉克岛
Clarke Island
库克船长码头
Captain Cook Dock
派珀角
Point Piper
波茨角
POTTS PT.
列王十字区／德宝湾 p.34~35上
达令角
Darling Point
伯恩特派珀
POINT PIPER
Wolseley Rd.
玫瑰湾方向↘
南威尔士州立美术馆 p.43
G
伊丽莎白湾
H
玫瑰湾公园
Rose Bay Park
伊丽莎白湾
ELIZABETH BAY
德宝湾
Double Bay
乌鲁牧鲁
OLLOOMOOLOO
伊丽莎白海湾宅邸 p.50
Elizabeth Bay House
拉什卡特斯湾
Rushcutters Bay
列王十字区 p.25
Kings Cross
达令角
DARLING POINT
文 苏格兰大学
Scots College
列王十字区站
Kings Cross
New Beach Rd.
76
William St.
William St.
圣玛丽大教堂 p.49
St Mary's Cathedral
拉什卡特斯湾公园
Rushcutters Bay Park
Cross St.
Ocean Ave.
德宝湾 p.25
Double Bay
New South Head Rd.
大利亚博物馆 p.49
stralian Museum
德宝湾萨瓦酒店
The Savoy Hotel of Double Bay
犹太博物馆 p.50
Sydney Jewish Museum
埃奇克利夫站
Edgecliff
Victoria Rd.
达林赫斯特
ARLINGHURST
Cascade St.
埃奇克利夫
EDGECLIFF
Manning Rd.
Kiaora Rd.
贝勒维高地
BELLEVUE HILL
特鲁珀公园
Trumper Park
Eastern Suburbs Rwy
Edgecliff Rd.
Glenmore Rd.
牛津街 p.25
Ocean St.
帕丁顿／牛津街 p.34~35下
皇家医院
Royal Hospital
Bellevue Rd.
Oxford St.
帕丁顿 p.25
Paddington
维多利亚军营
Victoria Barracks
K
L
库珀公园
Cooper Park
Moore Park Rd.
伍拉勒
WOOLLAHRA
Jersey Rd.
p.61 帕丁顿市集
Paddington Market
Queen St.
Edgecliff Rd.
Sydney Einfeld Dr.
去往邦黛海滩→
休恩登精品酒店 p.75
The Hughenden Boutique Hotel
Oxford St.
邦黛章克申站
BONDI JUNCTION
Anzac Parade
穆尔公园
Moore Park
Cook Rd.
森特尼尔公园
Centennial Park
York Rd.
邦黛章克申
Bondi Junction
Bondi Rd.
韦弗利公园
Waverley Park

岩石区／环形码头
The Rocks/Circular Quay
0
300m
p.70 悉尼凯悦花园酒店
Park Hyatt Sydney
悉尼海港大桥（高塔瞭望台） p.42
Sydney Harbour Bridge (Pylon Lookout)
皮尔万
Pier One
道斯角公园
Dawes Point Park
意大利小镇
Italian Village
悉尼湾
Sydney Cove
京皇阁海鲜酒楼 p.66
imperial peking harbourside
坎贝尔斯湾
Campbells Cove
坎贝尔斯仓库餐厅 p.46
Cambell's Storehouse Resta
岩石区假日市集 p.46,60
The Rocks Market
水岸餐厅 p.68
Waterfront Restaurant
海景餐厅 p.68
Doyles at the Quay
海景房 p.69
Ocean Room
悉尼游客中心 p.40,46
Sydney Visitor Centre
岩石区中心
The Rocks Centre
克洛克陶尔广场购物
Clocktower Square Shopping Centre
3rd Pier
2nd Pier
4th Pier
5th Pier
6th Pier
7th Pier
8th Pier
9th Pier
沃弗剧院
Warf Theatre
道斯角
DAWES POINT
悉尼北郊线
Northern Suburbs Line
布拉德菲尔德路
Bradfield Hwy.
悉尼水族馆方向
Hickson Rd.
希克森街
Pottinger St.
Downshire St.
Lower Fort St.
p.42 悉尼铁桥
Bridge Climb
岩石区 p.25,40,46
The Rocks
Clyne Reserve
米勒斯角
Millers Point
Windmill St.
p.54 蜡烛工厂
The Candle Factory
阿盖尔商店
Argyle Store
p.54 人偶商店
The Puppet Shop
加里森教堂
p.63 贝尔蒙多
Bel Mondo
p.47 亚格鲁隧道
Argyle Cut
亚格鲁路
Argyle St.
p.62 巴伐利亚美食餐厅
Löwen bräu Keller
天文台公园
Observatory Park
凯尔特大学
Cadman's Cottage
现代美术馆 p.42
Museum of Contemporary Art
环形码头
Circular Qua
p.42 悉尼天文台
Sydney Observatory
p.54 多恩艺术设计
Done Art And design
p.47 护士道
Nurses Walk
土著艺术中心
p.54 澳大利亚宝石艺术廊
Australian Arts & Gems Gallery
福特街小学
罗西咖啡
澳大利亚旅游专家处
Australian Travel Specialists Booth
Alfred St.
环形码头站
Circular Quay Sta.
p.70 天文台酒店
The Observatory Hotel
High St.
p.71 悉尼四季酒店
Four Seasons Hotel Sydney
杰克逊酒吧 p.67
Jackson's on George
p.70 悉尼香格里拉大酒店
Shangri-La Hotel Sydney
Essex St.
Hickson Rd.
p.56 海伦卡明斯基
Helen Kaminski
p.71 悉尼海港万豪酒店
Sydney Harbour Marriott Hotel
贝斯曼特 p.67
The Basement
p.57 悉尼DFS全球免税店
DFS Galleria Sydney
Harrington St.
Pitt St.
皮特街
布里奇路
Bridge
p.40,43 悉尼博
Museum of Sy
Kent St.
肯特街
Grosvenor St.
斯坦福广场
Stamford Plaza Sydney
p.72 阿莫拉吉姆森酒店
Amora Hotel Jamison Sydney
大卫·坎普斯 p.55
David Campese.com
国际贸易中心
World Trade Centre
George St.
p.55 钢笔店
The Pen Shop
Sussex St.
O'Connell St.
鳟屋
Masu
海事中心
Maritime Centre
Jamison St.
澳大利亚广场
Australia Square
顶峰餐厅 p.68
The Summit Restaurant
Bligh
达令港
Darling Harbour
孟席斯假日酒店
Holiday Inn Menzies Hotel
Margaret St.
Clarence St.
温亚德公园
Wynyard Park
悉尼雷迪森广场酒店 p.70
Radisson Plaza Hotel Sydney
Hunter
p.72 温亚德旅者之家酒店
Travelodge Wynyard
York St.
温亚德站
Wynyard Sta.
p.22 约翰沃克斯安格斯餐厅
苏塞克斯街
Sussex St.
Kent St.
Carrington St.
新南威尔士州政府旅游局
Erskine St.
马丁广场
Martin Place
乔治街
George St.
Castlereagh St.
p.67 长庚星餐厅
Ichibanboshi Restaurant
中央邮局
General Post Office
p.59 MLC中心
MLC Centre
皇家
The Roy
p.55 斯特兰德海特
Strand Hatter
p.58 斯特兰德商场
The Strand Arcade
p.58 悉尼拱廊
Sydney Arcade
p.65 鸡尾酒吧
Zest Bar
p.67 城市酒店
City Hotel
King St.
Grasshous
空中花园
p.59
Skygar
皮特街购物中心
Pitt Street Mall
p.67 斯普普勒斯
Soup Plus

杰克逊港
Port Jackson
塔荣嘎动物园方向
曼利方向
贝尼朗角
Bennelong Point
歌剧院 p.44
Sydney Opera House
贝尼朗餐厅 p.62
Guillaume at Bennelong
玫瑰湾、屈臣氏湾方向
麦夸里夫人角 p.42
Mrs. Macquaries Point
麦夸里夫人之椅
Mrs. Macquaries Chair
州总督官邸
Government House
法姆湾
Farm Cove
伊丽莎白女王道
Queen Elizabeth Walk
Mrs. Macquarie's Rd.
安德鲁查尔顿游泳馆
Andrew(Boy) Charlton Pool
斯坦福德勋爵环形码头酒店 p.70
Sir Stamford at Circular Quay
皇家植物园 p.43
Royal Botanic Gardens
音乐院
The Conservatorium of Music
乌鲁牧鲁湾
Woolloomooloo Bay
悉尼洲际酒店 p.71
Hotel Inter Continental Sydney
欧贝拉餐厅 p.64
Cafe Opera
植物园咖啡厅 p.69
Botanic Gardens Cafe
皇家植物园游客信息中心
Royal Botanic Gardens
Visitors Information Centre
金字塔温室
Pyramid Glasshouse
Macquarie St.
地铁环线
City Circle Line
新南威尔士州立图书馆
The State Library of NSW
Cahill Expressway
阿吉印度餐厅 p.63
Aki's Indian
蓝色乌鲁牧鲁餐厅
Blue Woolloomooloo Bay
码头
The Wharf
Lincoln Cr.
Cowper Wharf Roadway
齐佛利购物中心美食广场
Chifley Plaza Food Court
布里斯托尔&布鲁克斯 p.56
Bristol & Brooks
东餐厅 p.67
Azuma
州议事堂
State Parliament House
新南威尔士州立美术馆 p.43
Art Gallery of NSW
圣文森特山大学
St. Vincents College
Bland St.
Nicholson St.
马丁广场站
Martin Place Sta.
悉尼医院
Sydney Hospital
Art Gallery Rd.
玛丽娜兹庭园酒店
Mariners Court Hotel
造币局
The Mint
瑟多曼
THE DOMAIN
城铁东郊线
Eastern Suburbs Line
Bourke St.
普兰基特小学
Plunkett Pmy.Shc
海德公园军营 p.43
Hyde Park Barracks
Brougham St.
Victoria St.
瑟多曼停车场
Sir John Young Cr.
Palmer St.
圣詹姆斯站
St. James Sta.

达令港／中央车站
Darling Harbour/Central Sta.
0
300m
环形码头方向
金街码头
King Street Wharf
p.65 鸡尾酒吧
Zest Bar
p.15 皇家剧院
p.67 丹迪阿姆酒馆
The Dundee Arms
p.71 喜来登福朋酒店
Four Points By Sheraton Darling Harbour
澳大利亚国家海事博物馆 p.48
Australian National Maritime Museum
悉尼水族馆 p.48
Sydney Aquarium
宜必思达令港酒店 p.72
Hotel Ibis Darling Harbour
皮尔蒙特桥
Pyrmont Bridge
Union St.
皮尔蒙特湾站
Pyrmont Bay Sta.
港畔站
Harbour Side Sta.
港畔购物中心 p.58
Harborside Shopping Center
澳大利亚旅游专家处
Australian Travel Specialists Booth
诺夫特酒店
Novotel Hotel
康文深森站
Convention Sta.
佐敦餐厅 p.68
Jordon's
p.71 皇冠假日酒店（达令港）
Crowne Plaza Darling Harbour
p.48 超感官电影院
Panasonic IMAX Theatre
达令港 p.25
Darling Harbour
悉尼会议中心
Sydney Convention Centre
p.72 索摩萨特达令港公寓酒店
Somerset Darling Harbour Sydney
市政厅信息中心
Town Hall Information
达令公园站
Darling Park Sta.
Sussex St.
萨塞克斯街
Erskine St.
Kent St.
p.72 威斯汀酒店
The Westin Sydney
中央邮局
General Post Office
p.59 米德城市购物中心
Mid City Centre
p.58 悉尼拱廊
Sydney Arcade
p.58 斯特兰德商场
The Strand Arcade
p.57 R.M.威廉姆斯
R.M.Williams
p.58 悉尼中心广场
Sydney Central Plaza
p.73 悉尼瑞士酒店
Swissotel Sydney on Market Street
p.69 悉尼塔餐厅
Sydney Tower Restaurant
p.58 维多利亚女王大厦
Queen Victoria Building
p.55 优方
Perfect Potion
p.57 澳大利亚地理商店
The Australian Geographic Shop
皮特街购物中心
Pitt Street Mall
皇家剧
Theat
Royal
MLC中心
p.59 MLC Centre
Grasshouse
空中花
Skygar
悉尼塔 p.49
Sydney Tower
City Centre Sta.
p.59 中央购物中心
Centre Point
悉尼希尔顿酒店
Hilton Sydney
中心公园酒店
Central Park Hotel
B
p.61 巴尔曼市场
Balmain Market
圣安德鲁教堂
St.Andrew's Cathedral
市政厅 p.48
Sydney Town Hall
维多利亚画廊站
Galeries Victoria Sta.
市政厅站
Town Hall Sta.
Bathurst St.
悉尼麦地那大酒店 p.73
Medina Grand Sydney
富丽宫酒楼 p.66
Marigold
市中心
CITY
皮特都会酒店 p.73
Metro Hotel on Pitt
玛埃斯特理橡树宝塔酒店 p.73
Oaks Maestri Towers Sydney
p.64 托雷斯船长餐厅
Capitan Torres
p.66 豪苑酒家
Regal Restaurant
世界广场站
World Sq. Sta.
Liverpool St.
Pitt St.
海港轻轨
乔治街
p.64 普里西拉餐厅
Grand Taverna
世界广场
World Square
Goulburn St.
悉尼雷吉
诚寿
Sus
Mak
皮特街
波梅茵公园
Tumbalong Park
悉尼展览中心
Sydney Exhibition Centre
中国花园
Chinese Garden
唐人街站
Chinatown Sta.
Harbour St.
迪克森街
Dixon St.
Sussex St.
George St.
皮尔蒙特
PYRMONT
Pyrmont St.
Darling Dr.
E
p.72 诺夫特罗克福达令港酒店
Novotel Rockford Darling Harbour
悉尼展览中心站
Sydney Exhibition Centre Sta.
Pier St.
唐人街
Chinatown
悉尼娱乐中心
Sydney Entertainment Centre
帕迪市场站
Paddy's Markets
大东海酒家 p.66
East Ocean Restaurant
Ryd
Squ
Bulwara Rd.
Jones St.
p.49 动力博物馆
The Powerhouse Museum
帕里斯街
悉尼轻轨
SLR
帕迪市场站
Paddy's Markets Sta.
首都广场站
Capital Square Sta.
赫马基特
HAYMARKET
Sydney Central
Hay
Henry St.
Harris St.
科技大学
University of Technology Sydney
城市购物中心
Market City Shopping Centre
贝尔莫
Beln
Pa
William St.
沃特尔街
Council Workshop
I
阿尔蒂莫
ULTIMO
Quay St.
帕迪市场 p.61
J
郊区游信息处
Countrylink Tourist Travel Information
Eddy
Macarthur St.
Wattle St.
Ann St.
p.74 悉尼城门中心酒店
Citigate Central Sydney
女皇剧院
Her Majesty's Theatre
Australian Broadcasting Corporation
中央车站
Central Sta.
Mary St.
Kelly St.
悉尼科技大学
Sydney Institute of Technology
Thomas St.
伏尔甘酒店
Vulcan Hotel
赌场站方向
星港城方向

马丁广场站
Martin Place Sta.
新南威尔士州立美术馆p.43
Art Gallery of NSW
Cowper Wharf Roadway
圣文森特山大学
St. Vincents College
悉尼医院
Sydney Hospital
Bland St.
Nicholson St.
Art Gallery Rd.
造市局
The Mint
海德公园军营 p.43
Hyde Park Barracks
普兰基特小学
Plunkett Pmy.Shc
瑟多曼
THE DOMAIN
城铁东郊线
Eastern Suburbs Line
圣詹姆斯站
St. James Sta.
瑟多曼停车场
Domain Parking Station
Bourke St.
Palmer St.
Sir John Young Cr.
Dowling St.
McElhone St.
Brougham St.
Victoria St.
阿奇博尔德喷水池
圣玛丽教堂 p.49
St. Mary's Cathedral
College St.
大卫・约翰专柜
avid Johns
来登园景房
heraton on the Park
Cathedral St.
列王十字区 p.25
Kings Closs
悉尼顶峰酒店
Hotel Crest Sydney
乌鲁牧鲁
Woolloomooloo
Haig Ave.
海德公园
Hyde Park
悉尼宝丽华湾景酒店 p.74
Bayview Boulevard Sydney
列王十字区站
Kings Cross Sta.
桑德灵厄姆庭园
Sandringham Gardens
悉尼瑞吉斯公园酒店
Park Regis Hotel Sydney
威廉街
William St.
悉尼凯悦酒店
Hyatt Regency Sydney
伊娃・汉娜画廊 p.56
Eva Hannah Gallery
澳大利亚博物馆 p.49
Australian Museum
维多利亚画廊 p.59
The Galeries Victoria
Beppi's餐厅 p.63
硬摇滚咖啡厅 p.67
Hard Rock Cafe
Forbes St.
Clapton Pl.
高乐雅咖啡厅 p.65
Gloria Jean's Coffees
Stanley St.
圣西罗咖啡厅 p.65
San Siro CoffeeLounge
小镇之巅酒店
Top Of The Town
澳新军团战争纪念馆
Anzac War Memorial
Francis St.
Riley St.
Crown St.
Darlinghurst Rd.
博物馆站
Museum Sta.
悉尼万豪酒店 p.73
Sydney Marriott Hotel
海德公园酒店
de Park Inn
海德公园广场
Hyde Park Plaza
Liverpool St.
悉尼萨维尔公园酒店
Saville Park Suites Sydney
p.50 犹太博物馆
Sydney Jewish Museum
Oxford St.
悉尼帕克酒店
Y on the Park Hotel Sydney
p.64 蓝色天使餐厅
Blue Angel Restaurant
达林赫斯特
DARLINGHURST
Burton St.
格林公园
Green Park
p.57 绘画杰作
Masterpiece Pictures
尼尔斯里昂
Nelson Leong
东悉尼科技大学
Sydney Institute of Technology East Sydney
牛津树袋熊酒店
Oxford Koala Hotel
拉克艾尔兹餐厅 p.64
Raquel's
Goulburn St.
沃特尔酒店
The Wattle Hotel Darlinghurst
圣文森特医院
St. Vincents Hospital
悉尼品质酒店
Quality Hotel SC Sydney
Elizabeth St.
康福特剑桥酒店
Comfort Inn Cambridge
达林赫斯特法院
Darlinghurst Court House
龙阁莱茵餐厅 p.66
Longrain
悉尼警察中心
Sydney Police Centre
泰勒广场
Taylar Square
牛津街 p.25
Barcom Ave.
Campbell St.
萨里高地
SURRY HILLS
Commonwealth St.
Reservoir St.
赖利街
Flinders St.
马诺尔小型精品酒店 p.75
Manor House Boutique Hotel
Napier St.
Ann St.
圣玛利亚医院
St. Margarets Hospital
Centennial Plaza
阿尔比恩街
Albion St.
圣米克尔教堂
St. Michaels Ch.
Selwyn St.
Albion Ave.
Foveaux St.
Fitzroy St.

波茨伯恩特
POTTS POINT
新桥餐厅
Shinbashi
蓝色乌鲁牧鲁湾酒店
Blue Woolloomooloo Bay
码头
The Wharf
Cowper Wharf Roadway
Wylde St.
弗罗里达莫特酒店
Florida Motor Inn
悉尼沙托酒店
Chateau Sydney Hotel
伊丽莎白湾
Elizabeth Bay
Challis Ave.
Macleay St.
伊丽莎白湾
ELIZABETH BAY
伯利斯咖啡厅
圣文森特山大学
St. Vincents Collage
阿伦泰餐厅 p.66
Arun Thai Restaurant
伊丽莎白角
Elizabeth Point
玛丽娜庭园酒店
Mariners Court Hotel
奥力姆斯酒店
Olims Sydney
Forbes St.
福布斯路
昂斯洛路
Onslow Ave.
伊丽莎白海湾宅邸 p.50
Elizabeth Bay House
普兰基特小学
Plumkett Pmy. Sch.
马赫里路
邮局
Greenknowe Ave.
悉尼国际曼哈顿公园
Manhattan Park Inn
International Sydney
雷克斯酒店
Rex Hotel
Orwell St.
Dowling St.
斯普林菲尔德公园
Springfield Gardens
菲茨罗伊公园
Fitzroy Gardens
格泽宝酒店
Gazebo
悉尼西伯尔酒店
The Sebel of Sydney
拉什卡特斯
Rushcutters
McElhone St.
Brougham St.
Victoria St.
里真茨庭园酒店 p.75
Regents Court
阔利帝西茨酒店
Quality Suites
金格威酒店
Kings View
伯克利
The Barclay Hotel Sydney
列王十字区站
Kings Cross Sta.
克雷斯特酒店
Hotel
Crest Sydney
列王十字区 p.25
Kings Cross
圣约翰医院
St. Lukes Hosp.
Waratah St.
皇家公园广场
Park Royal Plaza
Bayswater Rd.
贝斯沃特餐厅 p.62
Bayswater Brasseries
拉什卡特斯湾
Rushcutters
Bay Park
Kings Cross Rd.
千禧酒店
汉普顿科特酒店
Hampton Court Hotel
克丽森特酒店（贝斯沃特） p.75
The Crescent On Bayswater
Bayswater Rd.
小镇之巅酒店
Top of The
Town
Darlinghurst Rd.
Craigend St.
城铁东郊线
Eastern Suburbs Line
维多利亚路
Surrey St.
Womerah Ave.
Barcom Ave.
McLachlan Ave.
圣约翰教堂
伯拉吉奥餐厅 Pelajio Restaurant p.65
威格尔运动场
Weigall Sports Ground

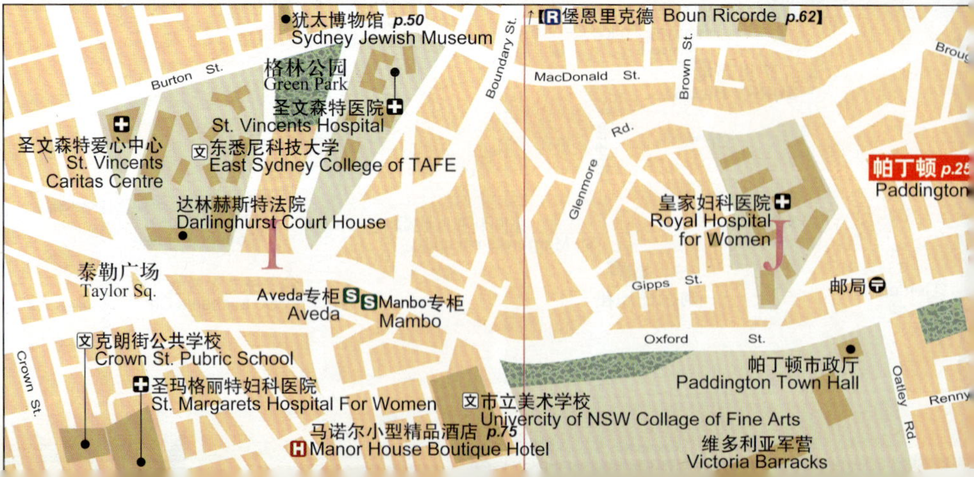
犹太博物馆 p.50
Sydney Jewish Museum
堡恩里克德 Boun Ricorde p.62
Burton St.
Boundary St.
MacDonald St.
Brown St.
格林公园
Green Park
圣文森特医院
St. Vincents Hospital
圣文森特爱心中心
St. Vincents
Caritas Centre
东悉尼科技大学
East Sydney College of TAFE
Rd.
Glenmore
帕丁顿 p.25
Paddington
达林赫斯特法院
Darlinghurst Court House
皇家妇科医院
Royal Hospital
for Women
泰勒广场
Taylor Sq.
Aveda专柜
Aveda
Manbo专柜
Mambo
Gipps St.
邮局
Oxford St.
克朗街公共学校
Crown St. Pubric School
Crown St.
帕丁顿市政厅
Paddington Town Hall
圣玛格丽特妇科医院
St. Margarets Hospital For Women
市立美术学校
Univercity of NSW Collage of Fine Arts
Oatley Rd.
马诺尔小型精品酒店 p.75
Manor House Boutique Hotel
维多利亚军营
Victoria Barracks

列王十字区／德宝湾
Kings Cross/Double Bay
0 300m
N
达令角
Darling Point
麦克尔公园
Mckell Park
Yarranabbe Rd.
Thornton St.
杰克逊港
Port Jackson
亚拉那贝公园
Yarranabbe Park
达令角
DARLING POINT
Darling Point Rd.
德宝湾
Double Bay
Beach Rd.
Loftus Rd.
德宝湾公园
Double Bay Park
德宝湾公园
Kentra Bar & Grill
William St.
公共学校
利兹卡尔顿餐厅
Ritz Carlton Double Bay
Mona Rd.
Greenoaks Ave.
Ocean Ave.
Bay St.
Cross St.
莱斯奥利瓦斯专卖店 p.54
Les Olivades
p.66 布卡拉餐厅
Bukhara
阿德里安娜小姐波尼专柜
Adrienne & The Misses Bonney
德宝湾萨沃伊酒店
The Savoy Hotel of Double Bay
科斯莫特拉斯咖啡厅
Cosmo Terrace Cafe
South Head Rd.
阿斯查姆女子学院
倩碧专柜
Dopo Le Cinque
Bellevue Rd.
德宝湾 p.25
Double Bay

帕丁顿／牛津街
Paddington/Oxford St.
0 300m
N
Hargrave St.
Cascade St.
Elizabeth St.
Paddington St.
Jersey Rd.
奥申街
甜蜜威廉姆 p.57
Sweet William
William St.
Underwood St.
Moncur St.
伍拉勒
WOOLLAHRA
恐龙设计店 p.55
Dinosaur Designs
Queen St.
牛津街 p.25
法院
Court House
统一教堂
休伊登精品酒店 p.75
The Hughenden Boutique Hotel
John St.
Gordon St.
帕丁顿公共学校
Paddington Public School
帕丁顿市集 p.61
Paddington Market
森特尼尔广场
Centennial Sq.
Oxford St.

市内交通

周游主要观光景点

“悉尼探索”号

City Sightseeing Sydney Explorer

DATA

一日通票：成人A$35，儿童A$20
家庭套票：A$80（限成人两名和4～16岁的儿童若干，可同时乘坐）
2日通票：A$56（8天之内可分开在2天使用的票）
※车票与“邦黛探索”号通用

观光巴士是悉尼不可或缺的。只要坐上观光巴士，市内主要的景点都可以游览到。因为可以领略城市的全貌，所以非常受短途旅行者的欢迎。“探索”号有两条路线，车身分别为红色和蓝色。请注意周游市内27个景点的巴士为红色车身。蓝色车身的巴士为“邦黛探索”号。

●路线

红色车身的“悉尼探索”号全程28公里。从环形码头出发，经过悉尼歌剧院，再经由悉尼港桥开往北悉尼。到米尔森斯角和月神公园之后，再经过悉尼港桥重新返回市中心。绕中心车站、唐人街、达令港和岩石区之后回到环形码头。期间可自由上下车。

●购票方法

可以乘车时直接向司机购买，除此之外，也可在代理售票业务的售货亭购买。可以在环形码头和温亚德公园、维多利亚女王大厦的悉尼巴士票信息处买到路线图。

●乘车方法

巴士行驶到车站时，可举手示意上车。通过驾驶座位旁边检票机的检票即可乘车。到达目的地想要下车时，通过按车内的按钮来示意。

运行时间	8:40~19:17
末 班 车	17:20从环形码头出发
运行间隔	约20分钟
咨　询	信息咨询热线 ☎13-1500 (6:00~22:00)

①悉尼湾/环形码头 Sydney Cove/Circular Quay
②悉尼歌剧院 Sydney Opera House
③米尔森斯角/月神公园 Mision Point/Luna Park
④皇家植物园/悉尼博物馆 Botanic Gardens/Museum of Sydney
⑤麦夸里古文化街 Historic Macquarie Street
⑥澳大利亚博物馆 Australian Museum
⑦东悉尼 East Sydney
⑧列王十字区 Kings Cross
⑨伊丽莎白海湾宅邸 Elizabeth Bay House
⑩乌鲁牧鲁湾 Woolloomooloo Bay
⑪麦夸里夫人之椅 Mrs Macquaries Chair
⑫新南威尔士州立美术馆 Art Gallery of NSW
⑬温亚德站 Wynyard Station
⑭维多利亚女王大厦 Queen Victoria Building

经由悉尼海港大桥再次返回悉尼市中心

⑮澳新军团战争纪念馆 Anzac War Memorial
⑯中央车站 Central Station
⑰唐人街 Chinatown
⑱动力博物馆 PowerHouse Museum
⑲悉尼渔市 Sydney Fish Market
⑳星港城 Star City
㉑达令港（国家海事博物馆）Darling Harbour (National Mariitime Museum)
㉒悉尼会展中心 Sydney Convention &Exhibition Center
㉓艾麦克斯/中国花园 Imax/Chinese Garden
㉔悉尼水族馆 Sydney Aquarium
㉕游客终端 Passenger Terminal
㉖岩石区 The Rocks
㉗悉尼游客中心 Sydney Vistor Centre

沿悉尼郊外的海岸线行驶

“邦黛探索”号

City Sightseeing Bondi Beach Explorer

DATA

一日通票：成人A$35，儿童A$20
家庭套票：A$80（限成人两名和4～16岁的儿童若干，可同时乘坐）
2日通票：A$56（8天之内可分开在2天使用的票）
※车票与“悉尼探索”号通用

蓝色的车身是其标志。行驶路线以海岸线为主，全程约30公里，共19个车站，行驶一周大约需要2小时。

●路线

从环形码头出发，经列王十字区，德宝湾、环邦黛及库吉等人气海滩，最后穿过牛津街返回市区。

●购票方法、乘车方法与“悉尼探索”号相同。

运行时间 8:45~18:15
末班车 16:15从环形码头出发
运行间隔 约30分钟
咨　询 信息咨询热线 ☎ 13-1500（6:00~22:00）

①悉尼湾/环形码头 Sydney Cove/Circular Quay
②乌鲁牧鲁湾 Woolloomooloo Bay
③列王十字区 Kings Cross
④列王十字区之顶 Top of Kings Cross
⑤拉什卡特斯湾 Rushcutters Bay
⑥德宝湾 Double Bay
⑦玫瑰湾码头 Rose Bay Warf
⑧玫瑰湾教堂 Rose Bay Convent
⑨沃克卢斯湾 Vaucluse Bay
⑩屈臣氏湾 Watsons Bay
⑪断肠崖公园 The Gap Park
⑫邦黛海滩 Bondi Beach
⑬勃朗特海滩 Bronte Beach
⑭库吉海滩 Coogee Beach
⑮皇家兰德威克赛马场 Royal Randwick Racecourse
⑯悉尼SCG板球场&悉尼足球场（Sydney Cricket Ground &Sydney Football Stadium
⑰牛津街 Oxford Street
⑱海德公园 Hide Park
⑲马丁广场 Martin Place

基本贯穿市区

市内公交车 *Bus*

DATA

票价：A$2.1（1～2区间）、A$4.5（3～5区间）
※市内分为27个区（部分），乘坐的区间数（距离）不同，费用也不同。

车身为蓝白双色调。约有115条线路，基本上覆盖到每个角落。可提前准备好路线图，确定目的地之后再乘车。

●路线

基本上覆盖了市内全部地区，乘坐公交车会非常方便。公交车正面标着三位数的路线序号和目的地。

●购票方法

费用需预付。告知司机目的地后司机会告诉你所需费用，路线图可以在观光服务处或报刊店购买。

●乘车方法

公交车行驶到车站时，可举手示意上车。不注意的话车就会开过去了，所以一定要留心。下车时，按一下下车按钮来告知司机。因为没有车内广播，所以最好告知司机抵达目的地，请到达后告诉你。

运行时间 5:00~24:00
咨　询 信息咨询热线 ☎ 13-1500（6:00~22:00）

现代高楼林立

观赏悉尼沿岸的美丽风光

渡轮

Sydney Ferries

DATA

根据目的地不同，单程价从A$5.60~7.70不等

一日通票：成人A$21.00，儿童A$10.50

渡轮既是上班、上学时穿越悉尼湾的重要交通工具，又是悉尼观光的一大亮点。环形码头的第2~6号码头是出发地。坐在渡轮上可以悠闲地眺望悉尼这座现代化都市。

●路线（目的地）

2号码头：塔荣嘎动物园、莫斯曼湾

3号码头：曼利

4号码头：屈臣氏湾、莫斯曼湾、北悉尼

5号码头：帕拉玛塔、乌鲁维奇、碧肯赫、皮尔蒙特湾

6号码头：各种巡游

充分使用便利的船票

实惠的套票、与主题公园成套的入场券都有提供。不妨充分发挥它们的作用！

套票（渡轮10次） Ferry Ten

渡轮专用套票，一张票可以用10次。内港可以享受A$33.5三七折优惠。

动物园入场券 Zoo Pass

往返于塔荣嘎动物园的渡轮套票，包括从码头开往动物园正门的公交车、动物园的入园费和空中缆车。

成人A$48，儿童A$23.50，家庭票 A$134

●购票方法

可以在港口的售票处或自动售票机购买，除环形码头和曼利外都是小的检票处。在环形码头精算运费。

●乘坐方法

入口处自动检票，插入票后进入。

运行时间 5:40~24:00

咨　询 信息咨询热线 ☎13-1500（6:00~22:00）

让我们乘渡轮来享受巡游的乐趣吧！

从早上第一缕阳光到夕阳落山后的夜晚，悉尼湾上总是挤满了各种各样的船舶。从大型游轮到帆船，种类丰富。可以结合自己的爱好，尽享巡游的乐趣。

巡游系列之周末早餐 Sunday Breakfast Cruise

这里可以让人一上午的心情都非常舒畅。还可以在船内吃一顿简单的早餐。

每周日航行 用时1小时30分 成人A$49 9:30出发 6号码头 回库克船长 ☎02-9206-1122

巡游系列之咖啡 Coffee Cruise

渡轮疾驰，凉风拂面。边喝饮料边享受颇具时尚感的巡游。

用时2小时20分 成人A$49 10:00和14:15出发 6号码头 回库克船长 ☎02-9206-1122

巡游系列之甲板午餐 Topdeck Lunch Cruise

边吃午餐边巡游悉尼湾也别有一番乐趣，豪华感油然而生。

用时2小时30分 成人A$185 19:00出发 6号码头 回库克船长 ☎02-9206-1122

巡游系列之黄金晚餐 Gold Dinner Cruise

浪漫的现场演奏、7道豪华的澳大利亚美食、美丽的悉尼夜景——在这里完全可以一同尽情享用。

用时2小时30分 成人A$185 19:00出发 6号码头 回库克船长 ☎02-9206-1122

巡游系列之歌剧晚餐 Opera Dinner Cruise

在巡游船上可以听到悉尼歌剧院的歌声。晚餐需另付费用。

不定期航行 用时2小时30分 成人A$79 19:00出发 6号码头 回库克船长 ☎02-9206-1122 ※一定要咨询

体验短期旅行的最佳选择

单轨列车 *Monorail*

DATA

单程A$5.00

全日票A$9.80

单轨列车位于市区西南部，共8站，呈环形状，行驶一周约15分钟。透过大大的玻璃窗可将市区尽收眼底，因此深受游客的欢迎。行驶时只能左转。全程短短的15分钟，让人感觉仿佛是在游乐园的骑乘设施上。

●路线

连接着市中心、达令港和唐人街等。

●购票方法

向检票口前的自动售票机内投入代用硬币即可购买。

●乘车方法

向自动检票口中投入代用硬币，旋转式栏杆就会打开，这样就可以进入站台了。

运行时间 7:00~22:00
运行间隔 3~5分
咨　询 地铁单轨列车 ☎02-8584-5288

静静行驶在街头的列车

轻轨列车 *Light Rail*

DATA

单程A$3.50~　全日票A$9

以中心车站为起点运行的列车。虽然车身距地面只有30厘米，却没有噪声。车内配备空调。夜晚乘轻轨去星港城非常方便。

●路线

从星港城出发经格利伯开往利利菲尔德。

●购票方法

在车内向乘务员购买，或者在各车站的售票处购买，也可以在自动售票机购买。

●乘车方法

听到车内广播后在目的地下车。

运行时间 24小时
运行间隔 10~15分钟
咨　询 轻轨列车 ☎02-8584-5288

连接市内与郊区的双层列车

城市列车 *City Rail*

DATA

一区间 单程A$3.40，往返A$6.80

乘坐这种双层列车去郊外和悉尼机场非常方便。列车路线在市中心地区呈圆周形，共六站。正因为如此，它也被称为市区内环线。

●路线

市内的停车站分别为市政厅、温亚德、环形码头、圣詹姆斯、博物馆、中心车站。

●购票方法

在各车站的窗口或是自动售票机购买。使用售票机时，按目的地、人数、单程或往返的顺序按下按钮就会显示出费用。

●乘车方法

插入车票后通过检票口。

运行时间 5:00~深夜
咨　询 信息咨询热线 ☎13-1500（6:00~22:00）

目的地明确时非常方便

出租车 *Taxi*

DATA

起步价A$3.40 (以后每增加1公里费用增加A$2.06)

市区内的出租车很多，因此乘坐时很方便。

●乘车方法

乘客要自己来开关车门，乘车时一般坐在副驾驶位。另外，在悉尼，即使坐在后座也要系安全带。

●主要的出租车公司

出租车综合服务中心 ☎133-300
布莱米尔 ☎13-1017

自由之行 enjoy freetime

在悉尼，现代便捷的交通工具可以省却徒步行走的劳累，无论去哪里都能找到适合的独特旅行方式。无目的的漫步固然也不错，但是有目的的话会更有趣味。“历史探寻游”是游览具有历史意义的景点，这些景点记录了开拓悉尼先驱者的足迹，很适合想要了解悉尼历史的游客。“奇妙体验游”则以体验为主，可以尝试只有在悉尼才会有的体验。

历史探寻游

用时 约3小时

START

悉尼游客中心

位于砖造的岩石区中心二楼。

岩石区

这里还保存着开拓时代的风貌。走过狭窄的小巷，会意外发现一些隐蔽的小店。

▼步行10分钟

悉尼博物馆

介绍1788年开拓殖民地以来的历史，原为第一任总督府旧址。

▼步行10分钟

海德公园军营

本来是关押犯人的，由此可以明白为什么有这样的说法：悉尼的历史是由囚犯创造的。

▼步行3分钟

圣马丽大教堂

始建于1821年的天主教堂，它那威风凛凛的外观让人不禁折服。

▼步行10分钟

市政厅

黄金热之后建造的建筑。馆内的装饰非常值得一看。

POINT 首先让我们来亲身感受一下岩石区古老街景，之后再出发，一边欣赏街景一边悠闲漫步。如果事先对该地区有所了解，也可以先从悉尼博物馆出发，将岩石区作为最后一站。从市政厅到岩石区返回时可以乘坐城市列车。

奇妙体验游

用时 约5小时

START

码头

海港大桥（攀登港桥）

攀登港桥刺激十足，需要在导游的指导下提前训练。

▼步行5分钟

环形码头（街头表演）

沿栈桥的步行街可以看到街头表演。

▼步行15分钟

悉尼塔（平步蓝天）

悉尼塔相当于80层楼的高度。站在这里，悉尼城可以一览无余。

▼步行20分钟

星港城（赌场）

这里是悉尼的不夜城。在这个24小时开放的赌场梦想着一掷千金……

POINT 早上，在海港大桥参加旅行团。爬到西侧的拱形桥顶部需3小时左右。结束后在环形码头吃午饭。之后可以在栈桥附近散散步，也可以到悉尼塔瞭望层去凭窗眺望。这几项活动共需1.5小时。最后到星港城的赌场去试一下自己的手气吧！

OP 任选路线 主要有三种。路线1：参观环形码头、悉尼歌剧院等海岸景色；路线2：在塔荣嘎动物园或皇家植物园中散步，接触大自然；路线3：在马丁广场、皮特街购物中心等购物街逛逛也不错。

轻松之旅 Tour

不仅中国国内的旅行社，当地的旅行社也会组织形式多样的观光团。不仅有轻松的市内观光和郊外散步，还会根据游客自身的爱好提供各种观光方案。

观看海豚驾驶四轮驱动
Dolphin Watching &4WD Drive

史蒂芬港因栖息着野生海豚而为游人所知。可以在游艇上观看海豚，还可以开着四轮驱动在沙丘中驰骋。

不惧怕船与之共同前进的海豚

组团日 每天
出　发 7:00
所用时间 约11小时
费　用 A$230
所用时间 参考主要酒店的介绍

试饮葡萄酒的旅行团也很有趣

猎人谷酒庄团
Hunter Valley Winery Tour

可以到葡萄酒产地猎人谷去巡访那里的酒庄。学一学葡萄酒的酿造，尝一尝美酒，也会不亦乐乎。

组团日 每天
出　发 8:00
所用时间 约10小时
费　用 A$125
所用时间 参考主要酒店的介绍

并列而立的三姊妹峰

蓝山和动物园
Blue Mountains &Zoo Tours

可以站在回声谷中眺望三姊妹峰，还可以乘上轨道列车或空中索道（另收费）领略大自然的雄伟，还会遇到树袋熊或袋鼠。

组团日 每天
出　发 7:30
所用时间 约8小时
费　用 A$80，另付午餐A$98
所用时间 参考主要酒店的介绍

杰诺伦钟乳洞和蓝山
Jenolan Caves &Blue Mountains

可以参加梦幻般的杰诺伦钟乳洞—蓝山—自然动物园一日游旅行团。其中，和树袋熊一起拍照、喂袋鼠食物也是很有意思的。

组团日 每天
出　发 7:00
所用时间 约9小时
费　用 A$135
所用时间 参考主要酒店的介绍

可以接触澳大利亚的可爱动物

岩石区/环形码头
The Rocks/Circular Quay

Sydney Harbour Bridge (Pylon Lookout)
悉尼海港大桥（高塔瞭望台）

地图 p.28-B

●从悉尼观光巴士的岩石区站步行10分钟，到瞭望台步行40分钟 South-east Pylon,Habour Bridge ●☎02-9240-1100 10:00~17:00（瞭望台） 休息：受难日和圣诞节 费用：成人A$9.50 儿童A$4

悉尼重要交通线

海港大桥横跨悉尼港，桥身长为1149米，是世界上最宽（49米）的桥。共有8条机动车线、2条铁路线，并且桥的两边还设有人行道和自行车道。海港大桥已成为连接悉尼中心区与北部郊区的重要交通大动脉。因为形状似衣架，所以也被称为“旧衣架”。它给世界三大美港之一的悉尼港增添了无限美景。瞭望台位于桥的支柱处，可从海港大桥的入口进入。登上瞭望台200层的阶梯后俯视下面，你会发现无比壮观的风景——运河、歌剧院和仰天而立的高层大厦。攀爬这座大桥（p.40）也非常受欢迎。

相机中看风景

麦夸里夫人角(Mrs Macquaries Point)

在这里，你可以以海港大桥为背景，将悉尼歌剧院尽收于相机中。因此这里广为人知。最好是上午去游玩，因为这样的话以蓝天为背景拍照不会出现 逆光。这里还保存着为新南威尔士州第五任总督麦夸里的夫人而特别雕刻的一座石椅。

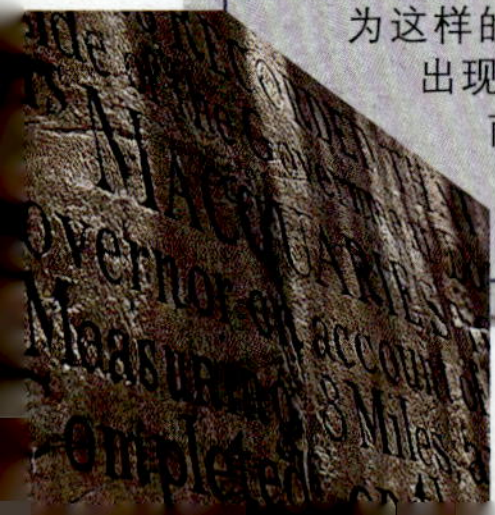

刻印着文字的石椅

Museum of Contemporary Art
现代美术馆

地图p.30-F

●从环形码头站步行5分钟，从悉尼观光巴士的悉尼游客中心站步行2分钟 140 George St.,The Rocks ●☎02-9245-2400 10:00~17:00 休息：圣诞节 免费

美术馆的外观为文艺复兴式风格，非常漂亮。馆内集中了安迪•沃霍尔、罗伊•里奇特斯坦等世界各国著名艺术家的艺术作品，总数达5000件以上。此外，这里的土著艺术收藏展示也很有名。展馆对于游客来说非常宽敞 。同时在美术馆一层还设有咖啡厅，这里可以观赏到悉尼港和歌剧院的美景。

以现代美术为中心的展出

Sydney Observatory
悉尼天文台

地图p.30-E

●从环形码头站步行15分钟，从悉尼观光巴士的岩石区站步行5分钟 Obversatory Hill ,Watson Rd.,The Rocks ●☎02-9921-3485 10:00~17:00；夜间观光旅游18:15(4~10月)、20:15、20:30（12~1月）休息：圣诞节 免费 夜间观光旅游：成人A$15 儿童/学生A$10

悉尼天文台坐落于微微凸起的小丘上，从这里可以俯瞰悉尼湾。它建成于约140年前，是澳大利亚最古老的建筑物之一。这里有大小不等的两个圆屋顶，其中一个是1874年的望远镜，另一个则是利用了计算机技术的最新设备。现在，这里作为天文台的使命已经完成，取而代之的是作为博物馆向市民和游客开放。这里会举办各种活动，让市民和游客感受南半球天空；此外，每天晚上还会有两小时的天体观测活动（收费）。

历史悠久的天文台

Museum of Sydney
悉尼博物馆

地图p.30-F

●从环形码头站步行15分钟，紧邻悉尼观光巴士的皇家植物园/悉尼博物馆站 Cnr.Bridge & Phillip Sts. ●☎02-9251-5988 9:30~17:00 休息：受难节和圣诞节 费用：成人A$10 儿童/学生A$5

这座现代化博物馆建在第一任总督阿瑟•菲利普的公馆旧址上，主要展示了悉尼及澳大利亚殖民地时代的历史和土著文化。这里用全景照片和影像生动地介绍了18世纪~19世纪殖民地时代的生活风俗、原住民族土著人的文化。这里还设有收集许多原创物品的商店和时尚人士必去的餐厅、咖啡厅。

亮丽的外观是其标志

Royal Botanic Gardens
皇家植物园

地图p.31-G

●从环形码头站步行5分钟，紧邻悉尼观光巴士的皇家植物园/悉尼博物馆站 Mrs.Macquaries Rd. ●☎02-9231-8111 7:00~日落 休息:受难节和圣诞节 免费

植物园位于歌剧院的旁边，沿悉尼湾伸展。这里种植了100万棵以上来自世界各种各样的植物，无论杜鹃花盛开的9月还是玫瑰竞相开放的季节，景色都特别迷人。园内很宽阔，也可以选择去药草园或农艺园看看。还可以在热带植物中心（入园费A$4.40）观察澳大利亚的热带植物。

面积广阔的植物园

Art Gallery of NSW
新南威尔士州立美术馆

地图p.31-K

作品群展

●从圣詹姆斯站步行7分钟，紧邻悉尼观光巴士的新南威尔士州立美术馆站 Art Gallery Rd. ●☎02-9225-1744 10:00~17:00（周三10:00~21:00）休息：受难节和圣诞节 免费（特别展出收费）

美术馆由1875年建造的旧馆和1970年建成的白色墙壁的新馆组成。馆内除收藏了澳大利亚各个时期的美术作品外，还收藏了一些欧洲和亚洲的美术作品。这里也展出梵•高和蒙•克的作品，旧馆陈列着原住民族土著人的美术作品。

Hyde Park Barracks
海德公园军营

地图p.31-K

●从圣詹姆斯站步行2分钟，紧邻“邦黛探索号”的海德公园站 Queen's Square, Macquaries Rd. ●☎02-8239-2311 9:30~17:00 休息：受难节和圣诞节 费用：成人A$10 儿童/学生A$5

这座乔治亚王时代的建筑在19世纪初为收容囚犯而建造，是由一名身为囚犯的建筑家弗朗西斯•格林韦设计的。它展示了1883年时囚犯的居住环境，特别是在非常狭窄的地方居然放了70张吊床，或许躺在吊床上的囚犯最能体会当时的情境了。将它改造成博物馆时，在床下发现的囚犯衣服以及拷问囚犯的照片也在这里展出。

昔日囚犯的生活场景

文化一点通

土著艺术

原住民族土著人没有自己的文字，他们用歌曲、舞蹈和岩画等来表现他们自己的生活样式和文化。这些土著文化的表现手法已经升华为代表澳大利亚的艺术文化，各地的美术馆和博物馆中都留有用这些个性的手法描绘的画作、装饰品及木雕作品等。

走进悉尼歌剧院

亲身感受当地的舞台艺术

悉尼湾上格外耀眼的歌剧院，既可以观看精彩的戏剧演出，又可以欣赏其独特的外观。每个人都有自己的欣赏点。

世界遗产——歌剧院的建造

1951年，悉尼部分艺术家提出在新南威尔士州建造剧场，以此为契机，开始了设计造型的计划。歌剧院的设计方案是以国际设计竞赛的形式公开募集的，最终丹麦建筑师约恩•乌松的作品成功入选。歌剧院于1959年开工，中途曾因政权交替而一度停工，开工后历时14年，于1973年9月28日终于竣工完成，10月20日正式开放。2007年6月28日被联合国教科文组织列为世界文化遗产。

内部陈设精细、考究

顶部很高，音响效果出众

●观看演出时的注意事项

•服装整洁即可，无须着正装

•若出现迟到情况则必须要等到幕间休息时才能入场

•入场后，必须关闭手机和手表的闹铃

•场内禁止录像和拍照

•室内禁止吸烟

如何前往歌剧院

HP www.sydneyoperahouse.com

主要的定期演出团体

●澳大利亚歌剧团
Opera Australia

以悉尼为大本营，每年上演近20场节目。

●悉尼交响乐团
Sydney Symphony Orchestra

澳大利亚规模最大的交响乐团。每月都会在歌剧院举行演奏会。

亲身感受热情的演出

●悉尼舞蹈公司
Sydney Dance Campany

作为现代舞蹈的团体，悉尼舞蹈公司拥有国内外众多粉丝。

●澳大利亚芭蕾舞团
Australian Ballet

是澳大利亚最早的舞蹈团体，以墨尔本为大本营。其新颖的舞蹈编排极具魅力。

购票方法

在歌剧院内的售票处购买（无休息日 ☎02-9250-7777），也可在网上预约。申请游览请致电02-9250-7250。

歌剧厅
Opera Theatre

指歌剧院第二大厅。演出内容主要是歌剧和芭蕾，除此之外还有各种舞蹈。舞台下的乐池很宽敞，可以容纳70~80人演奏。另外，很多歌剧不翻译成英语，而是用原本的语言演出的，舞台上方装有灯光显示屏来显示英文字幕。

音乐厅
Conert Hall

是歌剧院最大的厅。用于管弦乐、室内乐、合唱、舞蹈等演出。顶部距舞台25米高，回声的时间约为2秒，最适于欣赏交响乐。厅内的管风琴被称为“音乐厅超大管风琴”，由10 500个风管组成，是世界最大的管风琴。

戏剧厅
Drama Theatre

主要举办小规模的音乐剧、现代舞蹈和戏剧等演出。设计精巧的舞台中部有一些大大小小的圆形部分，那是用于舞台转换的，可以旋转变化舞台来增强演出效果。

演播厅
The Studio

经过大规模的装修后，演播厅于1999年重新开放，如今已成为世界戏剧、音乐等各种演出的场所，见证着世界现代艺术的蓬勃发展。

贝尼朗餐厅
Guillaume At Bennelong

这里的腌熏三文鱼和牡蛎非常受欢迎。

☎02-9241-1999
营17:30~23:00、周五和周六增设时间段12:00~15:00
休周日 预算 A$20~50

歌剧院导游服务

除圣诞节和受难节外，每天从9:00到17:00每隔30分钟提供一次约半小时的导游服务（英语）。因为歌剧院内的各个地点都会有相关人员引导，所以如果有时间的话建议不妨参加。所用时间30分钟，成人费用A$24。办理者请到地下中厅的旅游咨询中心预约。

相机中看风景

悉尼歌剧院

白色帆船造型的悉尼歌剧院是澳大利亚的标志性建筑。这种新奇的设计会根据观察角度和地点不同而呈现出不同的特点。寻找到最好的观察点，用相机留住它那美丽的外观吧！

首先，如果你想将突出的屋顶拍摄得很有活力，那么建议从歌剧院北部的广场进行拍照。白色墙壁上贴有瓷砖，这使得其外观更加醒目。在这个角度拍照可以将歌剧院特有的魅力表现出来。

另外，如果你想拍远景的话，那么最好到对岸皇家植物园的麦夸里夫人角进行拍照。隔海眺望歌剧院和海港大桥，感受二者的强烈反差也是不错的体验。

需要注意的是，歌剧院内是禁止拍照的。

近处观看更觉冲击力十足

感受古老街区的历史

漫步岩石区

作为悉尼的发祥地，这里至今还留存着许多珍贵的古老建筑。一边观光建筑一边散步也很有乐趣。

有很多让人联想起历史的石造建筑物，到处都是看点。

岩石区概况

岩石区位于悉尼湾和环形码头西侧，200年前首批英国移民来到这里，这里也就成了悉尼的发祥地。为数众多的建筑依然能让人感受到开拓时代的风貌。现在这些古建筑还留存于重新开发后的美丽街景中。走过古建筑鳞次栉比的街道，会不禁沉浸在怀旧的气氛中。这里有很多商店、画廊、咖啡厅等，悠闲地漫步是最适合不过的了。周末会有岩石区假日市集，那里整齐地摆放着很多出售工艺品和杂货的摊位。

●岩石区假日市集
The Rocks Market

地图p.30-B

每逢周末，乔治街的一部分就成了购物者的天堂，各种摊位店铺鳞次栉比。广场还会举办演出，让来游玩的人一饱眼福。

既是礼品又是商品

刻着英国移民的雕塑

●坎贝尔斯仓库餐厅
Campbell's Storehouse Restaurant

地图p.30-B

这里由仓库改造而成，聚集了许多漂亮的餐厅，可以一边眺望美丽的海景，一边用餐。

沿海而立的建筑物

推荐步行路线

1. 悉尼游客中心 → 步行3分钟
2. 岩石区假日市集 → 步行3分钟
3. 坎贝尔斯仓库餐厅 → 步行5分钟
4. 海港大桥 → 步行15分钟
5. 亚格鲁隧道

散步前请先到悉尼游客中心
Sydney Vistor Centre

地图 p.30-F

在开始逛街前，请先到岩石区车站附近的游客中心查看观光信息。游客中心位于砖造的岩石中心二楼，那里会展示岩石区的历史。除了可以预约旅行团和餐厅外，这里还提供畅游岩石区和环形码头的地图和详细资料。

营业时间为9:30~17:30

横跨悉尼湾的大桥

●悉尼海港大桥（高塔瞭望台）
Sydney Harbour Bridge(Pylon Lookout)

地图p.28-B

联结悉尼中部和北部，全长1149米，居世界第二。大桥设有人行道，所以走着也可以过去。大桥两端有四根石造的支柱，称为塔门，其东南方向为高塔瞭望台。

●亚格鲁隧道
Argyle Cut

地图p.30-F

19世纪中期，流放者们将基岩一点点挖出，历经20年终于打通了这条隧道。两侧的墙壁上还残留着鹤嘴镐的痕迹，直到今天还在讲述着受刑者们在极其严酷的劳动条件下劳作的痛楚与辛酸。

高速公路下的一段穿山道

在洋溢着复古情调的护士道探索历史
Nurses Walk

地图p.30-F

开发者的纪念像

在岩石区南北延伸的护士道上，约有40家商店和餐厅。1788年，阿瑟•菲利普率第一批移民团登陆，当时这里正好有一家医院，护士道因此而得名，当时的男护士是从流放者中选拔的。最初这里只有一些非常简陋的建筑，随着1816年医院搬迁，商业资本进驻，于1979年建造了公路，这里逐渐热闹起来。如果在徒步旅行的过程中认真听导游讲解，就会非常清楚岩石区的历史和来龙去脉了。

绿树成荫的街道非常适合散步

装饰得很漂亮的砖造店铺鳞次栉比

文化一点通

岩石区的历史

岩石区是悉尼著名的观光中心和商业中心。它的历史开始于1788年殖民船到达悉尼湾，其中一队在悉尼湾西侧的砂岩小丘上建造了"开拓村"。街上随处可见存留下来的古建筑——悉尼最古老的房屋卡德曼小屋（现为信息中心）、将流放者们建造的砖造仓库改造而成的亚格鲁艺术中心等，其中大部分在1970年以后进行了重新修复，至今还保留着开拓时期的维多利亚女王时代的风貌。在这洋溢着古典氛围的街道上随意漫步，别有一番趣味。

眺望歌剧院

观光 Sightseeing

达令港
Darling Harbour

Sydney Aquarium
悉尼水族馆

地图p.32-A

●紧邻单轨列车的达令公园站和悉尼观光巴士的悉尼水族馆站 ●☎ 02-9262-2300 9:00~22:00

这里汇集了澳大利亚二带双锯鱼、拿破仑鱼等5000多种海洋生物，并按照栖息地进行分类饲养和展示。透过玻璃观景隧道可以观赏到游弋于水中的各类生物。

巨大的波形

Sydney Town Hall
市政厅

地图p.32-F

●紧邻市政厅站，从悉尼观光巴士的维多利亚女王大厦站步行3分钟 ●☎02-9265-9189

这是一座建于19世纪后半期的维多利亚风格的建筑。55米高的时钟塔是悉尼的地标性建筑。正厅装饰着彩绘玻璃，里面有可容纳2300人的大厅。

风格独特的建筑物

任选项 内部有导游服务，每隔30分钟进行一次讲解。

文化一点通

必知的三个悉尼名人

殖民地时代第一任总督**阿瑟·菲利普**（1738~1814年）从英国带领士兵和囚犯登上了澳大利亚，奠定了开拓的基础。之后，第五任总督**拉克伦·麦夸里**（1762~1824年）任命一名流放囚犯——英国设计师**弗朗西斯·格林韦**（1777~1837年）担任建筑师，负责悉尼建筑的设计。

National Mariitime Museum
澳大利亚国家海事博物馆

地图p.32-A

●从单轨列车的港畔站步行1分钟，紧邻悉尼观光巴士的国家海事博物馆站 ●☎02-9298-3777 9:30~17:00 休息日：无 费用：博物馆免费（特别展出：成人A$10~ 儿童A$6~）

博物馆位于皮尔蒙特桥北侧，主要展示澳大利亚的海洋历史及文化。馆内陈放着许多从土著人时代到现代有关海洋的资料和工具。这里还可以参观“吸血鬼”号驱逐舰和“昂斯洛”号潜水艇。

展示的快艇和帆船

Panasonic IMAX Theatre
超感官电影院

地图p.32-E

●从市政厅步行5分钟，从悉尼观光巴士的达令港站步行3分钟 ●☎02-9281-3300 10:00~22:00（每天的上映时间都会不同） 休息日：圣诞节、受难节 费用：成人A$19.50、儿童A$14.50（3~15岁）、学生A$16.50

该剧场拥有世界最大的屏幕，长29米、宽38米。放映以自然和运动为主题的影片以及特别拍摄的好莱坞风格影片等。在这里你可以尽享超大画面独有的扣人心弦的冲击力，特别是戴上3D眼镜后，会让人有一种身临其境般的感觉。

别具一格的现代建筑

Star City
星港城

地图p.28-E

●从轻轨列车的星港城站步行3分钟

●☎ 02-9777-9000

可以放心地游玩一天

星港城是一所涵盖了赌场、酒店、剧场、餐厅、商店等综合性的娱乐场所。其中，24小时营业的赌场设施非常完备，约有1500台老虎机，并设有许多轮盘赌、巴克拉等游戏桌。酒店内有牛排餐厅、中餐厅等6家餐厅，非常受欢迎。

Sydney Tower 悉尼塔

地图p.32-B

●从圣詹姆斯站步行2分钟，从悉尼观光巴士的维多利亚女王大厦站步行5分钟 ●☎02-9333-9222 9:00~22:30 休息日：圣诞节、受难节 费用：成人A$25、儿童A$15、学生A$19.50

悉尼塔耸立于商业区中心地带，海拔305米，乘坐高速电梯40秒便可到达顶部的瞭望台。站在这里，可以360°全方位感受悉尼湾及歌剧院、海港大桥等建筑群。此外，颇具人气的余兴表演“奥兹特莱克”(Oz Trek)利用最新的音响和影像技术，让人体验澳大利亚历史和风景的3D虚拟旅行。另外，这里还有旋转式餐厅和购物中心。

南半球最高的参观平台

St. Mary's Cathedral 圣玛丽大教堂

地图p.33-C

●从圣詹姆斯站步行2分钟，紧邻邦黛及海湾观光巴士的海德公园站 ●☎02-9220-0400 6:30~18:30 休息日：圣诞节、受难日

这座雄伟壮丽的罗马天主教教堂开始建造于1821年，历经数十年于1882年竣工完成。曾两次因火灾而被烧毁，现在的教堂建于1928年。最高点为74.6米，巨大的彩绘玻璃和马赛克图案的大理石地板华美秀丽。在这里注意不要打扰别人做礼拜。

庄严的气氛给人留下深刻印象

Australian Museum 澳大利亚博物馆

地图 p.33-G

●从博物馆车站步行2分钟，邻近悉尼观光巴士的澳大利亚博物馆站 ●☎02-9320-6000 9:30-17:00 休息日：圣诞节、受难节 费用：成人A$12、儿童/学生A$6（特别展出另收费）

博物馆建于1827年，是澳大利亚历史最悠久的大型博物馆，其规模在世界上的排名也在前十名之内。其附近的海德公园东侧的三层建筑内藏有鸟、鱼、昆虫等各种动植物标本和化石，还收藏有恐龙等很多动物的骨骼及各种矿物。

聚集着各种展出物品

The Powerhouse Museum 动力博物馆

地图p.32-I

●从单轨列车或轻轨列车的帕迪市场站步行2分钟，紧邻悉尼观光巴士的动力博物馆（The Powerhouse Museum）站 ●☎02-9217-0111 9:30-17:00 休息日：圣诞节、受难节 费用：成人A$10、儿童A$5（特别展出另收费）

馆内有各种各样的展出物，让人不禁喜欢上机械

该博物馆是由19世纪建的发电厂改造而成的，收藏品多达38万件，覆盖了科学技术、宇宙工程学、社会史和艺术等广泛领域。

小知识

维多利亚风格的建筑

大英帝国在维多利亚女王一世统治的1837~1901年迎来了鼎盛期。当时的建筑以哥特式和巴洛克式为基础并加以装饰，整体呈现出非常优雅的格调。现在称为维多利亚风格。1851年，为举办第一届世界博览会而特别建造的水晶宫殿（Crystal Palace）是其代表性建筑。在悉尼，这种风格的建筑还零星地分布于其他高层建筑之间，这种布局形成的鲜明对比也很有趣味。

列王十字区/德宝湾

Kings Cross/Double Bay

Elizabeth Bay House 伊丽莎白海湾宅邸

地图p.34-B

●从列王十字区站步行10分钟，紧邻悉尼观光巴士的伊丽莎白海湾宅邸站 ●费用：成人A$8 儿童A$4 ☎02-9356-3022 9:30~16:30 休息日：周一~周四、受难节

这是1835年为当时国务大臣而建造的宅邸。建筑物采用英国的建筑样式，其特点在于各个房间门窗的布局和轮廓是左右对称的。圆形的屋顶和螺旋状的楼梯营造出一种优雅的氛围。室内陈设也再现了当时的原貌。

被绿色包围的壮丽宅邸

Sydney Jewish Museum 犹太博物馆

地图p.34-I

●紧邻389路市内公交车圣文森特医院，从列王十字区站步行7分钟 ●费用：成人A$ 10 儿童A$6 ☎02-9360-7999 10:00~16:00（周五~14:00） 休息日：周六、受难节

这里展示了移居到澳大利亚的犹太人的历史以及第二次世界大战时纳粹德国惨无人道地大屠杀犹太人等画面。此外，还有犹太人被监禁到收容所时的各种遗物和照片，还可以听一听了解那段历史的人的亲身体验。

相机中看风景

和树袋熊拍照

如果说到澳大利亚的代表性动物，那一定是树袋熊。旅行时想抱着树袋熊拍照的人想必不少吧。但是，由于近年来树袋熊的数量正在减少，为了保护它们，政府制定了相关规定，特别是有些州已经禁止抱树袋熊。因为抱着树袋熊拍照，会对它们造成很大的压力，惹怒这些夜行性的动物。现在可以拍摄这种“二人镜头”的有悉尼野生动物公园、可伦宾自然动物园等。

北悉尼

North Sydney

Taronga Zoo 塔荣嘎动物园

地图p.29-D

●从环形码头乘渡轮12分钟 ●费用：成人A$41 儿童A$20（4~15岁） ☎02-9969-2777 9:00~17:00 无休息日

这是一个约30万平方米的超大动物园。园内饲养着400多种动物，包括树袋熊、袋鼠、毛鼻袋熊、鸭嘴兽、鸸鹋等澳大利亚特有的动物。也可以和树袋熊拍照，不过在11点到15点之间不可以抱它们。此外，还可以观看给动物喂食和海豹的杂技表演。

以接近自然的形式进行饲养

Sydney's Luna Park 悉尼月神公园

地图p.28-B

●从米尔森斯角站步行5分钟 ●免费入园、一日自由行套票A$43（身高130cm以上）、游戏：单次票A$4、骑乘设施：单次票A$4~A$7 ☎02-9922-6644 11:00~18:00（周五~23:00、周六10:00~23:00、周日10:00~）休息日：周二、周三、周四

公园位于海港大桥的北端，经过大规模的再开发后，于2004年4月重新开放。公园内部再现了20世纪30年代游乐园的风貌。不仅是孩子，大人也可以在这里享受无限的乐趣，公园为此做了很多努力，开设了旋转木马机器等17种骑乘设施和游戏。其中坐在缆车上俯瞰海港大桥的迷人夜景是一种无与伦比的享受。餐厅、咖啡厅和商店等散布于各处，可自由享用。

月亮先生欢迎您

SYDNEY-BEACH
悉尼近郊两大海滩

邦黛海滩
Bondi Beach

地图p.27-D

摆满杂货等小商品的市场

白色的沙滩、美丽的海滨、熙熙攘攘的冲浪者

“邦黛”名字来源于土著语言，意思是“打到岩石上飞溅的波浪”。正如其名，因为这里海滩的浪很高，是众所周知的冲浪胜地。如果想游泳的话可以选择波浪稍平稳的北部海滩，注意不要离开游泳区域。附近有很多咖啡厅和餐厅等，此外，每周日还会举办“邦黛周末市场”，人群熙熙攘攘，非常热闹。

冲浪者们聚集于此

★看点

邦黛周日市场
Bondi Sunday Market

出售有珠宝饰品和日用小商品等。规模虽然不大，但是气氛很友好，让人心情愉快。

✉ Campell Parade,Bondi Beach
营 每周日10:00~16:00

曼利海滩
Manly Beach

地图p.27-B

在这里也可以购物

设施齐全的安静度假区

美丽的街道旁，适合长期旅居者的公寓、宾馆和高级住宅鳞次栉比。因为波浪不断涌向绵延的美丽海滩，所以这里聚集了来自世界各地的冲浪者。此外，还可以在附近打网球、高尔夫、板球等。主街科索路（The Corso）上有很多餐厅、咖啡厅以及出售冲浪用品的商店。

★看点

海洋世界
Ocean World

地图 p.51下

●从曼利码头步行5分钟
☎ 02-8251-7877 ●费用：成人A$18.50 3～14岁A$9.50
10:00 ～17:30 无休息日

这里有110米的水中隧道，给鲨鱼喂食也是很受欢迎的。

极具人气的海狮表演

雄伟的山群位于悉尼以西约100公里处。悬崖和峡谷陡立在座座海拔1000米以上的群山之间，呈现出一幅变化多端的风景图。

桉树覆盖之下的蓝色山脉

蓝山山脉

Blue Mountains

大分水岭北起昆士兰州，南至维多利亚州，南北连绵4000公里。而蓝山国家公园就是大分水岭高原地带的一部分。山区繁茂的尤加利树蒸发出的油，经太阳的照射，呈现出一层蓝雾，这就是蓝山名字的由来。

蓝山公园孕育了种类繁多的动植物，已被列入世界遗产。在那儿，可以欣赏到生动丰富的大自然，游览三姊妹峰等景点，周边的温特沃斯瀑布和珍罗兰溶洞也是看点。

很多人都从悉尼来此疗养

蓝山的中心点是卡通巴。在车站可以搭乘蓝山探险家观光巴士（电话02-4782-1866），这种巴士环行于各个主要景点之间，非常方便。每天有12班。

相机中看风景

埃科波恩特

埃科波恩特是首屈一指的摄影胜地。在这儿，可以眺望被称为“澳大利亚大峡谷”的贾米森谷，可以看到并列耸立着的三姊妹峰。除此之外，周边还有埃文观景台和普尔皮特罗克观景台等，可以拍摄脚下的壮丽景色。也可以巧妙地使用全景功能。

在戈维茨·利普观景台拍摄的照片

不容错过的美景

利用三种交通工具欣赏美景

美景世界

Scenic World

可以乘坐观光列车、空中缆车和观光索道三种交通工具游览这里壮美的景观。列车轨道的倾斜度达52度，是全世界坡度最大的观光铁路，其垂直高度为650米。空中缆车开往谷底，全程545米。观光索道全程约300米，水平行驶，从缆车上可以360度全方位欣赏美景。

让人心惊胆战的观光列车

美丽的风景呈现在眼前

以形状美著称的大溶洞

珍罗兰溶洞

Jenolan Caves

洞窟中充满了神秘的气氛

珍罗兰溶洞位于卡通巴西南方约80公里处。洞内有类似冰柱的钟乳石和蓝宝石色的地下湖，呈现出一个梦幻般的世界。目前开放的洞穴有9个。可以参加带导游的团队游，从卡通巴车站出发需要2小时左右。

从悉尼出发

驾车——约1小时30分

乘坐火车——从悉尼中央站到最近的卡通巴站需要约2小时。（单程票价A$12.20）

从悬崖上倾泻而下，溅起点点飞沫

落差达300米左右的美丽瀑布

温特沃斯瀑布

Wentworth Falls

温特沃斯瀑布是蓝山最大的瀑布。水流从300米高的悬崖倾泻而下，流水紧贴着岩壁，溅起点点飞沫，样子纤细秀美。穿过尤加利树林，接近悬崖，最后到达温特沃斯瀑布，这条远行路线深受当地人喜欢。从观景台上可以展望到以瀑布为中心的壮观自然风光。

骑马欣赏名胜

麦加龙溪谷

Megalong Valley

“Megalong”是澳大利亚土著语言，意思是“悬崖那边的山谷”。周边有几个牧场，可以一边骑马一边欣赏澳大利亚独特的大自然。即使初学者也可以轻松驾驭这里的马，所以没有骑马经验的人也可以来这里。

在这美丽的大自然中骑马是一件再美好不过的事情了

艺术品

Done Art And Design

多恩艺术设计

地图p.30-F

交从环形码头步行10分钟 ✉123-125 George St.,The Rocks ☎02-9251-6099 营10:00~18:00 休无 支付卡 V M A 预算 T恤 A$39~, 泳衣A$39~

画家肯•多恩创作的物品

肯•多恩的时尚小店以流行、色彩绚丽的图案而为人熟知。店内摆放着各式各样的原创物品，包括T恤、领带、杂货以及亚麻布类等。其中很多都是平日里能用到的物品，而且价格也合适，所以很适合买来做礼物。店内还展示有肯•多恩创作的画作等。

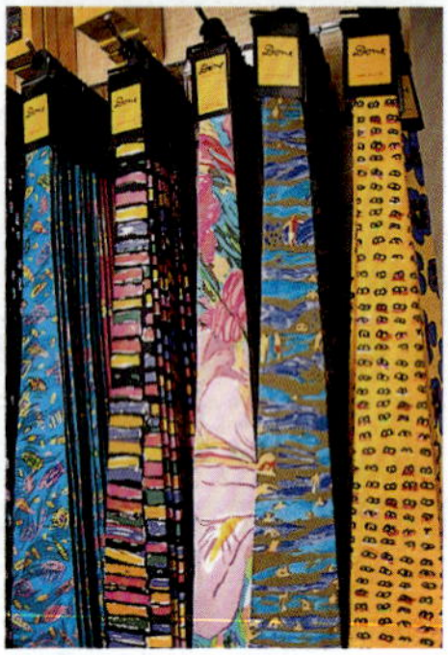

人偶

The Puppet Shop

人偶商店

地图p.30-B

交从环形码头步行17分钟 ✉77 George St.,The Rocks ☎02-9247-9137 营10:00~17:00 休无 支付卡 V M A 预算 布偶A$10~

HP www.thepuppetshop.com

表情独特的人偶

从乔治大街穿过狭窄的楼梯，来到地下，就可以看到入口了。店铺笼罩在一片复古的氛围中，一个个表情迥异的人偶悬挂在店里。这里也有树袋熊的布偶和木制玩具等。

蜡烛

The Candle Factory

蜡烛工厂

地图p.30-B

交从环形码头步行15分钟 ✉Metcalfe Arcade,80-84 George St.,The Rocks ☎02-9241-3365 营9:30~17:00 休无 支付卡V M 预算蜡烛A$1

HP www.thecandlefactory.com.au

会聚了形状特别、香味各异的蜡烛

这家蜡烛专卖店内的蜡烛种类超过100种，有手工蜡烛、芬香蜡烛以及可以漂浮在水上的浮动蜡烛等。这里还可以为婚礼等定制符合自己需求的蜡烛。

蛋白石

Australian Arts & Gems Gallery

澳大利亚宝石艺术廊

地图p.30-F

交从环形码头步行15分钟 ✉B11-12 Nurses Walk,The Rocks ☎02-9252-6222 营 9:30~18:00（周四~19:00，周日~16:30） 休圣诞节 支付卡 V M A 预算蛋白石首饰A$18~

澳大利亚产的高品质蛋白石

该店主要经营澳大利亚产的蛋白石以及用南洋珍珠制造的装饰品。除此之外，还有很多其他的设计品，譬如银饰品和澳大利亚土著艺术品等。

法国产品

Les Olivades

莱斯奥利瓦斯专卖店

地图p.35-H

交从埃奇克利夫步行15分钟 ✉2 Transvaal Ave.,Double Bay ☎02-9327-6214 营9:30~18:00（周六10:00~17:00） 休周日 支付卡V M A 预算餐巾A$14

主营普罗旺斯印花布的老字号

该店主要经营印有葡萄、橄榄和向日葵等花纹的印花布，这些印花布是由普罗旺斯特有的天然染料制作而成的。除此之外，该店还经营桌布和厨房用品等。

运动时尚用品

David Campese.com

大卫•坎普斯

地图p.30-F

交 从环形码头步行15分钟 ✉140 George St. ☎02-9241-5955 营9:00~18:00（周日~17:00）休无 支付卡 V M A 预算橄榄球衫A$110~

HP www.goosestep.com.au

专业的运动服&体育产品店

大卫•坎普斯曾经是一名非常有名的橄榄球选手，退役后，开了这家店。该店主要经营大卫自己设计的运动衫以及橄榄球相关用品。大卫本人也会在店里，而且还配置有咖啡厅。

化妆品

Perfect Potion

优方

地图p.32-B

交从市政厅站步行5分钟（town hall）

✉shop62,Lower Grand,Queen Victria Building

☎02-9286-3384 营9:00~18:00（周四~21:00 周日11:00~17:00）休受难节、圣诞节、节礼日 支付卡 V M A 预算精油A$14.95~

HP www.perfectpotion.com.au

环保、自然的化妆品

该店主要经营用于芳香疗法以及护肤的化妆品。工业合成产品以及提取动物成分的商品都不会在这里找到。很多人都选择来这里买礼物。

室内装饰小物品

Dinosaur Designs

恐龙设计店

地图p.35-K

交从埃奇克利夫步行20分钟 ✉339 Oxford St.,Paddington NSW2021 ☎02-9361-3776 营10:00~18:00（周日11:00~17:00）休无 支付卡V M A 预算杯子A$30~、戒指A$25~

HP www.dinosaurdesigns.com.au

时尚多彩的物品

该店经营的商品有数百件，包括餐具、杂货以及首饰等。设计简单，而且用途广泛，在世界范围内都聚集了很高的人气。

文具

The Pen Shop

钢笔店

地图p.30-F

交广场步行10分钟 ✉Shop 03,The Winter Garden Plaza,1 O'connell St. ☎02-9251-5855 营8:45~17:15 休周六、周日、法定节假日 支付卡V M A 预算钢笔A$30~ HP www.penshop.co.au

有品质保证的文具

这家钢笔专卖店位于办公街的中心。店内摆满了世界一流的品牌钢笔，如派克、万宝龙、帝玻玛、威迪文等钢笔。将自己喜欢的类型以及预算告诉店员后，他们会为你挑选出最合适的商品来。

帽子

Strand Hatter

斯特兰德海特

地图p.30-J

交从温亚德步行10分钟 ✉Shop 8,Strand Arcade,412 George St. ☎02-9231-6884 营9:00~18:00（周六9:30~16:30 周日11:00~16:00）休无 支付卡 V M A 预算帽子A$80~

总能找到心中的那一款帽子

该店主要经营男士有檐帽和无檐帽。帽子种类丰富，有十加仑帽、巴拿马草帽等。其中澳大利亚品牌AKUBRA的帽子尤其受欢迎。

帽子

Helen Kaminski

海伦卡明斯基

地图p.30-F

交从环形码头站步行5分钟 ✉199 George St.
☎02-9251-9850 营10:00~18:00 休法定节假日
支付卡V M A 预算帽子A$72
HP www.helenkaminski.com

使用天然材料的头饰

这是一个经营女式帽子和包的澳大利亚品牌店。商品里的帽子使用马达加斯加酒椰等天然素材，而且都是手工制作。不仅具有很高的实用性，而且设计简单雅致，深受游客喜爱。

首饰

Eva Hannah Gallery

伊娃•汉娜画廊

地图p.32-F

交从伯克布莱克步行即到 ✉Shop RG01,The Galleries Victoria,500 George St. ☎02-9264-8664
营10:00~18:00（周四~21:00、周六11:00~17:00）
休无 支付卡V M A 预算 首饰A$25~

排列着艺术作品的风格画廊小店

伊娃是悉尼一位艺术家，其画作着色十分明亮。该店主要展示、出售伊娃的绘画作品。除此之外，还有威尼斯玻璃制的首饰以及法国、墨西哥制造的珠宝等。

杂货

Bristol&Brooks

布里斯托尔&布鲁克斯

地图p.31-K

交从温亚德站步行8分钟 ✉Shop8,Chifley Plaza 2 Chifley Square ☎02-9232-8699 营9:30~18:00（周六~16:00） 休周日、节假日 支付卡V M A 预算A$21.95~ HP www.bristolandbrooks.com.au

适合当做礼物的杂货和厨房用品

该店主要经营钟表、花瓶等杂货以及设计精练的厨房用品，还有玩具、儿童用杯子和室内装饰物品，所以推荐买回去作礼物。这些简单、实用的物品非常有特色，让人一看就开心，所以一定要去看一看。

皮革制品

R.M Williams

R.M.威廉姆斯

地图p.32-B

交从市中心步行7分钟 ✉389 George St.
☎02-9262-2228 营9:00~18:00（周四~21:00、周六周日~17:00） 休无 支付卡V M A 预算袋鼠皮腰带A$184.95~、瑞典短靴A$269.65
HP www.rmwilliams.com.au

一个拥有70年历史的老店

这是一家经营户外休闲装的品牌店。店内经营的靴子、衬衫、外套等拥有超群的品质。在这里，靴子可以定做。

画具

Masterpiece Pictures

绘画杰作

地图p.33-G

交从博物馆站步行10分钟可到达 ✉Level 3,160 broadway ☎02-9211-0821 营9:00~18:00（周四营业至19:00、周六营业至16:00）休无 支付卡 V M A 预算海报A$4~

根据房间的装饰随心选择

本店经营各种颜色、素材的画框。同时还出售绘画、海报、油印版画等画作，可以将这些任意搭配挑选。

户外用品

The Australian Geographic Shop

澳大利亚地理商店

地图p.32-B

交从市中心步行2分可到达 ✉Shop34,Lower ground Hoor,QVB,455 George St. ☎02-9257-0086 营9:00~18:00（周四营业至21:00、周日11:00~17:00）休无 支付卡 V M 预算T恤A$19.95 HP www.australiangeographic.com.au

集中了各式各样的天然商品

这里经营以澳大利亚的自然、动物为主题的各种商品。户外用品、园林用品、生活杂货、玩具等商品琳琅满目，另外还出售图书、CD、录像带等。

巧克力

Sweet William

甜蜜威廉姆

地图p.35-K

交从帕丁顿市集步行5分钟可到达 ✉4Willian St. ☎02-9331-5468 营10:00~18:00 休无 支付卡 V M A 预算坚果A$1.50~

容易上瘾，恰到好处的巧克力

该店出售手工制作的巧克力。店铺前面整齐地摆放着加坚果、水果的巧克力。店内基本上是以100g为单位出售，也可以按个数购买。

想拥有心仪已久的名牌商品，来这里就可以买到哦！

悉尼有许多欧美知名品牌的直销店。所有的品牌基本一应俱全，新品的上市时间也很早，所以在国内买不到的名牌在这里差不多都可以买到。几乎所有的店铺里都有会说汉语的工作人员，可以放心地购物。尤其是卡素利街（Castlereagh Street）会聚了很多知名品牌的专卖店。

悉尼DFS环球免税店 地图p.30-F
DFS Galleria Sydney

该店地理位置优越，从环形码头步行5分钟便可到达。5层建筑中除了2层以外均为卖场。路易威登等世界一流的大品牌齐聚于此，多样化的时尚商品一应俱全。

交从环形码头步行2分钟即到 ✉155 George St.,The Rocks ☎02-9258-7655 营10:00~20:00（因季节不同营业时间会有所调整）休无 支付卡 V M A HP www.dfs.com

别根海特奥特莱斯购物中心 地图p.27-C
Birkenhead Point Outlet Centre

这里是悉尼最大的直销购物中心。坎特伯雷(Canterbury)、乡村小路（Country Road）、埃斯普利特（ESPRIT）等130家澳大利亚本土、海外知名品牌齐聚于此。

交从悉尼市中心驾车20分钟可到达 ✉Roseby St.,Drummoyne ☎02-9812-8800 营10:00~17:30（周四~19:30、周六日~18:00）休节假日 HP www.birkenheadpoint.com.au

悉尼~购物中心

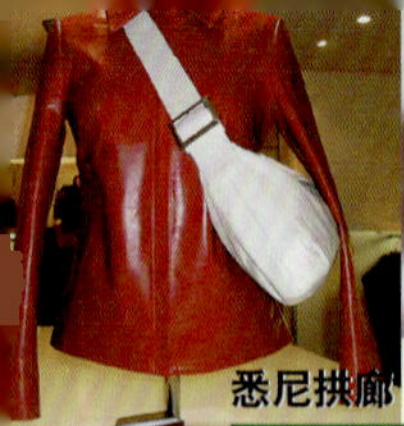

精致的彩色玻璃让人印象深刻

悉尼拱廊 MAP p.32-B

Sydney Arcade

从皮特街购物中心(Pitt Street Mall)一直贯穿到乔治街(George Street)的拱廊。这里有当地的皮具品牌OROTON、利维斯牛仔裤等小店。

✉ Cnr.King &George St. 营 9:00~18:00（周六、周日营业至17:00） 休 无（周日有休息的店铺） 店6家店铺

斯特兰德商场 MAP p.32-B

The Strand Arcade

自1892年开业，是悉尼最古老的拱廊商场，维多利亚风格的内部装修独具古典韵味。大约有90家一流的珠宝店、服饰店聚集于此。

✉ 412-414 Geroge St. 营 9:00~17:30（周四~20:00、周六~16:00、周日11:00~16:00） 休 2、3层周日休息 店约80家店铺

悉尼中心广场 MAP p.32-B

Sydney Central Plaza

这里有年轻人喜欢的时尚商品店铺、国际化的西餐厅。在地下的美食广场还可以将快餐打包带走。

✉ Level 7,450 Geroge St. 营 9:00~18:00（周四~21:00、周日11:00~17:00） 休 无 店约20家店铺

维多利亚女王大厦 MAP p.32-B

Queen Victoria Building

这里是1898年为纪念维多利亚女王即位50周年而建的。采用拜占庭式的宫殿建筑风格，大厦从地下到3层是楼梯井，彩色玻璃和摆钟非常精美。可以在200余家的店铺里享受自由自在购物的乐趣。

✉ 455 Geroge St. 营 9:00~18:00（周四~21:00。周日、节假日11:00~17:00） 休 无 店约200家店铺

港畔购物中心 MAP p.32-E

Harbourside Shopping Center

这个大型购物中心位于达令港(Darling Harbour)西侧，在2层大型建筑物内有时装店、礼品店、生活用品店等大约200家店铺。许多西餐厅、咖啡厅大多面向达令港一侧，从这里可以眺望美丽的风景。

✉ Darling Dv.,Darling Harbour 营 10:00~21:00 休 无 店大约有200家店铺

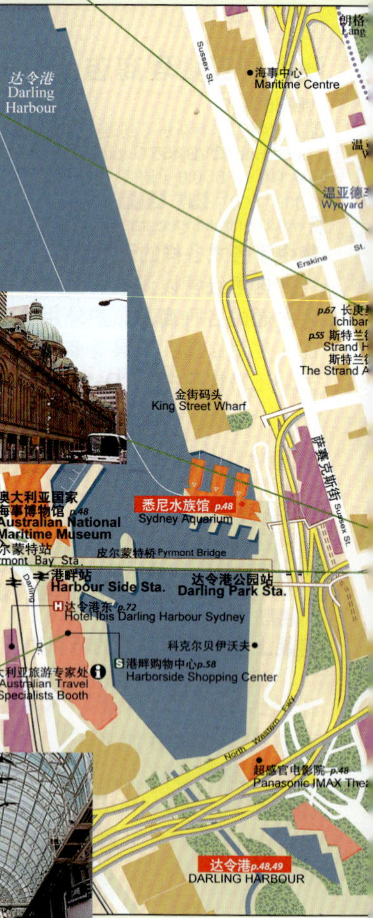

独特的历史建筑

洒落着自然之光的建筑内部

可以稍作休息的咖啡厅、
日用杂货店也为数不少

10大

购物中心，汇集了时装、鞋子、饰品等各种专卖店于一身，对于喜爱购物的人来说可谓是天堂。在观光之余驻足欣赏一番不也美哉！

MLC中心

MAP p.32-B

MLC Centre

这里是悉尼最大的高层建筑。地上卖场和地下一层有古琦(Gucci)、卡地亚（Cartier SA）、菲拉格慕(Ferragamo)等世界知名品牌的专卖店。

✉ 19 Martin Pl 营 8:30~17:30（周四~18:30，周六、日不确定） 休 节假日 店 30家店铺

米德城市购物中心

MAP p.32-B

Mid City Centre

这里有经营玩具、杂货、时装等面向年轻人的休闲系列店铺大约70家。地下有悉尼最大的 HMV专卖店，出售世界各国的CD、DVD、录像带。

✉ 197 Pitt St. 营 9:00~17:30（周四~21:00、周六~17:00） 休 周日、圣诞节 店 约70家店铺

空中花园

MAP p.32-B

Skygarden

这里有大约50多家时装、艺术等店铺，此外这里的美食也很丰盛。每隔一小时或30分钟正面的时钟会定时播放音乐，另外还有可爱的军队列队前进表演。

✉ 77 Castlereagh St. 营 9:30~17:30（周四~20:00、周六~17:00、周日11:00~16:00） 休 无 店 约55家店铺

中央购物中心

MAP p.32-B

Centre Point

这里是位于悉尼塔(SYDNEY TOWER)下面的购物中心，聚集着许多经营女装、杂货、纪念品的店铺。

✉ 100 Market St. 营 9:00~18:00（周四~21:00、周日11:00~17:00） 休 无 店 约150家店铺

正如其名地处市中心

澳大利亚产的帽子也可以买到

维多利亚画廊

MAP p.32-F

The Galeries Victoria

画廊直接连通城铁的市政厅站和单轨列车的维多利亚画廊站。在恍若艺术画廊的现代化建筑中，汇集了众多悉尼品牌专卖店。

✉ 500 Geroge St. 营 9:00~18:00（周四~21:00、周日11:00~16:00） 休 无 店 约57家店铺

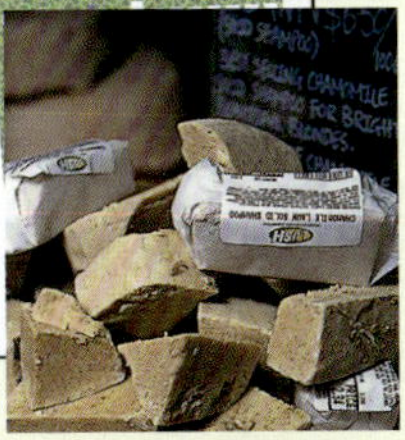

由天然材料制作而成的肥皂

晴空下散步、购物

跳蚤市场里淘宝

每到周末，悉尼好多地方会开设跳蚤市场。当地艺术家的作品、手工饰品、服装等各式各样的特色商品可供游人挑选。

最适合选购礼品、纪念品

岩石区假日市集
The Rocks Market

DATA

MAP p.30-B ✉Northern End of George St. 营周六和周日 10:00~17:00

设计时尚、造型各异的钟表

周末的市集人声鼎沸

市集位于岩石区历史最悠久的乔治街上。每到周末，这里就成为购物者的天堂。沿着石砌的建筑物两侧，撑起帐篷的露天摊位鳞次栉比。这里聚集着经营精致的手工艺品、杂货、饰品、古董、美术品等各种小店，每家店铺都各有特色。在这里最适宜选购礼品、纪念品，在感受热闹气氛的同时不妨走进店里转转。

观光推介Point

在这里可以买到与百货商店质量不相上下的商品。还可以看到现场演唱会、行为艺术表演。在售有食品、饮料的移动摊位可以稍作休息，而且不会寂寞。

感受风土人情

格勒贝市场
Glebe Market

DATA

MAP p.28-I ✉GlebePublicSchool, 183GlebePointRd.,Glebe 营周六 10:00~16:00

这里是悉尼较大的具有地方特色的市场。与其他市场相比，这里有让人爱不释手的设计独特的旧衣服、古香古色的小物件。另外，还有许多经营手工饰品、杂货、旧书、CD等物品的小店，可以在这里淘淘物美价廉的东西。此外，有许多年轻的艺术家、学生，也都来这里开店，商品价位比较合理。

观光推介Point

设计独特的旧衣服、饰品等丰富多彩，最适宜推荐给喜爱别样风尚的人们。来这里观光的顾客服装也很新奇，即使步行于此也会乐在其中。

独具创意的小物件

个性十足的服饰

装点街区的五颜六色的鲜花

飘荡着时尚的艺术气息

帕丁顿市集
Paddington Market

DATA

MAP p.35-K Cnr.Newcombe & Oxford St. 营业时间：周六10:00~16:00 10~3月营业至17:00

方便好用的小物件

市集上摆放着各式各样的商品，从时装、饰品等时尚单品到陶器、玻璃制品等工艺品，再到亲手制作的果酱、酸辣酱等食品，店铺的经营范围广泛，在当地的人气颇高。帕丁顿也是艺术家集聚的街区，在这里可以欣赏到新潮设计者创作的作品。

手工制作的工艺品

观光推介Point

时尚的街区、别致的艺术、丰富多样的商品。其最大的魅力在于市集的规模大，一次可以欣赏各式各样的商品。另外，这里也出售快餐。

别致的饰品

休闲、友好的市场

邦黛周日市场
Bondi Sunday Market

DATA

MAP p.51上 Campbell Parade, Bondi Beach 营业时间：周日10:00~16:00

周日市场位于滨海大道、坎贝尔广场(Campbell Parade) 北面的小学校园里。规模虽然不是很大，但是光线明亮、气氛友好，可以驻足观赏一番。其中商品以手工饰品、民间艺术品等为主，价位也适中。另外，还有许多经营家具、观赏植物等以当地人为客源的店铺。

迪吉里杜管（Didjeridu）的助兴表演

过往的行人都乐在其中

观光推介Point

饰品、小物件等设计风格独特的商品丰富多样，在这里也可能会找到心爱已久的东西。在体验海水浴、兜风之余，不妨驻足一探究竟。

色彩鲜艳的小物件

还有哦！

悉尼跳蚤市场

歌剧院市场（周日、节假日开放）
Opera House Market

市场位于从环形码头到悉尼歌剧院的步行街上。以美术作品、饰品等为主，通常观光游客络绎不绝。

DATA MAP p.28-F Opera House,Forecourt 9:00 17:00（雨天或举办活动时会休市）

巴尔曼市场（周六开放）
Balmain Market

巴尔曼市场坐落在圣安德鲁(Saint Andrew)教堂里。除了经营手工艺品、珠宝、时装、古董等以外，也出售蔬菜、水果。

DATA MAP p.32-F St.Andrew' s Church,Darling St.,Balmain 8:30~16:00

帕迪市场（周三~周日开放）
Paddy' s Market (Haymarket)

这里注册店铺数高达1000家以上，是悉尼最大规模的市场。从新鲜的食品到服装、杂货等一应俱全，充满活力。

DATA MAP p.32-J Ground floor,9-13Hay Street, Haymarket 9:00~17:00

饮食 Eating

现代澳大利亚风味

澳大利亚

Bayswater Brasseries

贝斯沃特餐厅

地图p.34-E

英 要预约

交 从列王十字区站步行7分钟即到 ✉32 Bayswater Rd.Kings Cross ☎02-9357-2177 营18:00~22:30（周五从12:00开始营业，周日营业至23:00）
休全年无休 支付卡V M A 预算A$45~
HP www.bayswaterbrasserie.com.au

使用当地食材的创意美食

这家餐厅味道鲜美，服务周到，另设有鸡尾酒吧和牡蛎菜馆。其菜品完美地融合了意大利菜和法国菜的特点，烹饪出来的菜肴充分发挥了食材本身的味道。

澳大利亚

Guillaume at Bennelong

贝尼朗餐厅

地图p.31-C

英 要预约

交从环形码头（Circular Quay）步行10分钟即到 ✉Sydney Opera House,Bennelong Point,Circular Quay ☎02-9241-1999 营17:30~23:00（周五、周六营业时间调整为12:00~15:00）休周日 支付卡 V M A 预算A$20~50

可以遥望整个港口是其一大特色

这是一家位于悉尼歌剧院内的高级西餐厅。烹饪时使用新鲜的龙虾、牡蛎等，又从欧洲聘请了擅长制作海鲜菜的厨师，深得顾客好评。从店内可以观赏到美丽的悉尼港和港口瞭望塔的风景。另外，还安装了无障碍设施，方便轮椅出入餐厅。

德国风味

德国

Löewen bräu Keller

巴伐利亚美食餐厅

地图p.30-F

英

交从环形码头步行15分钟即到 ✉12 Arglye St.,The Rocks ☎02-9247-7785 营11:30~15:30、17:00~22:00 休全年无休 支付卡 V M A
预算 A$30~50

可品尝德国产的10种啤酒

店内分成三个部分，热闹的啤酒厅、开放的露天茶座区和可以安静进餐的餐位区。店内有产自德国的10种啤酒，手工制作的香肠等美食佳酿。

意大利风味

意大利

Buon Ricordo

堡恩里克德

地图p.34-I

英 要预约

交 从埃奇克利夫站步行20分钟即到
✉108 Boundary St.,Paddington ☎02-9360-6729
营12:00~14:30、(仅周五、六有午餐)、18:00~22:30
休周一、周日 支付卡V M A 预算A$125
HP www.buonricordo.com.au

悉尼最大的意大利餐厅

这里是由在意大利各地的餐厅研修，数次获奖的阿勒德曼氏主厨的高级意大利餐厅。可以选择与售价为A$125的6套正餐相搭配的红酒。另外，还有独家秘制的橄榄油，售价为A$21。

意大利

Beppi's

Beppi' s餐厅

地图p.33-G

要预约

交从博物馆站步行5分钟 ✉21 Yurong & Stanley St.,East Sydney ☎02-9360-4391 营12:00~15:00、18:00~23:00（仅周六夜间营业） 休周日、节假日 支付卡V M A 预算带红酒和饮料的三种套餐A$75~ HP www.beppis.com.au

继承了传统口味的老字号餐厅

自1956年开业以来，这家餐厅一直深受人们的喜爱。罗马、米兰的意大利传统口味，再加上使用时令食材制作的菜肴，小菜、肉类、鱼类菜品、甜点都很丰富。另外，备有很多澳大利亚、意大利的红酒。被葡萄酒窖环绕的雅致单间也值得推荐。

意大利

Italian Village

意大利小镇

地图p.30-B

英

交从环形码头步行10分钟即到 ✉7Circular Quay West,The Rocks ☎02-9247-6111 营7:00~22:00（周一、二、四仅有正餐17:00~21:30） 休无 支付卡V M A 预算A$15~25 HP www.italianvillage.com.au

由仓库改建的休闲餐厅

餐厅由砖砌的仓库改建而成，从这里可以眺望悉尼湾。设有露天茶座，可以在室外悠闲地品尝美食。大份的意大利面是该店的招牌，而且价位适中。

意大利

Bel Mondo

贝尔蒙多

地图p.30-F

英

交 从环形码头步行15分钟即到 ✉Gloucester Walk,The Rocks ☎02-9241-3700 营 12:00~15:00、18:00~23:00（仅周六夜间营业） 休周日 支付卡 V M A 预算A$20~ HP www.belmondo.com.au

可以根据需要选择进餐

这家意大利餐厅位于多色菱形花格建筑的顶层。店面由两层构成，在餐厅里可以品尝到肉类、鱼类等不同时令食材制作的菜肴。还可以在柜台搭配红酒、啤酒一并享用沙拉、意大利面等美味。

印度风味

印度

Aki's Indian

阿吉印度餐厅

地图p.31-L

英 英

交从列王十字车站步行15分钟即到 ✉1/6 Cowper Wharf Rd.,Woolloomooloo ☎02-9332-4600 营12:00~15:00、18:00~22:00（周六仅夜间营业） 休节假日 支付卡 V M A 预算 A$40~ HP www.akisindian.com.au

地地道道的印度美食

这家餐厅由码头旁边的仓库改建而成。特色菜品有添加酸奶沙拉的炸菠菜，售价仅A$13.80，在印度菜肴的基础上又迎合了澳大利亚人的口味。2层设有鸡尾酒吧。

西班牙料理

西班牙

Capitan Torres

托雷斯船长餐厅

地图p.32-F

英

交 从世界广场步行3分钟即到 ✉ 73 Liverpool St. ☎ 02-9264-5574 营 12:00~15:00、18:00~23:00（周日营业至21:45） 休 全年无休 支付卡 V M A 预算 A$25~

极富情调的海鲜餐厅

这家餐厅的海鲜菜深受好评，特别是放入了美洲巨螯虾、海红等的煲仔饭很有人气。仔牛牛排、上腰牛排等肉类菜品也很丰盛。

西班牙

Raquel's

拉克艾尔兹餐厅

地图p.33-H

英

交 从博物馆站步行17分钟即到 ✉ 98 Oxford St.,Darlinghurst ☎ 02-9331-6806 营17:00~24:00 休 全年无休 支付卡V M A 预算 A$10~100

歌手、艺术家经常到访的知名餐厅

这家餐厅已创办20多年，值得推荐的菜肴有价位为A$50以上配有许多作料的煲仔饭，价位为A$154的鲜肉蘑菇、蔬菜烧制而成的特色菜等。另外周四至周六的晚上还有乐队现场演奏。

西班牙

Grand Taverna

普里西拉餐厅

地图p.32-F

英

交 世界广场步行2分钟即到 ✉ 557 George St. ☎ 02-9267-3608 营 12:00~15:00、18:00~22:00 休 全年无休 支付卡 V M A 预算 A$12~

不妨悠闲享受美味酒菜

餐厅设有室内座位和露天茶座，以煲仔饭和意大利面为主，还准备了肉类、鱼类菜品和每日推荐菜谱。酒的种类繁多，可连同菜肴一起品尝。

海鲜料理

海鲜

Cafe Opera

欧贝拉餐厅

地图p.31-G

英

交 从环形码头步行2分钟即到 ✉ 1st Floor,Hotel Intercontinental,117 Macquarie St. ☎ 02-9240-1260 营 6:30~10:30、12:00~14:30、18:00~22:00(周六、日营业至23:00) 休 全年无休 支付卡 V M A 预算 A$35~59

通过自助餐的方式充分享受美味菜肴

这是一家古典氛围的自助餐厅，其最大特色就是以自助餐的形式，提供各式各样的美味海鲜菜，再配上沙拉、寿司、甜点等，不妨充分享受美味佳肴。

海鲜

Blue Angel Restraurant

蓝色天使餐厅

地图p.33-H

英

交 从博物馆站步行16分钟即到 ✉ 223 Palmer St. East Sydney ☎ 02-9380-5941 营 18:00~23:00 休 全年无休 支付卡 V M A 预算 A$85~ HP www.blueangel.com.au

现场烹饪的菜肴无论味道还是口感都无与伦比

点餐后，厨师会从店内的大水池中取出鲜活的美国巨螯虾、螃蟹等进行现场烹饪。鲍鱼、美国巨螯虾也可以做成日式的生鱼片、烤肉等食用。

海鲜

Doyles on the Beach

多尔海鲜餐厅

地图p.27-B

英

交 从悉尼市内需驾车20分钟 ✉11 Marine Parade,Watsons Bay ☎ 02-9337-2007 营12:00~15:00（周日从11:30开始营业）、18:00~21:30（周日营业至21:00） 休 全年无休 支付卡 V M 预算 A$40~

屈臣氏湾上的知名海鲜餐厅

这是一家创始于1885年的老字号餐厅。可以一面欣赏眼前美丽的海景，一面品尝新鲜的海鲜。这里还有从环形码头过来接送客人的水上出租车。

咖啡厅

咖啡厅

Zest Bar

鸡尾酒吧

地图p.32-A

英

交 从达令港步行7分钟即到 ✉ 135 Sussex St. ☎ 02-9279-0074 营 7:00~16:00 休 周六、日 支付卡 V M A 预算 A$6~

快餐的时尚食法

这是一家可以提供快餐的咖啡厅。出售三明治、汉堡包、意大利面等，A$7的火腿芝士三明治格外受欢迎。

咖啡厅

Gloria Jean's Coffees

高乐雅咖啡厅

地图p.32-F

英

交 维多利亚画廊附近 ✉ Cnr.Pitt & Park Sts. ☎ 02-9283-2777 营 6:00~23:00（周四、六、日营业至24:00）休 全年无休 支付卡 V M 预算 A$5~

品尝芳香四溢的浓香咖啡

这家咖啡厅所用咖啡豆全部产自于哥斯达黎加的农园里，因此也称作美式咖啡。这里还有添加由水果、坚果精制而成香料的浓香咖啡，非常受欢迎。

咖啡厅

San Siro Coffee Lounge

圣西罗咖啡厅

地图p.33-G

英

交 从博物馆站步行12分钟即到 ✉ 72-74 Stanley St. ☎ 02-9331-3497 营 6:30~24:00 休 全年无休 支付卡 不可以使用 预算 A$5~10

充分发挥自然食材的冰激凌备受好评

这家咖啡店的冰激凌备受好评。冰激凌有香草、草莓、香蕉等多种口味，放到嘴里细细品味，瞬间香气四溢、回味无穷。另外也有咖啡、果汁等饮料，作为休闲的地方，这里很有情调。

熟食

Pelagio Restaurant

伯拉吉奥餐厅

地图p.34-E

英

交 从列王十字区站步行20分钟即到 ✉ 235 Victoria St.,Darlinghust ☎ 02-9360-1011 营 9:00~20:00（周日17:00~22:30）休 受难节、圣诞节 支付卡 V M A 预算 咖啡A$3~、午餐A$10

既可以休息，又可以将这里的美食带走

这家食品店经营有机果汁、橄榄油等世界各国的优质食材。另外也出售沙拉、意大利香面包等快餐和甜点。店内有休息的地方，下午茶时间可以去这里。

网吧

Well Connected

极速网吧

地图p.28-I

英

交 从会展中心步行5分钟即到 ✉ 35 Glebe Point Rd.,Glebe ☎ 02-9566-2655 营 7:30~22:00 休 全年无休 支付卡 V M A 预算 A$4~10

在旅行地可以通过互联网发送邮件

这是一家位于格勒贝主要街区的咖啡厅。咖啡厅内有联网的笔记本电脑，可以通过网络给远在国内的家人、朋友发送邮件或在线聊天等。还可以在二楼的露天茶座边眺望街区边喝茶。

亚洲美食

印度

Bukhara

布卡拉餐厅

地图p.35-H

英

交 从埃奇克利夫步行12分钟即到 ✉ 55 Bay St., Double Bay ☎ 02-9363-5510 营 17:30~22:30 休 圣诞节 支付卡 V M A 预算 A$17~

添加了香料的印度美食

在餐厅里可以品尝到使用了各种香料的美味佳肴。其中以正宗的印度菜为主，另外也有海鲜类的毛里求斯菜。

泰国

Longrain

龙阁莱茵餐厅

地图p.33-K

英

交 从商业中心步行15分钟即到 ✉ 85Commonwealth St.,Surry Hills ☎ 02-9280-2888 营 12:00~14:30（仅周三至周五营业）、18:00~23:00、酒吧17:30~深夜 休 周日 支付卡 V M A 预算 A$75~

融入中国菜特点的泰国美食

传统的泰国菜又融入了中国菜的特点，增添了几分新意。用甜醋烹饪的猪肉炒豆芽特别受欢迎，价位仅A$20。还可向大堂经理咨询，挑选与菜肴相配饮的红酒。

泰国

Arun Thai Restaurant

阿伦泰餐厅

地图p.34-A

英

交 从列王十字区车站步行15分钟即到 ✉ 28 Macleay St.,Potts Point ☎ 02-9326-9132 营 12:00~15:00（仅周四至周日营业）、18:00~22:30 休 周二 支付卡 V M A 预算 A$16~

用澳大利亚的食材做出泰国口味

在这个仿18世纪建筑风格的豪华餐厅内，可以品尝到纯正地道的泰国菜。煮拌虾价位为A$11.50。

中国风味

中国

Marigold

富丽宫酒楼

地图p.32-F

中 英

交 从市中心步行6分钟即到 ✉ Level 4 & 5,City mark,683-689 Geoge St. ☎ 02-9281-3388 营 10:00~15:00、17:30~22:30 休 全年无休 支付卡 V M A 预算 A$10~50 HP www.marigold.com.au/

欢迎来店品尝各种名茶

这家饮茶餐厅在当地也颇受好评。茶饮、套餐的价位都非常合理。

中国

Regal Restaurant

豪苑酒家

地图p.32-F

中 英

交 从世界广场步行5分钟即到 ✉ 347-353 Sussex St. ☎ 02-9261-8988 营 10:00~15:00、17:30~22:30 休 全年无休 支付卡 V M A 预算 A$15~

评价很高的中国菜

这家酒楼人气很高，有时门口会排起长队。6位以上可以点套餐。

中国

Imperial Peking Harbourside

京皇阁海鲜酒楼

地图p.30-B

中 英

交 从环形码头步行17分钟即到 ✉ 15 Circular Quay West,The Rocks ☎ 02-9247-7073 营 12:00~15:00、18:00~23:00（周五、六营业至24:00） 休 全年无休 支付卡 V M A 预算 A$16~

在雅致的店内进餐

这家面向悉尼湾的餐厅专做北京菜。美丽的景色和地道的北京菜足以让人满意。

中国

East Ocean Restaurant

大东海酒家

地图p.32-J

中 英

交 从首都广场步行3分钟即到 ✉ 421-429 Sussex St.,Haymarket ☎ 02-9212-4198 营 10:00~2:00 休 全年无休 支付卡 V M A 预算 A$10~30

浓缩了素材美味的茶饮

这里有在悉尼近海捕捞的新鲜海鲜和正宗的茶饮，颇有人气。从地道的中国菜到广东菜，菜的种类丰富多样。

日本料理

日本料理、寿司

Azuma

东餐厅

地图p.31-K

英

交 从温亚德地铁站步行8分钟即到 ✉ Level 1,Chifley Plaza,2 Chifley Square ☎ 02-9222-9960 营 12:00~14:30、18:00~22:00（周六18:00~） 休 周日、节假日、年初、年末 支付卡 V M A 预算 A$80~

在这里可品尝到选材严格的地道日本料理。东盐寿司等地道寿司广受好评。

寿司

Sushi Bar Makoto

诚寿司吧

地图p.32-F

英

交 从世界广场步行1分钟即到 ✉ Cnr.Livepool &PittSt.,Ground Floor,Avillion Hotel ☎ 02—9283-6767 营 11:30~14:30、15:30~22:00（周末12:00~） 休 全年无休 支付卡 V M A 预算 A$15~

这是一个很受白领女士欢迎的回转寿司店。新鲜的鱼类食材自不待言，照烧鸡肉、鳄梨等地道寿司也很受欢迎。

拉面

Ichbanboshi Restaurant

长庚星餐厅

地图p.30-J

英

交 从温亚德地铁站徒步10分钟即到 ✉ 360 Oxford St. ☎ 02-9235-2717 营 11:00~15:00、17:00~21:30（周末11:00~21:30） 休 节假日 支付卡 不可刷卡 预算 A$6.50~

该店的招牌菜有自制弹性拉面。最受欢迎的是A$7.90的东京拉面和分量十足的A$5.50煎饺。

寿司、日本料理

Masuya

鳟屋

地图p.30-J

英

交 从马丁广场步行10分钟即到 ✉ B1 12-14 O'Connell St ☎ 02-9235-2717 营 12:00~14:30、18:00~22:00（周六仅晚上营业） 休 周日 支付卡 VMA 预算 A$18

店内氛围沉稳舒适，可享受到寿司、生鱼片、火锅等日本料理。菜品种类丰富，约有100种，葡萄酒种类也很丰富。

夜生活

Night

小酒馆、迪斯科舞厅

Jackson's on George

杰克逊酒吧（乔治大街）

地图p.30-F

英

交 从环形码头步行5分钟即到 ✉ 176 George St. ☎ 02-9247-2727 营 小酒馆7:00~翌日5:00、迪斯科舞厅21:00~ 休 全年无休 支付卡 V M A 预算 小酒馆A$5~ 迪斯科舞厅A$5~10

一层是餐厅、小酒馆和烈性酒商店，二层是迪斯科舞厅。

有台球桌的酒吧

City Hotel

城市酒店

地图p.30-J

英

交 从达令港步行7分钟即到 ✉ Cnr.King & Kent Sts. ☎ 02-9299-4877 营 10:00~24:00（周五~翌日2:00） 休 周日 支付卡 V M A 预算 A$10~

这里每晚都有乐队现场表演等活动，还可以打台球，这里餐点种类也非常丰富。

小酒馆

The Dundee Arms

丹迪阿姆酒馆

地图p.32-A

英

交 从达令港步行5分钟即到 ✉ Four Points Hotel by Sheraton内 161 Sussex St. ☎ 02-9290-4794 营 10:30~深夜（周五17:00~） 休 周日 支付卡 V M A 预算 A$5

这个小酒馆位于19世纪20年代的砖石建筑物中，气氛超棒。

爵士俱乐部

The Basement

贝斯曼特

地图p.30-F

英

交 从达令港步行4分钟即到 ✉ 29 Reiby PL.Circular ☎ 02-9251-2797 营 11:30~深夜（周末19:30~） 休 周日不定时休息 支付卡 V M A 预算 A$9~

这里是最原味的爵士布鲁斯俱乐部。

视野很好的

在悉尼众多餐厅和咖啡厅中，编者特意挑选了一些观景好的店面。在欣赏悉尼湾和大剧院美景的同时，可以度过一段浪漫美好时光。除了日景，日落景色或夜景也别有一番风味。

水岸餐厅
Waterfront Restaurant

边欣赏海景边享受美味海鲜

店内宽敞明亮

MAP p.30-B 支付卡 AM ✉ 27 Circular Quay West,The Rocks ☎ 02-9247-3666 营 12:00~22:00 休 全年无休 预算 A$20~180

餐厅地理位置绝佳，从店内可将悉尼歌剧院、港湾大桥和渡轮一览无遗。菜谱主要有A$13/100g的美洲巨螯虾生虾片等海鲜，以及A$35~150的葡萄酒。

观景指数★★★

温馨提示：请尽量避开人多时段，以便能占到开放区域的靠窗座位。

顶峰餐厅
The Summit Restaurant

全方位欣赏四周的美景

MAP p.30-J 支付卡 VMA ✉ Level 47,Australia Square ☎ 02-9247-3402 营 12:00~14:30、18:00~20:00（周末~21:30）休 全年无休 预算 A$30~50

尽情领略窗外变幻的风景

餐厅位于澳大利亚广场塔的最高层，每1.75小时旋转一周，可在品尝美味的同时欣赏多姿多彩的景色。游客可以自助餐的形式享受各国美味，14:00~17:00还可享用高档茶点。

观景指数★★★★

温馨提示：因为是缓慢旋转，所以可以悠然地全方位观赏美景。

海景餐厅
Doyles at the Quay

将大剧院景色一览无遗的餐厅

MAP p.30-B 支付卡 VMA ✉ Overseas Passenger Terminal, Circular Quay ☎ 02-9252-3400 营 11:30~15:00、17:30~22:00（周日17:30~21:30）休 圣诞节 预算 A$15~50

餐厅正对着悉尼湾，可欣赏到悉尼绝美的风景。选用新鲜食材直接烘烤的A$50美洲巨螯虾寿司，以及A$30的意式烤肉，最受欢迎，强烈推荐。

可以看到大剧院白色建筑的绝佳位置

观景指数★★★★

温馨提示：因为店内不接受团体游客，所以适合喜静的游客。

佐敦餐厅
Jordon's

店内视线开阔，环境舒适

人群熙攘，热闹无比

这里是达令港著名的海鲜餐厅。餐厅由露天座位和玻璃隔开，视线极其开阔。美洲巨螯虾、鲑鱼、鱼肉薯片是其招牌菜。

MAP p.32-E 支付卡 VMA ✉ 197 Harbourside Festival,Darling Harbour ☎ 02-9281-3711 营 11:30~22:00 休 全年无休 预算 A$10~50

观景指数★★★

温馨提示：饭菜量很充足，所以最适合集体会餐。

餐厅和咖啡厅

海景房
Ocean Room

将悉尼湾的风景纳为己有

餐厅位于悉尼歌剧院对岸。靠海一侧全用玻璃建造，因此观景效果绝佳。日本厨师烹制的海鲜料理很地道。

MAP p.30-B 支付卡 V M A
✉ Overseas Passenger Terminal,Circular Quay West ☎ 02-8273-1277 营 12:00~15:00、18:00~22:30（周一、周六仅晚上营业）
休 周日、节假日
预算 A$70~

观景指数★★★★
温馨提示：这里也有酒吧，所以除了用餐外，也可来此放松一下。

罗西尼咖啡厅
Rossini Cafe

能感受到港口活力，环境舒适

当地的客人很多，已排到了街上

咖啡厅位于环形码头乘船处，游客能够舒适地享受意大利菜。菜谱以意大利南部西西里地区菜系为主，其中意大利面每份A$7~10，并免费提供面包。

MAP p.30-F 支付卡 V M A
✉ Shop W5,Circular Quay
☎ 02-9247-8026
营 7:00~22:30 休 全年无休
预算 A$7~15

观景指数★★★
温馨提示：这家咖啡厅从清晨一直营业到深夜，所以可以选择好时间来这里。

悉尼咖啡厅
Cafe Sydney

店内装修时尚美观

漂亮的室内装饰

咖啡厅地处建于1945年的原税务厅大楼的5层。白天景色优美，夜间景色更佳。餐点以海鲜为主，非常受欢迎。

MAP p.30-F 支付卡 V M A
✉ 5th floor, Customs House, 31 Alfred St. ☎ 02-9251-8683
营 12:00~23:00（周日~17:00）
休 全年无休 预算 A$30~

观景指数★★★★
温馨提示：靠窗座位观景最佳，因此建议提前预约。

悉尼塔餐厅
Sydney Tower Restaurant

从360米的高度俯瞰悉尼全景

MAP p.32-B 支付卡 V M A
✉ 100 Market St.
☎ 02-8223-3800
营 12:00~15:00、17:00~22:30
休 全年无休 预算 A$34.55（照菜单点菜A$49.50~）

餐厅位于南半球最高的悉尼塔内，观景角度是最好的。餐厅分为两层，一层为西餐厅，二层为自助餐厅。

观景指数★★★★★
温馨提示：以海鲜为主、种类丰富的自助餐是其一大特色。

位于城市中高高耸立的悉尼塔内

植物园咖啡厅
Botanic Gardens Cafe

在位于皇家植物园内的咖啡厅内小憩

迎来了四季应时的景致

咖啡厅位于绿色环绕的皇家植物园内，可以在欣赏庭院美景的同时品尝红茶、咖啡。因为附带有餐厅，所以还可在这里慢慢品味美食。

MAP p.31-G 支付卡 V M A
✉ Mrs. Macquaries Rd.
☎ 02-9241-2419
营 12:00~15:00、周末9:30~11:30 休 全年无休
预算 A$3.50~12

观景指数★★★
温馨提示：游客在开放区域内可享受效果绝佳的森林浴，让身心得到放松。

住宿 Stay

岩石区 ★★★★★

The Observatory Hotel 地图p.30-E

天文台酒店

环境优雅宁静，感觉宾至如归

酒店环境优美舒适，格调高雅。房间内，怀旧风格的家具和绘画摆放得错落有致，各种设施齐全。

交 从温亚德站步行7分钟即到 A$ A$795~ 客房数 85
☎ 02-9256-2222 FAX 02-9256-2233 ✉ 89-113 Kent St.
HP observatoryhotel.com.au

室内装修豪华，客房宽敞明亮

岩石区 ★★★★★

Park Hyatt Sydney 地图 p.30-B

悉尼凯悦花园酒店

以绝佳的地理位置而闻名

酒店地理位置优越，可以欣赏到悉尼湾和歌剧院的美景，客房装饰时尚，浴室空间很大。

交 从环形码头站步行5分钟即到 A$ A$475 客房数 158
☎ 02-9241-1234 FAX 02-9256-1555 ✉ 7 Hickson Rd.,The RocksM HP sydney.park.hyatt.com

紧邻海港大桥而建

环形码头 ★★★★★

Sir Stamford at Circuler Quay 地图p.31-G

斯坦福德勋爵环形码头酒店

欧式风格酒店，惬意舒适

酒店由建于19世纪的砖砌建筑改建而成，客房宽敞明亮，内部搭配巧妙，富有怀旧色彩。

古朴的外观

交 从环形码头站步行3分钟即到 A$ A$270(可供两人使用的尊贵客房) 客房数 105
☎ 02-9252-4600
FAX 02-8274-5456
✉ 93 Maquarie St.
HP stamford.com.au

环形码头 ★★★★★

Shangri-La Hotel Sydney 地图p.30-F

悉尼香格里拉大酒店

可俯瞰整个悉尼湾景色的36层高级酒店

酒店正对悉尼湾而建，每个房间都能看到绝美的湾景。客房风格高雅，设施齐全，环境舒适。酒店内不光设有供应铁板烧之类的餐厅，还有游泳池和健身馆等设施。

客房时尚美观

交 从环形码头站步行3分钟即到
A$ A$400~ 客房数 563
☎ 02-9250-6000
FAX 02-9250-6250
✉ 176 Cumberland St.,The Rocks
HP www.shangri-la.com

环形码头 ★★★★★

Radisson Plaza Hotel Sydney 地图p.30-J

悉尼雷迪森广场酒店

由历史悠久的建筑物改造而成的高雅酒店

酒店前身是建于1800年，已被列为历史遗产的建筑物。怀旧风与最新设施完美结合在一起。

这里位置极佳，便于购物

交 从温亚德站步行2分钟即到
A$ A$345~（可供两人使用的尊贵客房）
客房数 362
☎ 02-8214-0000
FAX 02-8214-1000
✉ 27 O'Connell St.
HP www.radisson.com

环形码头 ★★★★★

Sydney Harbour Marriott Hotel 地图p.30-F

悉尼海港万豪酒店

最适宜观光的高层酒店

该酒店临近悉尼主要景点，且交通便利。供应早餐的餐厅、酒吧和休闲会所等设施，应有尽有。

可以将海湾景色一览无遗

交 从环形码头站步行1分钟即到
A$ A$419~
客房数 550
☎ 02-9259-7000
FAX 02-9251-1122
✉ 30 Pitt St.
HP www.marriott.com

环形码头 ★★★★★

Four Seasons Hotel Sydney 地图p.30-F

悉尼四季酒店

悉尼屈指可数的高层酒店

酒店地处观赏悉尼歌剧院和悉尼海港大桥全景的绝佳位置，客房环境高雅、宽敞明亮，并配有健身房、桑拿室等休闲设施。

悉尼湾的景色一览无遗

交 从环形码头站步行5分钟即到
A$ A$250~
客房数 531
☎ 02-9250-3100
FAX 02-9251-2851
✉ 199 Geoge St.
HP www.fourseasons.com

环形码头 ★★★★★

Hotel Inter Continental Sydney 地图p.31-G

悉尼洲际酒店

紧邻皇家植物园的豪华酒店

酒店原址为19世纪后半期建成的财务部门办公大楼，整个建筑气势磅礴，非常有震撼力。酒店的客房环境自不待言，位于最高层的意式餐厅也得到大家的一致好评。

现代风格与19世纪建筑完美融合

交 从环形码头站步行2分钟即到
A$ A$435~
客房数 509
☎ 02-9253-9000
FAX 02-9240-1240
✉ Cnr.Bridge&Phillip St.
HP www.intercontinental.com

达令港 ★★★★

Four Points by Sheraton Darling Harbour 地图p.32-A

喜来登福朋酒店

客房设计典雅大方

地理位置优越，设施及服务一流

酒店可遥望达令港的迷人景色。拥有630间客房，设施齐全、环境舒适，并设有24小时健身俱乐部，可充分享受舒适的酒店生活。

交 从达令公园站徒步3分钟即到
A$ A$190~
客房数 630
☎ 02-9290-4000
✉ 161 Suseex St.
HP www.fourpoints.com/sydney

达令港 ★★★★

Crowne Plaza Darling Harbour 地图p.32-F

皇冠假日酒店（达令港）

毗邻观光点的中型酒店

作为一家城市酒店，由此可徒步到达达令港、唐人街以及市中心等地区。客房宽敞舒适，采用令人倍感亲切的暖色系装修风格，浴室也十分宽敞。

交 从市政厅站徒步5分钟即到
A$ A$190~
客房数 345
☎ 02-9261-1188
FAX 02-9261-8766
✉ 150Day St.
HP www.crowneplaza.com

位于繁华的办公区

达令港 ★★★★

Novotel Rockford Darling Harbour 地图p.32-F

诺夫特罗克福达令港酒店

交通便利的现代酒店

简洁时尚的外观

酒店地理位置优越，只需步行几分钟便可到达市区。客房内采用了新式的装饰风格，靠海房间可观赏到绝美的夜景。同时，酒店内也设有酒吧和餐厅。

交 从帕迪市场站步行3分钟即到 A$ A$190 客房数 230
☎ 02-8217-4000 ✉ 17 Little Pier St. HP www.novotel.com

达令港 ★★★★

Somerset Darling Harbour Sydney 地图p32-F

索摩萨特达令港公寓酒店

为长期停留的顾客配备了便利的设施

酒店位于市政厅附近。客房内备有厨房设施、洗衣机、烘干机等各种设施，所以对打算长期停留的顾客来说，该酒店是绝佳的选择。同时，酒店内设有健身房、休闲会所、桑拿室等设施。

周围也有很多餐饮店

交 从市政厅站步行3分钟即到
A$ A$250 客房数 119 ☎ 02-8280-5000 FAX 02-8280-5050
✉ 252 Suseex St. HP www.somerset.com

达令港 ★★★

Hotel Ibis Darling Harbour 地图p.32-E

宜必思达令港酒店

最适宜购物和观光，环境舒适

酒店位于达令港对面，离购物中心很近。客房内全是现代化的便利设施，靠海房间可欣赏到绝佳风景。

非常便于就餐和购物

交 从市政厅站步行15分钟即到
A$ A$145~ 客房数 256
☎ 02-9563-0888
FAX 02-9563-0899
✉ 70 Murray St.
HP www.hotelibis.com.au

马丁广场 ★★★★★

Amora Hotel Jamison Sydney 地图 p.30-J

阿莫拉吉姆森酒店

弥漫着法式的现代气息

酒店洋溢着欧式的高雅情趣，整个房间可当做套间来使用。可享受海洋疗法的休闲会所，充满雅致情调的餐厅和酒吧也很受欢迎。

大理石铺就的浴室

交 从温亚德站步行2分钟即到
A$ A$230 客房数 415
☎ 02-9696-2500 FAX 02-9696-2600
✉ 11 Jamison St.
HP www.amorajamisonhotelsydney.com

马丁广场 ★★★★★

The Westin Sydney 地图p.32-B

威斯汀酒店

历史悠久的建筑与现代风格的塔楼共存

酒店由建于1887年的原中央邮局大楼和现代风格的塔楼两栋建筑组成。从格调高雅、宽敞舒适的客房，可将整个悉尼市内的景色一览无遗，酒店内还设有健身俱乐部。

洋溢着高雅格调的餐厅

交 从温亚德站步行5分钟即到 A$ A$285~ 客房数 416
☎ 02-8223-1111 FAX 02-8223-1222 ✉ No.1 Martin Place
HP www.westin.com/sydney

马丁广场 ★★★

Travelodge Wynyard 地图p.30-J

温亚德旅者之家酒店

位于市中心，交通便捷

酒店大楼高22层，位于悉尼市中心区。酒店人员服务周到，酒店内设有鸡尾酒酒吧、休息室、餐厅等各种设施，以及适宜观赏港湾风景的房间。

可步行到达繁华的市中心

交 从温亚德站步行2分钟即到
A$ A$99~ 客房数 211
☎ 02-9274-1222
FAX 02-9274-1274 ✉ 7-9 York St.
HP www.travelodge.com.au

市中心 ★★★★

Oaks Maestri Towers Sydney　　地图p.32-F

玛埃斯特理橡树宝塔酒店

商务、观光、长期逗留皆宜

这是一家位于悉尼中心区的公寓式酒店。客房干净整洁，且带有厨房。厨房内备有电子炉灶和洗碗机，客人可亲自动手享受做饭的乐趣。

可欣赏到市区美丽的夜景

交 从市政厅站步行5分钟即到 A$ A$138~ 客房数 7 ☎ 02-9267-9977 ✉ 298 Sussex St. HP www.theoaksgroup.com.au

市中心 ★★★★

Rydges World Square Sydney　　地图p.32-F

悉尼雷吉斯世界广场酒店

交通极其便利，设施齐全、服务一流

酒店位于皮特大街和利物浦大街拐角处，格调高雅。客房除了双人房，还设有豪华的尊贵客房。

装饰有绘画的大厅

交 从单轨列车的世界广场站步行1分钟即到 A$ A$165~ 客房数 445 ☎ 02-8268-1888 FAX 02-9283-5899 ✉ 389 Pitt St. HP www.rydges.com

市中心 ★★★★★

Medina Grand Sydney　　地图p.32-F

悉尼麦地那大酒店

空间宽敞、设施使用简便是其最大特色

这里是可俯瞰悉尼市景的27层公寓式酒店。客房内备有漂亮的意式家具，以及设备齐全的开放式厨房。

离市政厅也很近

交 从市政厅站步行3分钟即到 A$ A$245~ 客房数 144 ☎ 02-9274-4000 FAX 02-9267-5655 ✉ 511 Kent St. HP www.medina.com.au

海德公园 ★★★★★

Swissotel Sydney on Market Street　　地图p.32-B

悉尼瑞士酒店（市场大街）

位于百货公司楼上的观景酒店

酒店位于格蕾丝兄弟百货公司楼上，最大特色是便于购物和就餐。从客房大大的窗口可将整个市区的景色一览无遗，房内家具由澳大利亚产的枫木制成，整个房间洋溢着高雅的气息。

交 从市政厅站步行5分钟即到 A$ A$249~ 客房数 357 ☎ 02-9238-8888 FAX 02-9238-8899 ✉ 68 Market St. HP www.swissotel.com.au

海德公园 ★★★★★

Sydney Marriott Hotel　　地图p.33-G

悉尼万豪酒店

可俯瞰海德公园的时尚酒店

这里是可俯瞰海德公园美丽景色的22层酒店。酒店临近闹市区，便于购物和就餐。客房内设施齐全，能满足住宿的各种需求。

交 从博物馆站步行5分钟即到 A$ A$314~ 客房数 241 ☎ 02-9361-8599 FAX 02-9361-8599 ✉ 36 College St. HP www.marirott.com

便于观光和购物

海德公园 ★★★

Metro Hotel on Pitt　　地图 p.32-F

皮特都会酒店

古典装饰风格的建筑

酒店位于海德公园旁边，从酒店可步行到达市中心的观光点。客房是英式风格，且设施齐全，木质家具给人舒适沉稳的感觉。同时，酒店内设有餐厅，不论商务还是观光都非常适宜。

交 从中央车站步行3分钟即到 A$ A$145~ 客房数 115 ☎ 02-9283-8088 ☎ 02-9283-2825 ✉ 300 Pitt St. HP www.metrohotels.com.au

挺拔的高楼

海德公园 ★★★★

Bayview Boulevard Sydney 地图p.33-D

悉尼宝丽华湾景酒店

客房空间宽敞，夜景绝佳

酒店木制格调的客房充满人性化设计，从房间窗口以及位于25层的餐厅、酒吧，可饱览整个悉尼湾及市中心的景色，尤其夜景最为美妙。酒店内设有桑拿室及日式澡堂、卡拉OK厅等各种设施。

临近博物馆

交 从圣詹姆斯站步行10分钟即到
A$ A$140 客房数 272
☎ 02-9383-7222
FAX 02-9356-2115
✉ 90 William St.
HP www.bayviewhotels.con/boulevard

海德公园 ★★★

Park Regis City Centre 地图p.32-F

瑞吉斯公园中心酒店

从这座高层大楼可俯瞰悉尼湾实景

酒店位于市中心区50层大楼的6~16层，客房数为120间。最大特色是可徒步到达悉尼的主要观光点及大型百货公司等处，顶层天台设有24小时开放的温水游泳池，可以全方位欣赏市内美景。

可徒步去购物

交 从公园广场站步行7分钟即到 A$ A$125~ 客房数120
☎ 02-9267-6511 FAX 02-9264-2252 ✉ 27 Park St.

中央车站 ★★★★

Citigate Central Sydney 地图p.32-J

悉尼城门中心酒店

离唐人街比较近的酒店

酒店由历史悠久的建筑物改建而成，地理位置优越，非常便于商务办公和购物。

酒店充满奢华气息

交 从赫马基特站徒步5分钟即到
A$ A$11,140~
客房数 251（双人房、不可指定房间）
☎ 02-9281-6888
FAX 02-9281-6688
✉ 169~179 Thomas St.
HP www.mirvachotels.com.au

蓝山地区 ★★★★★

Lilianfels Blue Mountains 地图 p.26-C

莉莉安费尔斯蓝山酒店

可观赏到蓝山公园美景的豪华度假胜地

酒店由建于1889年州总督达利先生的别墅改建而成，充满了乡土气息，可饱览蓝山国家公园的壮丽美景，酒店内高雅的格调与现代化设施完美地结合在一起。

交 从卡通巴站驱车2分钟即到 A$ A$295~ 客房数 85
☎ 02-4780-1200 FAX 04-4780-1300 ✉ Lilianfels Ave., Echo Point, Katoomba HP www.lilianfels.co.jp

从酒店庭院也可观赏到美景

南部高地 ★★★★

Milton Park Country House Hotel 地图p.26-E

米尔顿田园酒店

森林环绕中的度假酒店

酒店前身是1910年由澳大利亚富豪建造的宅邸。客房内装饰古色古香，氛围高雅。酒店宅邸面积约为285万平方米，庭院开阔，运动设施齐全。

交 从悉尼驱车90分钟即到 A$ A$330~ 客房数 46
☎ 02-4861-8100 FAX 02-4861-1522 ✉ Horderns Rd., Bowral HP www.milton-park.com.au

客房格调高雅

设计型酒店

列王十字区 ★★★★★

Regents Court 地图p.34-E

里真茨庭园酒店

充满时尚气息的酒店

这是一家环境宁静优雅的时尚公寓式酒店。客房环境舒适，小厨房、冰箱、空调等各种设施，应有尽有。

前卫的室内装饰

交 从列王十字区站步行5分钟即到
A$ A$220~ 客房数 32
☎ 02-9358-1533 FAX 02-9358-1833
✉ 18 Springfield Ave.,Potts Point
HP www.regentscourt.com.au

列王十字区 ★★★★★

The Crescent on Bayswater 地图p.34-E

克丽森特酒店（贝斯沃特）

正规的健身中心最受欢迎

酒店拥有67间客房，每个房间内均附带厨房和阳台，而且酒店内设有健身中心、游泳池和餐厅等。

高级公寓式的外观

交 从列王十字区站步行3分钟即到 A$ A$140~ 客房数 67 ☎ 02-9357-7266 FAX 02-9357-7418 ✉ 33 Bayswater Rd., Kings Cross

邦黛区 ★★★★★

Ravesi's 地图p.51上

拉维斯酒店

海景餐厅广受好评

这里是邦黛海滩的标志性酒店。酒店创建于1914年，历史悠久。虽然仅有16间客房，但都为套房，而且从阳台均可欣赏到海景，故酒店地理位置极其优越。同时设有餐厅，可品尝到南欧风味美食。

科洛尼亚式的建筑风格

交 从邦黛章克申驱车5分钟即到 A$ A$125~ 客房数 16
☎ 02-9365-4422
FAX 02-9365-1481
✉ Cnr. Campbell Parade & Hall St.,Bondi Beach

帕丁顿区 ★★★

The Hughenden Boutique Hotel 地图p.35-K

休伊登精品酒店

家具古色古香，气氛温和典雅

酒店由19世纪的哲学家弗雷德里克的住所改建而成。酒店沿袭使用了当时古色古香的家具，因此充满怀旧情趣。住宿后可免费提供早餐。

维多利亚风格的建筑

交 从埃奇克利夫驱车3分钟即到 A$ A$148~ 客房数 40 ☎ 02-9363-4863 FAX 02-9362-0398
✉ 14 Queen St.,Woollahra
HP thehughenden.com.au

北悉尼 ★★★

The McLaren Hotel 地图p.27-A

麦克拉伦酒店

设施等同于城市酒店，环境舒适

酒店由2层民宅改建而成，最大特色是充满家庭氛围，舒适无拘束。客房全是双人套房，设有独立浴室，并可在餐厅免费享用早餐。

宅邸式外观

交 从环形码头驱车5分钟即到
A$ A$145~ 客房数 27
☎ 02-9954-4622
FAX 02-9922-1868
✉ 25 McLaren Street, North Sydney

牛津街 ★★★

Manor House Boutique Hotel 地图p.34-I

马诺尔小型精品酒店

现代与传统完美结合

酒店前身是建于1850年的悉尼第一任市长的宅邸。室内家具和吧台均为怀旧风格，充满沉稳舒适的氛围。

宽大舒适的睡床

交 从中央车站驱车5分钟即到
A$ A$150~ 客房数 18
☎ 02-9380-6633
FAX 02-9380-5016
✉ 86 Flinders St., Paddington

购物中心

Canberra Center

堪培拉中心

地图p.76

交 从金斯顿驱车10分钟即到 ✉ Bunda St.
营 9:00~17:00(周五~21:00、周六~17:00、节假日10:00~16:00) 休 各店有所不同 HP www.canberracentre.com.au

堪培拉首屈一指的购物中心

购物中心拥有近200家专卖店及4家百货公司，除小商店、杂货店外，还有提供快餐的饮食广场。信息处会介绍与观光相关的各类信息，可以放松地去逛逛。

时装

Mooble

穆博尔时装

地图p.76

交 从市民广场步行5分钟即到 ✉ Shop6,Bailey's Corner,143 London Circuit ☎ 02-6162-4985
营 9:00~17:30（周六10:00~16:00） 休 周日
支付卡 V M A 预算 剪裁和缝制A$50
HP www.mooble.com.au

亲肤的自然派时装

衣服全是以麻或有机棉等天然材料制成，设计简单大方，最适宜日常穿着。

蛋白石

Mineshaft

美旋莎福特珠宝店

地图p.76

交 从金斯顿驱车10分钟即到 ✉ DG22,Canberra Centre ☎ 02-6247-5432 营 9:00~17:30（周五~21:00、周六~17：00、周日11:00~16:00）
休 周日 支付卡 V M A 预算 A$40~

独自拥有矿山的珠宝店

店主皮特自己开采矿山，将矿石加工成商品进行出售。除了垂饰、耳环等珠宝以及未加工的宝石外，还有其他种类的宝石以及水晶。

澳大利亚

Alto Restaurant

阿鲁特餐厅

地图p.76

英 要预约

交 从游客中心驱车7分钟即到 ✉ Telstra Tower,Black Mountain Dr.,Action ☎ 02-6247-5518
营 12:0~14:30（仅限周四、周五）、18:00~22:00
休 圣诞节 支付卡 V M A 预算 午餐A$25~、晚餐A$40~

绝佳观景位置，可享受诱人美食

这是位于海拔812米的黑山澳洲电信塔内的观景餐厅。可以立餐的形式尽情品味澳大利亚特色美食。

堪培拉 ★★★★★

Hyatt Hotel Canberra 地图p.76

堪培拉凯悦酒店

充满古典气息的高雅酒店

酒店前身是建于1920年、被选为文化遗产的装饰派艺术风格建筑。庭园内盛开着玫瑰等四季应景花卉，美不胜收。临近国会议事堂及格里芬湖，是其一大特色。

交 从堪培拉机场或者堪培拉地铁站驱车15分钟即到
A$ A$350~
客房数 249
☎ 02-6270-1234
FAX 02-6281-5998
✉ Commonwealth Ave.,Yarralumla
HP canberra.park.hyatt.com

华丽的酒店门厅

堪培拉 ★★★★

Crowne Plaza Canberra 地图p.76

堪培拉皇冠假日酒店

可俯瞰静谧公园美景的现代酒店

与城市中心区相距很近，紧邻格利伯公园。酒店内设有餐厅和画廊，装饰讲究、格调高雅。客房简洁大方，装修风格沉稳。

交 从堪培拉机场或堪培拉地铁站驱车15分钟即到
A$ A$250~
客房数 295
☎ 02-6247-8999
FAX 02-6257-4903
✉ 1 Binara St.
HP www.ichotelsgroup.com

设计型酒店

列王十字区 ★★★★★

Regents Court 地图p.34-E

里真茨庭园酒店

充满时尚气息的酒店

这是一家环境宁静优雅的时尚公寓式酒店。客房环境舒适，小厨房、冰箱、空调等各种设施，应有尽有。

前卫的室内装饰

交 从列王十字区站步行5分钟即到 A$ A$220~ 客房数 32 ☎ 02-9358-1533 FAX 02-9358-1833 ✉ 18 Springfield Ave.,Potts Point HP www.regentscourt.com.au

列王十字区 ★★★★★

The Crescent on Bayswater 地图p.34-E

克丽森特酒店（贝斯沃特）

正规的健身中心最受欢迎

酒店拥有67间客房，每个房间内均附带厨房和阳台，而且酒店内设有健身中心、游泳池和餐厅等。

高级公寓式的外观

交 从列王十字区站步行3分钟即到 A$ A$140~ 客房数 67 ☎ 02-9357-7266 FAX 02-9357-7418 ✉ 33 Bayswater Rd., Kings Cross

邦黛区 ★★★★★

Ravesi's 地图p.51上

拉维斯酒店

海景餐厅广受好评

这里是邦黛海滩的标志性酒店。酒店创建于1914年，历史悠久。虽然仅有16间客房，但都为套房，而且从阳台均可欣赏到海景，故酒店地理位置极其优越。同时设有餐厅，可品尝到南欧风味美食。

科洛尼亚式的建筑风格

交 从邦黛章克申驱车5分钟即到 A$ A$125~ 客房数 16 ☎ 02-9365-4422 FAX 02-9365-1481 ✉ Cnr. Campbell Parade & Hall St.,Bondi Beach

帕丁顿区 ★★★

The Hughenden Boutique Hotel 地图p.35-K

休伊登精品酒店

家具古色古香，气氛温和典雅

酒店由19世纪的哲学家弗雷德里克的住所改建而成。酒店沿袭使用了当时古色古香的家具，因此充满怀旧情趣。住宿后可免费提供早餐。

维多利亚风格的建筑

交 从埃奇克利夫驱车3分钟即到 A$ A$148~ 客房数 40 ☎ 02-9363-4863 FAX 02-9362-0398 ✉ 14 Queen St.,Woollahra HP thehughenden.com.au

北悉尼 ★★★

The McLaren Hotel 地图p.27-A

麦克拉伦酒店

设施等同于城市酒店，环境舒适

酒店由2层民宅改建而成，最大特色是充满家庭氛围，舒适无拘束。客房全是双人套房，设有独立浴室，并可在餐厅免费享用早餐。

宅邸式外观

交 从环形码头驱车5分钟即到 A$ A$145~ 客房数 27 ☎ 02-9954-4622 FAX 02-9922-1868 ✉ 25 McLaren Street, North Sydney

牛津街 ★★★

Manor House Boutique Hotel 地图p.34-I

马诺尔小型精品酒店

现代与传统完美结合

酒店前身是建于1850年的悉尼第一任市长的宅邸。室内家具和吧台均为怀旧风格，充满沉稳舒适的氛围。

宽大舒适的睡床

交 从中央车站驱车5分钟即到 A$ A$150~ 客房数 18 ☎ 02-9380-6633 FAX 02-9380-5016 ✉ 86 Flinders St., Paddington

堪培拉

CANBERRA

地图 p.7-L

和谐美丽的都市

堪培拉是澳大利亚的首都，一个年轻的城市。整座城市环绕美丽的伯利格里芬湖而建，街道整齐漂亮。

必去之地

- 伯利格里芬湖 ❶❶❶
- 国会议事堂 ❶❶❶❶
- 澳大利亚国家美术馆 ❶❶❶
- 黑山澳洲电信塔 ❶❶❶❶

前往堪培拉的路线

飞机→距悉尼约50分钟的航程，距墨尔本约1小时的航程。火车悉尼至堪培拉的城际快线每日发2~3班，需花费约4小时。

观光咨询处

堪培拉游客中心

从市民广场步行5分钟即到 ✉330 Northoume Ave. 营 9:00~17:00 休无

about CANBERRA

景点概况

1901年，澳大利亚联邦成立后，墨尔本与悉尼之间展开了激烈的首都争夺战，最后鉴于多方面的考虑，政府将首都定在了堪培拉。从1911年开始建设新首都，并将其从新南威尔士州划出，直至1927年，首都堪培拉终于建成。整个城市分为两部分，即以人工湖为中心的堪培拉北部商业区，以及政府办公区所在的堪培拉南部地区。

Highlight

亮点

堪培拉以伯利格里芬湖为界，分为南北两部分，北部以商业区为主，六边形的伦敦环周围，各式各样的购物中心、餐厅、咖啡厅、小商店等鳞次栉比。南部则以政府办公区为主，国会议事堂、最高法院、大使馆等国家立法、司法、行政机关与外交机关大都集中在此。

市内交通

可乘坐公共汽车和城市观光巴士。

公共汽车 Bus(Action)

DATA 1区域 A$3.80

3路公交车经过澳大利亚国家美术馆和国会议事堂，但需注意的是它的班车数量比较少。车票、路线图和时刻表请到游客中心获取。

城市观光巴士

City Sightseeing Bus

DATA 1日内不限次搭乘 A$25

可以周游主要观光处，并可随时上下车。

Lake Burley Griffin
伯利格里芬湖
地图p.76

●从市民广场步行10分钟即到

这里是位于城市中心、风景秀丽的人工湖。正中央处有一个喷泉，是为纪念库克船长登陆200周年而建，喷出的水柱高度可达130米。乘游览船或小艇，又或者骑着出租自行车沿绿意盎然的湖岸而行，是不错的选择。

冠以首都设计者之名的人工湖

Parliament House
国会议事堂
地图p.76

●乘坐3路公共汽车在国会议事堂前下车；乘坐城市观光巴士在国会议事堂下车 State Circle ●☎ 02-6277-7111 9:00~17:00 圣诞节休息 入场免费

国会议事堂建于1988年，是澳大利亚的最高议事机构。召开议会时一般是对外开放的，提前预约即可旁听议会。堂内由大理石造就，豪华大气，前庭装饰有土著风格的工艺品，一层大厅内装饰的壁毯、顶层天台、大理石展览室等都是值得一看的地方。每隔30分钟会有免费的向导解说。

大理石建成的现代建筑

National Gallery Australia
澳大利亚国家美术馆
地图p.76

●乘坐3路公共汽车在国家科学技术中心·美术馆前下车；乘坐城市观光巴士在国家美术馆前下车 Parkes Pl.,Parkes ●☎ 02-6240-6502 10:00~17:00 圣诞节休息 入场免费（特别展览另收费）

澳大利亚国家美术馆收藏了来自西欧及亚洲、太平洋地区等世界各地的95 000件现代美术珍藏品，其中也包括土著艺术和雕刻群。

Black Mountain Tower
黑山澳洲电信塔
地图p.76

●从城市中心驱车5分钟即到 Balack Mountain Dr.Acton ●☎02-6219-6111 9:00~22:00 无休息日 门票 成人A$7.50 儿童A$3

从此处可眺望到美丽的夜景

这是坐落于海拔812米的黑山山顶的电信塔。海拔60米处有眺望台及旋转餐厅。

Australian War Memorial
澳大利亚战争纪念馆
地图p.76

●从市民广场步行10分钟即到；乘坐城市观光巴士在战争纪念馆下车 Anzac Parade ●☎ 02-6243-4211 10:00~17:00 圣诞节休息 入场免费

纪念馆展览着所有与澳大利亚相关的战争材料。为了给在战争中死去的人们祈福，馆内燃烧着永远不灭之火，陈列着战场全景画以及包括飞机在内的兵器实物。

小知识

库克船长

英国著名的探险家，被称为世界第一船员。

曾三次在太平洋进行探险航行。先后发现了澳大利亚、夏威夷、新西兰等众多岛屿及大陆。至今仍被人们称为“船长”。

澳大利亚的政治

澳大利亚现任总理是吉拉德，2010年6月24日，吉拉德就任澳大利亚总理，是澳大利亚历史上首位女总理，她也是执政党工党的党首。

购物中心

Canberra Center
堪培拉中心

地图p.76

交 从金斯顿驱车10分钟即到 ✉ Bunda St.
营 9:00~17:00(周五~21:00、周六~17:00、节假日10:00~16:00) 休 各店有所不同 HP www.canberracentre.com.au

堪培拉首屈一指的购物中心

购物中心拥有近200家专卖店及4家百货公司，除小商店、杂货店外，还有提供快餐的饮食广场。信息处会介绍与观光相关的各类信息，可以放松地去逛逛。

时装

Mooble
穆博尔时装

地图p.76

交 从市民广场步行5分钟即到 ✉ Shop6,Bailey's Corner,143 London Circuit ☎ 02-6162-4985
营 9:00~17:30（周六10:00~16:00） 休 周日
支付卡 V M A 预算 剪裁和缝制A$50
HP www.mooble.com.au

亲肤的自然派时装

衣服全是以麻或有机棉等天然材料制成，设计简单大方，最适宜日常穿着。

蛋白石

Mineshaft
美旎莎福特珠宝店

地图p.76

交 从金斯顿驱车10分钟即到 ✉ DG22,Canberra Centre ☎ 02-6247-5432 营 9:00~17:30（周五~21:00、周六~17：00、周日11:00~16:00）
休 周日 支付卡 V M A 预算 A$40~

独自拥有矿山的珠宝店

店主皮特自己开采矿山，将矿石加工成商品进行出售。除了垂饰、耳环等珠宝以及未加工的宝石外，还有其他种类的宝石以及水晶。

澳大利亚

Alto Restaurant
阿鲁特餐厅

地图p.76

英 要预约

交 从游客中心驱车7分钟即到 ✉ Telstra Tower,Black Mountain Dr.,Action ☎ 02-6247-5518
营 12:0~14:30（仅限周四、周五）、18:00~22:00
休 圣诞节 支付卡 V M A 预算 午餐A$25~、晚餐A$40~

绝佳观景位置，可享受诱人美食

这是位于海拔812米的黑山澳洲电信塔内的观景餐厅。可以立餐的形式尽情品味澳大利亚特色美食。

堪培拉 ★★★★★

Hyatt Hotel Canberra 地图p.76

堪培拉凯悦酒店

充满古典气息的高雅酒店

酒店前身是建于1920年、被选为文化遗产的装饰派艺术风格建筑。庭园内盛开着玫瑰等四季应景花卉，美不胜收。临近国会议事堂及格里芬湖，是其一大特色。

交 从堪培拉机场或者堪培拉地铁站驱车15分钟即到
A$ A$350~
客房数 249
☎ 02-6270-1234
FAX 02-6281-5998
✉ Commonwealth Ave.,Yarralumla
HP canberra.park.hyatt.com

华丽的酒店门厅

堪培拉 ★★★★

Crowne Plaza Canberra 地图p.76

堪培拉皇冠假日酒店

可俯瞰静谧公园美景的现代酒店

与城市中心区相距很近，紧邻格利伯公园。酒店内设有餐厅和画廊，装饰讲究、格调高雅。客房简洁大方，装修风格沉稳。

交 从堪培拉机场或堪培拉地铁站驱车15分钟即到
A$ A$250~
客房数 295
☎ 02-6247-8899
FAX 02-6257-4903
✉ 1 Binara St.
HP www.ichotelsgroup.com

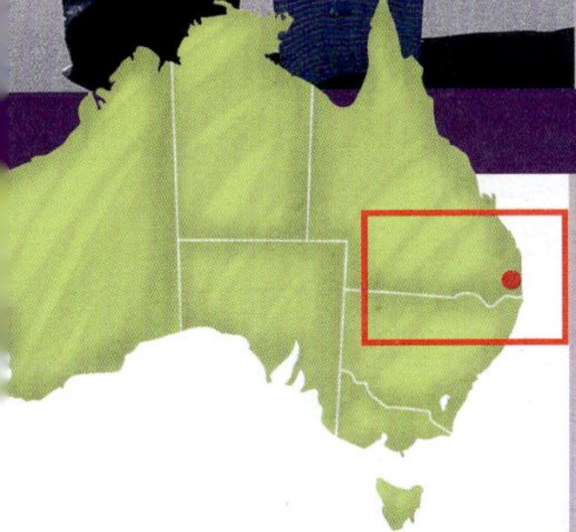

黄金海岸

GOLDCOAST

交通

●从澳大利亚主要城市到黄金海岸

从布里斯班乘火车1小时30分

从悉尼乘飞机1小时20分

从凯恩斯乘飞机2小时5分

从墨尔本乘飞机3小时15分

黄金海岸是个什么样的地方？

about GOLD COAST 景点概况

黄金海岸是澳大利亚最具活力的旅游区。世界各地的游客都来这儿休闲度假。当地的原住民为了感谢大海赐予的恩惠而在海滨举行祭奠活动，这就是这块土地历史的开端。现在，为了能让这里永远充满节日的氛围，人们把它发展成了一块旅游胜地。

沿着太平洋海岸，从布里斯班往南前行约64公里，就到达了黄金海岸的北端。顺着太平洋海岸绵延下去，从毗邻海洋世界的南港开始，途经梅恩海滩、冲浪者天堂、布罗德海滩和伯利角，最后到达与新南威尔士接壤的城市古兰加塔，全程约42公里。

冲浪者天堂是黄金海岸的中心。这一地区夹在内兰河复杂曲折的水路和海岸线之间。中心街区高层度假酒店林立，购物中心和饭店也鳞次栉比。

黄金海岸的内陆拥有广阔的草原和亚热带雨林。广袤的森林和山脉相连，自然景色非常美丽。这里还设有国家公园，可以享受与海滨截然不同的乐趣。

男女老少齐聚一堂的国际性沙滩度假胜地

Highlight 亮点

在黄金海岸的中心——冲浪者天堂，购物中心、礼品店以及餐厅鳞次栉比。因为这里的街道是沿着海岸线修建的，所以很容易分清东南西北，不易走失。驾车从这儿出发，5~15分钟就能到达观光景点、购物点等地方。还可以去主题公园，如海洋世界、梦幻世界、电影世界和水上乐园等，也可以去天堂农庄，与动物们亲密接触。

黄金海岸的气候 ▶ 全年300多天是晴天。12月~2月是夏天，最高气温28℃左右；6月~8月是冬天，但最低气温也有10℃左右。属于亚热带气候，气候暖和，适宜居住。

黄金海岸的美食 ▶ 可以享受到各国美食，但所有餐厅的基本菜式都以海鲜为主。只有在海滨地区才能饱尝各种龙虾、螃蟹和鱼贝类等。

黄金海岸的特产 ▶ 除了有大型的购物中心之外，路边还有很多专卖店。不仅有国外的一线品牌，还有很多澳大利亚当地的品牌。

黄金海岸的节日和活动 ▶ 7月的马拉松，10月中旬的超级赛车等，世界各地的人都会赶来参加。5月还会在沙滩上举办音乐节，可以说一年四季都有节目。

欢乐的梦幻世界

观光咨询处
黄金海岸信息中心

地图p.83-F ✉ Cavill Ave.,Surfers Paradise
营 8:30~17:30（周日、节假日9:00~16:00）
休 无

布里斯班国际机场
Brisbane International Airport
纽斯特德宅邸 p.105
Newstead House
温纳姆希
Wynnum
布里斯班 p.100
Brisbane
布里斯班 p.102
p.105
Coot-tha
昆士兰海事博物馆 p.105
Queensland Maritime Museum
南岸公园 p.105
South Bank Parklands
河畔餐厅 p.108
River Canteen
Salisbury
龙柏树袋熊保护区 p.111
Lone Pine Koala Sanctuary
太平洋高速公路
莫顿湾
Moreton Bay
卢考特角
Point Lookout
布卢湖国家公园
Blue Lake Nat'l.Park
邓尼奇
Dunwich
克里夫兰
Cleveland
北斯特拉德布罗克岛
NorthStradbroke Island
河畔餐厅
Brown Lake
维多利亚角
Victoria Point
雷德兰湾
Redland Bay
布朗平原
Brawn Plains
金斯敦
Kingston
沃特福德
Waterford
艾伯特河
宾利
Beenleigh
宾利
Beenleigh
洛根河
Logan R.
Mt. Lindesay Hwy.
Brisbane City Pacific Hwy
Train
Woongoolba
南太平洋
South Pacific Ocean
袋鼠岛
Kangaroo Is.
伍戈帕岛
Woogoompah Is.
洛根维利季
Logan Village
奥米
Ormeau
神仙湾 p.89
Sanctuary Cove
p.99 凯悦神仙湾酒店
Hyatt Regency Sanctuary Cove
南斯特拉德布鲁克岛 p.87
South Stradbroke Is.
库马拉 Coomera
天堂角
梦幻世界 p.91
Dreamworld
可人湾度假村
Couran Cove Resort
Albert R.
塔姆柏林
Tamborine
怀特水世界
海伦谷
Helens Vale
海港城购物中心 p.93
Harbour Town
澳大利亚购物中心 p.93
Australia Fair
华纳兄弟电影世界 p.90
Warner Bros. Movie World
北汤柏林
Gold Coast Hwy
海洋世界 p.91
Sea World
p.89 天堂农庄
Paradise Country
南港
冲浪者天堂海滩
威奇园国家公园
Witches Falls Nat'l.P.
狂野水世界 p.89
Wet'n Wild
博德瑟特
Beaudesert
内兰
Nerang
内兰
Nerang
p.86 坦博林山
Tamborine Mountain
布罗德比奇
Broad beach
甘伦格拉
Canungra
p.99 皇家松树皇冠假日酒店
Crown Plaza Royal Pines Resort
p.82
约瑟夫维尔
Josephville
Mt. Witheren
帕姆梅多斯度假村
Palm Meadows G.C
美迪特雷宁
The Mediterranean
黄金海岸
Gold Coast
Hinze Dam
辛泽湖
马霍米特山
Mt. Mahomet
Mudgeeraba
罗维那
Robina
马霍米特山
Miami beach
劳雷维尔港
Loravale
凯里
Kerry
库马拉河
战争博物馆
War Museum
弗里斯野生动物园
Fleays Fauna Reserve
伯利角 p.88
Burleigh Heads
比奇蒙特
Beechmont
内兰湖
瞭望台
p.92 比拉邦陈列室
Billabong Showroom
棕榈滩
Palm beach
特维茨赫兹酒店
Tweeds Heads
纳明巴瓦利
Numinbah Valley
大卫·弗利伊野生动物园 p.88
David Fleay's Wildlife Park
阿勒克桑德山
Mt. Alexander
昆士兰州
QUEENSLAND
库兰宾野生动物保护区 p.88
Currumbin Wildlife Sanctuary
黄金海岸
黄金海岸机场
Gold Coast Airport
拉诺拉湖
春溪国家公园
Springbrook National Park
斯普林布鲁克山
Springbrook Mt.
格林芒特海滩度假村
Greenmount Beach Resort
拉明顿国家公园
Lamington National Park
麦克弗森山脉
海边度假村
Beach House Seaside Resort
新南威尔士州
NEW SOUTH WALES
特罗皮克水果世界
Toropical Fruit World
McPherson Range
默威伦巴
Murwillumbah
黄金海岸
Gold Coast
0 10km
A
B
C
D
E
N
1
13
90
95
97

梅恩海滩&冲浪者天堂
Main Beach,Surfers Paradise
0
1km
N
p.99 海洋世界度假酒店
Sea World Resort Hotel
礼品店
船长基德城
冒险岛
海洋世界 p.91
Sea World
旋转过山车
Corkscrew Roller coaster
娱乐商店
Environmental Shop
因代沃号
海豚湾表演
Dolphin Cove Show
菲利普公园
Philip Park
入口
布罗德沃特咖啡厅
Broadwater Cafe
Seaworld Dr.
南太平洋
South Pacific Ocean
范思哲皇宫酒店
Palazzo Versace
喜来登露天餐厅 p.96
Terrace Restaurant Sheraton
布罗德沃特
The Broadwater
喜来登蜃景度假村 p.98
Sheraton Mirage Resort & Spa Gold Coast Hotel
滨海幻景购物中心 p.84
Marina Mirage
p.94 费里尼餐厅
Ristorante Fellini
奥莫斯兄弟海鲜大饭店 p.96
Omeros Bros.
Vue 餐厅酒吧 p.96
Vue Restaurant & Bar
南港快艇俱乐部
Southport Yacht Club
北阿德迷拉鲁酒店
Admiral North
梅恩海滩
Main Beach
Waterways Dr.
Rankin Pde.
Tedder Ave.
Peak Ave.
Main Beach Pde
海滨
Beachside
梅恩海滩塔
Main Beach Tower
黄金海岸高速公路
Commodore Dr.
Gold Coast Hwy.
康泰萨康德弥尼姆酒店
Contessa Condominium
天堂水域
PARADISE WATERS
玛丽娜大酒店
Grand Mariner
麦金托什岛
Mackintosh Is.
Admiralty Dr.
p.98 冲浪者天堂万豪酒店
Sufers Paradise Marriott Resort
冲浪者天堂 p.83
Nerang River
内兰河
River Dr.
Norfolk Ave.
Ferny Ave
Esplanade
冲浪者天堂
Surfers Paradise
舍夫龙岛
Chevron Island
ANA酒店 p.97
Thomas Dr.
Elkhorn Ave.
接右图
布罗德海滩方向

接左图
舍夫龙岛
Chevron Island
Ferny
Esplanade
冲浪者天堂
Surfers Paradise
天堂中心
Paradise Center
Sunset Blvd.
Whelan St.
半岛海滩公寓
Peninsula Beachside Apartments
半岛海滩公寓
Longbeach Holiday Apartmen
冲浪者天堂 p.83
水印酒店
Watermark
内兰河
天堂岛
Paradise Island
海浪餐厅 p.95
Waves Restaurant
Enderley Ave.
卡普里岛
Isle of Capri
卡普里岛
Surfers Beac
Via Roma
Salerno St.
Nerang River
黄金海滩高速公路
Broadbeach Blvd.
布罗德海滩
Broadbeach
Manaco St.
First Ave.
弗洛里德花园
FLORIDA GARDENS
喀斯喀特庭园
Cascade Gardens
冲浪者天堂皇冠假日酒店
Crowne Pla Surfers Para
Allambi Ave.
Savoy Dr.
Gold Coast Hwy.
Chelsea Ave.
贝勒迈宗
Bell Maiso
布罗德海滩水域
BROADBEACH WATERS
Peters Dr.
p.92 葡萄酒酒窖
Vintage Cellars
Queensland Ave.
尼尔康广场购物中心
Niecon Plaza
华伦天
Valenti Restau
奥埃西斯购物中心
The Oasis Shopping Centre
p.99 索菲特黄金海岸酒店
Sofitel Gold Coast
比利斯蒙餐厅
Bellissin
p.99 康拉德木星黄金海岸酒店
Conrad Jupiters Gold Coast
布罗德比奇岛
Broadbeach Is.
康拉德木星赌场 p.88
Conrad Jupiter's Casino
Margaret Ave
p.95 木星剧场
Jupitar Theatre
Nerang-Broadbeach Rd.
太平洋购物中心 p.93
Pacific Fair
尼尔森兄弟 p.92
Brothers Neilsen
Sunshine Blvd.
Surfers Ave.
墨梅德沃特斯
MERMAID WATERS
Avanti St.
冲浪者天堂&布罗德海滩
Surfers Paradise,Broadbeach
0
1km
N

冲浪者天堂
Surfers Paradise
0
200m
N
Birt Avenue
River Drive
Blondell Avenue
Oak Avenue
黄金海岸
天堂度假村 p.98
Paradise Resort Gold Coast
Ocean Avenue
Norfolk Avenue
Pandanus Avenue
A
B
黄金海岸国际大酒店 p.97
Gold Coast International Hotel
Pine Avenui
福卡斯酒店
Focus
Staghorn Avenue
南太平洋
South
Pacific Ocean
Gold Coast Highway
黄金海岸高速公路
比奇波恩特酒店
Beachpoint Apartments
Palm Avenue
国际海滨度假村
International Beach Resort
Cypress Avenue
Ferny Avenue
滨海艺术中心
Esplanade
内兰河
皇家冲浪大酒店
Imperial Surf Apartments
Riverview Parade
冲浪者城市汽车旅馆
Surfers City Motel
热风餐厅 p.96
Sirocco Restaurant
奥林波斯
Olympus
冲浪者天堂海滩
Surfers Paradise Beach
警察署
Police
冲浪者
天堂
假日酒店 p.97
Holiday Inn Surfers Paradise
View Avenue
韦龙岛
Chevron Is.
Surfers Paradise Japanese
Interpreting Service
Thomas Drive
Inperial Plaza
格莱利亚购物中心
Elkhorn Avenue
莫洛卡恩酒店
The Moroccan
弗尼街
C
蒙特卡洛购物中心
Montecarlo Arcade
Orchid Avenue
沙托海滨酒店
Chateau Beachside
D
p.93 雪弗龙
复兴
Chevron
Renaissance
利物普
洛姆纳德餐厅
Le Promenade
海滩酒店
The Sands
p.98 黄金海岸维博酒店
Vibe Hotel Gold Coast
澳大利亚精神艺术廊 p.92
Spirit of Australia Gallery
Marcoola Crescent
海豚中心
Dolphin Centre
鸡尾酒与梦幻之夜夜总会 p.95
Cocktail and Dreams Night Club
科莫威尔斯银行
Commonwealth Bank
Nerang River
p.95 梅尔巴斯
Melbas
蛋白石长廊 p.92
Opal Gallery
购物中心
Centre Arcade
马克购物中心
The Mark Shopping Centre
金阿尔图斯・塔布莱
内兰川克勒兹车站
夜市
黄金海岸信息中心
Gold Coast Information Centre
蒂基维利季
公交车站
公交车站
海滩欧玛丽酒吧 p.95
O'Malley's
on the Beach
p.96 格莱姆皮码头
Grampy's Wharf
Cavill Avenue
Medical Centre
医疗中心
滚石餐厅 p.94
Wahroonga Place
阿维纽大厦
RSL中心
Hard Rock Cafe
卡维尔购物中心 p.84
Cavill Mall
托马斯库克
阿斯沃克斯 p.92
Earthworks
韦尔斯特银行
Beach Road
市区铁路
公交联运站
邮局
天堂中心 p.84
Paradise Center
冲浪者天堂公交车站
Watson Esp.
艾尔兰度假村
Islander Resort Hotel
Hanlan Street
冲浪者天堂
万豪庭院酒店 p.97
Courtyard by
Marriott Surfers
Paradise Resort
Whelan Street
剑桥街
金色财富中餐海鲜餐厅 p.94
Golden Fortune Chinese
Seafood Restaurant
E
市营停车场
Alison St.
F
甘特航空
Qantas Office
Trickett Street
天堂岛度假村
Paradise Is. Resort
Cambridge Rd.
Appel Street
莱真茨酒店
Regends
阿洛哈疗养酒店
Aloha Resort
Apartments
Laycock Street
莱真茨冲浪者酒店
Surf Regency
蒙特祖玛餐厅 p.94
Montezuma's
天堂岛
Paradise Is.
Clifford Street
电影院
黄金海岸华特曼酒店
The Watermark Hotel Gold Coast

熟练驾驭！

市内交通

游客乘坐也很方便

瑟夫赛德公交路线 *Surfside Bus Lines*

DATA

1区间每趟A$2.20
全天票A$4.40（1区间）

公交车有两种颜色，即黄色和白色。路线为南北走向，中途在观光景点、主题公园和一些主要酒店停车。路线设计简单，所以游客也能轻松地识别，不会有困惑。冲浪者天堂的站点在黄金海岸高速公路的海豚拱廊街前面。

●路线

连接北部的海伦斯威尔（Helensvail）和南部的特威德海兹（Tweed Heads），途经冲浪者天堂。

●买票方法

乘车时，直接向司机购买。

●乘车方法

快要到达目的地时，按下车内的按钮，让司机知道你准备下车。

运行时间 24小时 **运行间隔** 30分钟至1小时
咨　询 ☎13-1320（仅限市内）

不必担心会迷路

出租车 *Taxi*

DATA

起步价为A$2.70，以后每增加1公里，费用增加A$0.89（会根据具体日期，做出相应的变动）

在酒店前面或出租车站打车是一种方法，也可以打电话叫车。出租车的优点是能又快又准地到达目的地。位于古兰加塔的黄金海岸机场和冲浪者天堂之间有30分钟左右的车程，需要A$50左右的车费。

咨　询 利金特（Regent）☎13-1008（仅限市内）

自由之行 *enjoy freetime*

所需时间 约3小时

市中心的卡维尔购物中心附近，有很多礼品店和餐厅，最适合逛街了。在海洋世界附近的滨海幻影（Marina Mirage）也有很多时尚精品店。

POINT

从沿着沙滩的滨海艺术中心（Esplanade）出发。单是走在卡维尔购物中心和兰花大街等购物大街上，就能感觉非常快乐。所有地方都有咖啡馆和餐厅，但是想要休息一下的话，还是去滨海幻影吧，从那里眺望出去，非常美。

START

天堂中心 — 购物中心内有保龄球场和射击场等娱乐设施。

▼步行1分钟

卡维尔购物中心 — 有很多购物中心以及独特的原创精品店。

▼步行1分钟

兰花大街 — 特意营造出热带雨林氛围，有很多品牌店和精品店。

▼步行5分钟

雪佛龙复兴 — 步行街上精品店、开放式咖啡馆和餐厅等鳞次栉比。

▼公交车15分钟

滨海幻影购物中心 — 有超市和星巴克，很多本地游客来此光顾。

体育活动 休闲娱乐 Sports & Activity

黄金海岸是海上运动的乐园，周边的自然环境也为各项运动的开展提供了无可挑剔的资源。在这儿，有潜水、冲浪、滑翔跳伞、骑马等各项运动，是不是心动了？快来一试身手吧！

海上运动

◆潜水

可以享受与各种海洋生物亲密接触的趣味。在体验潜水时，教练会教授一些基础知识。还有3~4天潜水证培训课程以及高级课程可选修。

问 Queensland Scuba Diving Company ☎07-5526-7722 营8:00~15:00 A$体验潜水A$99，趣味潜水A$66，潜水证培训课程A$39

◆冲浪

试着和以巨浪为目标的当地冲浪者们一起进行正规的冲浪吧！对于初学者，推荐在冲浪者天堂一带进行冲浪。

问Sunshine State Surfing School ☎07-5520-0198 营上午班8:00~，下午班13:00~ A$ A$59~（需要预约）

◆滑翔伞运动

从漂浮的船上缓缓升空，在风的作用下，滑翔伞不断前行，此时内心的舒爽无以言语。黄金海岸的大街小巷以及运河海岸尽收眼底。滑翔伞也有2人并坐的类型。

问 Australia Advance Marine ☎ 07-5571-1004 营 8:00~17:00 A$ 8分钟A$85~

◆拉古娜海滩俱乐部潜水中心

想看海中景致却又害怕潜水的人，可以尝试这种运动。因为会穿上潜水服，背上氧气瓶，所以能和在地面上一样呼吸。进行珊瑚礁探险的时候，会乘坐胶囊状的船，深入海水中。

问 Advance Marine Group ☎07-5571-1004 营随时（视天气情况而定） A$拉古娜漫游（Ragna Walker）A$124，珊瑚礁探险A$124 HP www.advance-marine.com

场地项目

◆热气球

将沿着海岸线的高楼大厦以及迂回曲折的运河、广阔的平原和森林尽收眼底。不如选择在日出前离开地面，漫步天空的同时俯瞰朝阳照射下的大地。1小时的飞行时间转瞬即逝。

问 Balloon Aloft ☎ 07-5593-3291 营 仅限早上（夏季4:50~ 冬季6:15~） A$ A$295

◆骑马

可以在位于冲浪者天堂西南方的库兰宾峡谷以及周边的溪谷山道上骑马漫游3小时，悠闲地欣赏美丽的原生态森林和山岳风景。

问 Currumbin Horse Riding Farm ☎ 07-5533-0133 营 9:00~12:00、14:00~17:00 A$ 成人A$99~、儿童A$60~

◆高尔夫

黄金海岸有很多高尔夫球场，所有人都可以休闲轻松地打高尔夫球。高尔夫俱乐部内有桑拿、餐厅和专卖店等，设施非常完备。

问Palm Meadows Golf Course ☎ 07-5594-2450 A$ 9个球穴A$65,18个球穴A$115（包括卡费）

轻松之旅

在黄金海岸可以尽情地与大自然亲密接触。海岸、海湾、森林、平原，每一个地方都隐藏着自然的美。这里观光路线也丰富多样，不妨多加利用。

环游地形复杂的运河让人神清气爽

环游运河
2 Hour Canal Cruise

悠闲地环游地形复杂的运河，充分享受运河两岸的风景，豪华美丽的高楼、酒店……船内可以自由地品尝小吃以及鸡尾酒、红酒等。

举办日 每天　出发时间 10:00、14:30
所需时间 2小时　费用 A$45
导游 英语
集合 the Tiki Village Wharf at the end of Cavill Avenue
咨询 Wyndham Cruises
☎ 07-5539-9299
HP www.wyndhamcruises.com.au

坦博林山&奥里尼观光
O'Reilly's & Mt. Tamborine Tour

游览世界遗产地区。从拉明顿国家公园的热带雨林走出来后，在坦博林山上俯瞰黄金海岸，然后再前往绿色葱郁的奥里尼参观。

举办日 每天　出发时间 8:30
所需时间 7小时30分钟　费用 A$84
导游 英语
集合 主要酒店停车场
咨询 Australian Day Tours
☎ 07-3489-6444
HP www.daytours.com.au

可以看到远处黄金海岸的酒店群

捕捉螃蟹行
Yam Yam Kani Kani Daishizen Tour

挑战抓螃蟹的独特行程,还可以亲自给鹈鹕喂食。在捕捉到了螃蟹之后，可以让船上的工作人员烹调，边喝香槟或啤酒，边享受美味的早午饭。

举办日 每天　出发时间 9:00
所需时间 4小时30分钟　费用 A$128
集合 主要酒店停车场
咨询 Advance Marine
☎ 07-5571-1004
HP www.adrance-marine.com

令人兴奋的丛林探险
Waku Waku Spot Light Tour

晚上，在穿着迷彩服的导游的带领下，进入热带雨林探险。可以遇到树袋熊、袋鼠等野生动物，以及笑翠鸟等野鸟。晚饭在山间小屋里享用，饭后，用天文望远镜观测星空。

举办日 每天　出发时间 16:45
所需时间 3小时30分钟　费用 A$145~
集合 主要酒店停车场
咨询 Waku Waku Spotlight Tours
☎ 07-5539-9929

萤火虫之夜
Glow Worm Night Tour

可以去春溪（Springbrook）国家公园看世界上非常罕见的萤火虫。这种萤火虫的特点是在岩石地带和沙地发光，形成一幅梦幻般的风景。一边听导游讲解一边在其中漫步。

举办日 每天　出发时间 18:00
所需时间 3小时30分钟　费用 A$145
集合 主要酒店停车场
咨询 Aries Tours
☎ 07-5594-9933
HP www.ariestours.com

南斯特拉德布鲁克岛之旅
South Stradbroke Island Tour

南斯特拉德布鲁克岛位于冲浪者天堂北边，是由沙形成的，这在澳大利亚也非常罕见。在那儿不仅可以享受海水浴、乘坐有轨电车，还可以接触到小袋鼠（另收费）。

举办日 周二~周日　出发时间 9:00
所需时间 5小时30分钟　费用 A$75
导游 英语
集合 主要酒店停车场
咨询 Blue Fire Cruises
☎ 07-5557-8888

康拉德之夜
Conrad Dinner & Show

舞蹈、魔术……在康拉德木星酒店充分欣赏华丽的表演。表演开始之前，可以在酒店内的5家餐厅享用自助晚餐，也可以只观赏表演。

举办日 每天　出发时间 18:00
所需时间 4小时20分钟　费用 A$170
集合 主要酒店停车场
咨询 CT Tour Company
☎ 07-5539-8492

每晚都有华丽的表演

夜间出游
Night Safari

可以看到可爱的动物

可以去看大袋鼠、树袋熊以及鳄鱼等澳大利亚特有的夜行动物。可以给大袋鼠喂食，也可以与树袋熊拍纪念照。

举办日 每天　出发时间 17:00
所需时间 5小时　费用 A$105
集合 主要酒店停车场
咨询 Aries Tours
☎ 07-5594-9933
HP www.ariestours.com

航游晚餐
Dinner Cruise

在海上一边欣赏黄金海岸的美景一边享用晚餐。足量的龙虾、螃蟹、牡蛎等海鲜和肉类料理，还伴有乐队的现场演奏，气氛非常好。

举办日 每天　出发时间 19:30
所需时间 2小时30分钟　费用 A$75
导游 英语
集合 主要酒店停车场
咨询 Blue Fire Cruises
☎ 07-5557-8800

Conrad Jupiter's Casino

康拉德木星赌场

地图p.82-F

●从冲浪者天堂出发，坐公交车10分钟即可到达
●☎ 07-5592-8100 24小时（澳新军团日仅限下午）圣诞节休息

这个赌场在康拉德木星酒店里边。场内的游戏机数量是澳大利亚首屈一指的。许多人沉迷在黑杰克和百家乐游戏桌、老虎机的投币游戏中，幻想着都能够一夜暴富。这里也因为他们而充满活力。酒店还有各种餐厅、酒吧以及让拉斯维加斯都自愧不如的表演。

霓虹灯闪耀下的酒店夜景

David Fleay's Wildlife Park

大卫•弗利伊野生动物园

地图p.81-F

●从冲浪者天堂驾车30分钟 West Burleigh Heads
●☎ 07-5576-2411 9:00~17:00 圣诞节休息，门票：成人A$16、儿童A$7.40

这个动物园原本是大卫•弗利伊个人创立的动物园，后来被赠送给了昆士兰州政府，得以向一般民众开放。园内设置了让袋鼠和树袋熊等澳大利亚特有的动物自由行走的场所，以及澳洲野犬等濒危动物安然生活的场所，可以看到自然状态下它们的姿态。还可以去夜行动物展示馆参观。

可爱的动物们

Burleigh Heads

伯利角

地图p.81-F

●从冲浪者天堂出发，坐公交车30分钟

这里是世界上著名的冲浪胜地，位于冲浪者天堂以南9公里处。这里的波浪又大又美，十分标准，所以冲浪者们都对这儿充满了憧憬。每年3月，这里都会举行冲浪界的奥运会“WCT（World Champion Tour）”。周边是被列为国家公园的观光胜地，设有步行街和观景台。单是观赏波浪和风景，就非常享受了。

作为冲浪者的胜地而闻名于世

Currumbin Wildlife Sanctuary

库兰宾野生动物保护区

地图p.81-F

●从冲浪者天堂出发，坐公交车45分钟 28 Tomewin St., Currumbin ●☎ 07-5534-1266 8:00~17:00（澳新军团日13:00~） 圣诞节休息 门票：成人A$44 儿童A$26（4~17岁）

自然保护区内有袋鼠、树袋熊、毛鼻袋熊等动物。因为是动物保护区，可以看到几乎所有动物的自然形态，还可以接近袋鼠和澳洲鸵鸟等动物，并和它们一起玩耍。游客们也可以给彩色小鹦鹉喂食，这也是保护区内最具魅力的观光点。和树袋熊拍照也拥有很高的人气。园内还有蝴蝶博物馆和介绍澳大利亚历史的博物馆。

体验给彩色小鹦鹉喂食

Sanctuary Cove 神仙湾

地图p.81-D

●位于距离冲浪者天堂25分钟的地方。 Sanctuary Cove、Hope island ●☎ 07-5530-8400

神仙湾位于冲浪者天堂北部，是建于1987年的综合性度假村。度假村中心为凯悦酒店，占地474万平方米，内有游艇海港、购物城、餐厅、36洞高尔夫球场等设施，颇有几分世外桃源的感觉。豪华邮轮和游艇纷纷登场的游艇展也不容错过。

这里区位条件良好，购物也很方便

Paradise Country 天堂农庄

地图p.81-D

●从冲浪者天堂乘专线大巴15分钟可以到达。 Entertainment Rd. ●☎ 07-5573-8270 9:30~17:30 节假日照常营业。门票：成人A$57.50，儿童A$41。

这里是以牧场为主题的景点，占地达16万平方米。在这片广阔区域内，游客可以通过挤牛奶、骑马、观赏牧羊犬的表演、剃羊毛、烧烤等活动，充分体验澳大利亚独特的传统牧场生活。**提示** 牧场游需花费3.5小时（含早饭）。在这里既可以和树袋熊一起拍纪念照，也可以在劳顿的旅途中歇一歇脚。

和袋鼠来个亲密接触吧！

Wet'n' Wild 狂野水世界

地图p.81-D

●从冲浪者天堂乘往返大巴，40分钟可以到达（在冲浪者天堂的各个旅馆内都可以搭乘穿梭巴士，需要预约） Pacific Hwy.,Oxenford ☎ 07-5556-1660 10:00~21:00前后（根据季节调整）节假日照常营业 门票：成人A$49.25，儿童A$32.95

水上滑梯、激流勇进、海浪池……这里可以让游客尽情享受与水亲近的乐趣。从7层高的地方乘速滑车或双人座从45度的陡坡上滑下，只要体验过一次双人水滑梯的惊险刺激，就一定会上瘾。水滑梯和游泳池中的水温常年保持在26摄氏度，即使冬天也可以尽情玩耍。另外，从9月到来年4月，晚上海浪池就会变成水上电影院，坐在池边或是游泳圈上看电影的乐趣是坐在电影院里感受不到的。如果行程紧凑，还可以在水上乐园及其旁边的电影世界分别享受半天的悠闲时光。

游乐设施多种多样

大人在这里也能玩得尽兴

文化一点通

腹地（Hinterland）

在黄金海岸的内陆地区，分布着一片广阔的森林带，当地人称之为腹地（Hinterland，直接翻译过来就是背后的地区。）在这片地区可以充分领略令人心旷神怡的自然风光。

在这片2万多公顷的亚热带雨林中，有许多国家公园，例如分布着大大小小500多个瀑布、栖息着许多珍稀动物的拉明顿国家公园，可以观赏到罕见的土萤的斯普林布鲁克国家公园以及著名的动物庇护所坦博林国家公园(Tamborine National Park)等。这些公园都与热闹的黄金海岸不同，多是可以充分亲近大自然隐蔽幽静的景点。也有旅游路线可以一边享受美丽的自然环境一边享受野餐的乐趣。

重拾童心

屏住呼吸，尽情期待

主题公园乐趣多多

在黄金海岸，有许多座大型的主题公园。扣人心弦的表演和游行、让人大声尖叫的游乐设施、与可爱的动物近距离接触的机会等，值得期待的内容有许多，即使有一整天也不一定够用。

在热闹而华丽的电影世界中尽情畅游

华纳兄弟电影世界

Warner Bros. Movie World

充满影迷不可错过的游乐设施

这里可以亲身体验华纳兄弟公司大受欢迎的电影中的世界。园内真实重现了电影中的街道，也有舞台、小道具、服装的展览。取材自大受欢迎电影中的独特特技表演和游行，惊险刺激的游乐设施备受喜爱。不少商店还出售蝙蝠侠、超人等电影角色的周边产品种类多种多样，让游客还可以同时享受到购物的乐趣。

小孩和大人都喜欢的蝙蝠侠

MAP p.81-D 交从冲浪者天堂出发乘坐往返大巴（在冲浪者天堂的各个旅馆内都可以搭乘穿梭巴士，需要预约），20分钟可以抵达 ✉Pacific Hwy., OxenFord ☎07-5573-3999 营10:00~17:30，澳新军团日为13:30~18:30 休 圣诞节 预算成人A$69.95，儿童A$45.95

在这里留张纪念照

在主题公园内就有机会遇到您喜欢的电影主角“蝙蝠侠”和“超人”、“华纳巨星总动员”等。可以和他们一起拍照，去试着邀请他们吧。

即使语言不通也可以纵情大笑

推荐表演和项目

史莱克4D冒险园

Shrek 4D Adventure

这里是最新的视觉游乐设施，游客们可以带着特殊的眼镜，欣赏备受喜爱的电影《怪物史莱克》。配合3D影像，座椅还会上下左右摇晃，让游客充分体验身临其境的感觉。

华纳巨星总动员之摇滚怎么了

Looney Tunes What's Up Rock

这是兔八哥和华纳巨星总动员中的其他角色登上舞台又唱又跳的音乐剧。每次20分钟，请留意演出开始时间。

警察学院特技表演

Police Academy Stunt Show

表演取材自同名喜剧电影，以笨警察惹来的一系列麻烦为主题，使用巡逻车和警用摩托车进行表演的动作喜剧演出。演出时间为20分钟。

蝙蝠侠冒险之旅2

Batman Adventure The Ride 2

在这里，游客可以通过动画和CG体验到蝙蝠侠的世界。还可以欣赏到蝙蝠侠和他的夙敌急冻人追车和战斗的精彩场面。

疯狂西部历险游

Wild West Falls Adventure Ride

一边眺望被仙人掌和岩石包围的西部开发时代的街景，一边从惊险刺激的激流中乘船滑下，也是一种不错的体验。最后在溅起20米的水花中急速冲下，感觉十分爽快。

史努比幽灵飞车

Scooby-Doo Spooky Coaster

这是供4人乘坐的室内过山车。用激光灯、音响营造出电影中的世界，能给游客带来不断的惊喜。

这里还可以看到白虎

梦幻乐园
Dreamworld

根据各自的喜好可以选择许多不同的玩法

这座主题公园充分利用了当地的自然资源，30万平方米的广阔面积被划分为11片区域，有集中了以海洋为主题的游乐设施的海洋巡游、充满了让人惊叫的乡村集市，还有可以换上泳装享受水上滑梯乐趣的蓝色环礁湖等。可以见到树袋熊等动物的区域也很受欢迎。

如同梦幻一般的景色呈现在眼前

MAP p.81-D 交从冲浪者天堂出发乘坐往返大巴（在冲浪者天堂的各个旅馆内都可以搭乘穿梭巴士，需要预约），20分钟可以抵达 ✉ Dream Parkway., Coomera ☎ 07-5588-1111 营 10:00~17:00，澳新军团日为13:00~ 休 圣诞节 预算 成人A$69，儿童A$45

推荐表演和项目

淘金国
Gold Rush Country

淘金国真实再现了梦想着通过开采金矿实现一夜暴富的时代。游客还可以体验在矿山坑道里乘坐过山车惊险疾驰的感受。

老虎岛
Tiger Island

在这里，游客可以近距离地看到世界仅存不到4000只的孟加拉虎玩耍、俯卧的自然状态。在虎群中，最受欢迎的还要属罕见的白虎。

水乡
Rivertown

在穿越公园中部的河流上，游客可以乘坐2层的明轮船“船长起航”号享受巡航的乐趣。在巡航途中，还可以看到特技表演。

澳大利亚野生动物体验区
Australian Wildlife Experiece

在这里，游客可以与多种野生动物近距离接触。这里有可以抱着树袋熊的树袋熊园、集中了澳大利亚各种本土动物的内陆探险，还有栖息着热带雨林的鸟类和蛇的丹翠雨林（Daintree Rainforest）。

在这里留张纪念照

在淘金国里，游客们可以穿上昔日的服装，拍一张充满怀旧感的纪念照。在澳大利亚野生动物体验区的树袋熊园里，游客还可以抱着树袋熊拍照。

海洋世界
Sea World

海豚、逆戟鲸以及滑水表演是这里最大的看点

这里是澳大利亚最大的海洋公园，占地25万平方米，其中人工湖占据约三分之一的面积，在这里游客除了能看到海豚、逆戟鲸的才艺展示，还能看到滑水和惊险的水上特技表演。这里还有以70公里的时速急驰在600米长的轨道上的过山车。

MAP p.82-A 交 从冲浪者天堂出发，需要15分钟 ✉ Sea World Dr., Main Beach ☎ 07-5588-2222 营 9:30~17:00，澳新军团日为13:00~ 休 圣诞节 预算 成人A$64，儿童A$42

海豚如同艺术家一般的表演技惊四座，引来观众席上一阵阵赞叹

让人倒吸一口凉气儿的精彩特技表演接连上演，让人目不暇接

推荐表演和项目

水上特技表演
Water Ski Spectacular

这是只有在这座主题乐园里才能看到的最受欢迎的表演，一天演出两次（12:30和16:00）。滑水者们在这里表演华丽的特技。

百慕大三角
Bermuda Triangle

12人乘坐探险船向神秘的百慕大海域起航，等待他们的是各式各样的机关。

海豚湾表演
Dolphin Cove Show

在这里，海豚或是跃出水面，或是与饲养员一起游泳，为游客献上一场欢乐的演出。表演一天两次。

海豚之旅
Dolphin Tour

在这里可以与园内的海豚亲密接触，游园项目有给海豚喂食和与海豚一起游泳两项。

在这里留张纪念照

如果参加海豚之旅，就可以和所有的海豚一起拍照。如果游客伸出手，海豚就会轻轻地把嘴放入手心，那种感觉很令人感动。

冲浪服&商品

Billabong Showroom

比拉邦陈列室

地图p.81-F

交 从冲浪者天堂乘公交车30分钟可以到达 ✉Billabong Place,Burliegh Head ☎07-5589-9880 营9:00~17:00（周日10:00~16:00） 休 节日 支付卡 V M A 预算 衬衫A$50~ HP www.billabong.com.au

以最快的速度买到满意的冲浪服

这里是冲浪服的知名品牌——比拉邦的旗舰店。店内出售原创的T恤、比基尼和包等物品。

冲浪服&商品

Brothers Neilsen

尼尔森兄弟

地图p.82-F

交 从市区开车15分钟可以到达 ✉1178 Pacific Fair Shopping Center,Hooker Blvd.,Broadbeach ☎ 07-3522 营 8:00~21:00 休 不休 支付卡 V M A 预算 T恤A$45~ HP www.brothersneilsen.com.au

黄金海岸的著名冲浪用品商店

这里主要出售冲浪板等各种冲浪用品，另外还有各式休闲T恤和泳装等。帽子和包等配饰也可以在这里买到。

蛋白石

Opal Gallery

蛋白石长廊

地图p.83-C

交 从卡维尔购物中心（Cavill Mall）步行2分钟即可到达 ✉45 Cavill Ave.,Surfers Paradise ☎ 07-5538-0666 营 9:00~19:00 休 节假日照常营业 支付卡 V M A 预算 蛋白石A$48~

出售优质蛋白石的专卖店

这里是与蛋白石博物馆一起开设的商店。店内摆满了澳大利亚原产的优质蛋白石商品。

杂货&特产

Spirit of Australia Gallery

澳大利亚精神艺术廊

地图p.83-D

交从卡维尔购物中心（Cavill Mall）步行5分钟可到 ✉Shop 5,3171 Surfers Paradise Blvd. ☎07-5561-0330 营10:00~22:00（周日10:00~16:00） 休 不休 支付卡 V M A 预算 回飞镖A$6.95~，T恤A$15~

在这里可以买到澳大利亚独特的杂货

这里有许多只有澳大利亚才有的土特产。此外，还陈列着原住民的传统民间工艺品、回飞镖和迪吉里杜管，还有传统的绘画和现代绘画，鳄鱼皮制成的帽子等独特的物品。

葡萄酒

Vintage Cellars

葡萄酒酒窖

地图p.82-E

交 从市区开车15分钟可以到达 ✉2721 Main Palace, Broadbeach ☎ 07-5570-2422 营 10:00~22:00（周日10:00~16:00） 休 耶稣受难节、圣诞节 支付卡 V M A 预算 葡萄酒A$15~ HP www.vintagecellars.com.au

葡萄酒品种齐全

这是一家出售澳大利亚全国各地葡萄酒的专卖店。从价格适中的葡萄酒到高级醇酒，游客可以根据自己的预算自由选择。另外，这里也出售啤酒和烈性酒，还可以试饮。

黄金海岸的四大购物中心

太平洋购物中心
Pacific Fair

黄金海岸最大的综合性商业中心

这座购物中心集聚了梅尔（Mayer）、凯马特（Kmart）等大型超市、著名品牌精品店、冲浪用品商店等约270家店铺，以及12家电影院，可以说是应有尽有。

交从市区开车15分钟可以到达 ✉Hooker Blvd., Broadbeach ☎07-5581-5100 营 9:00~17:00（周四营业至21:00）（根据店面有所不同）休全年无休 支付卡 V M A MAP p.82-F

澳大利亚购物中心
Australia Fair

领略黄金海岸的日常生活

这是位于黄金海岸的发源地——南港地区的大型购物中心。这里集中了约250家时装、杂货的专卖店以及百货商店、美食广场。

交从市区开车15分钟可以到达 ✉ Marine Parade,Southpoat ☎ 07-5532-8811 营 9:00~17:30（周四至21:00，周六至17:00，周日、节假日的营业时间为10:30~16:00）（根据店面略有所不同）休 全年无休 支付卡 V M A MAP p.81-D

雪弗龙复兴
Chevron Renaissance

矗立在海边的购物中心

雪弗龙复兴位于冲浪者天堂的中心，精品店、珠宝店、艺术画廊等各种商店鳞次栉比。中庭有喷泉，也有咖啡厅，若是逛累了还可以在这里歇歇脚。这座购物中心里甚至还有表演区域。

交 从市区开车10分钟可以到达 ✉ Corner Elkhon Ave.&Gold Coast Hwy., Surfers Paradise ☎07-5584-8100 营 6:30~21:30（周末略有调整，根据店面有所不同）支付卡VMA MAPp.83-C

海港城购物中心
Harbour Town

澳大利亚最高级别的直销购物中心

这是位于黄金海岸北部的直销购物中心。CK（Calvin Klein）、拉夫·劳伦（Polo Ralph Lauren ）等著名品牌商店林立，另外还有超市、电影院等设施。实惠的价格是这里最大的魅力。

交从市区开车15分钟可以到达 ✉Gold Coast Hwy.&Oxley Drive ☎07-5529-1734 营9:00~17:30（周四至19:00，周六至17:00，周日、节假日的营业时间为10:30~16:00）支付卡 V M A MAP p.81-D

意大利风味

Bellissimo

比利斯蒙餐厅

地图p.82-E

英

交 从信息中心开车12分钟可以到达 ✉ Cnr.Gold Coast Hwy.&Elizabeth Av.,Broadbeach ☎ 07-5570-3388 营 17:30~22:00（周日只有午饭时间营业，需要预约）休 全年无休 支付卡 V M A 预算 A$40~80

味道鲜美，气氛绝佳

这座餐厅位于赌场正对面，是一座正宗的意式餐厅。在古典氛围的餐厅内，可以悠然地享受美味。使用大量新鲜的龙虾、螃蟹烹制而成的海鲜菜肴，充满弹性的口感，满口余香。这里还有牛肉番茄面等许多种类的家常意大利面和甜点。

意大利风味

Ristorante Fellini

费里尼餐厅

地图p.82-B

英

交紧靠码头滨海幻影购物中心（Marina Mirage）✉ Marnia Mirage,Sea World Drive,Main Beach ☎ 07-5531-0300 营 12:00~15:00,18:00~21:00（周四、周五营业至深夜）休 圣诞节 支付卡 V M A 预算 A$35~（午餐A$15~）HP www.fellini.com.au

招牌菜是使用新鲜食材的海鲜菜肴

这家餐厅位于码头环境商场的二层，可以一边俯视码头的景色，一边享用午餐或晚餐。这里的海鲜意面备受好评。

美式风味

Hard Rock Cafe

滚石餐厅

地图p.83-F

英

交 从海豚拱廊街（Dolphin Arcade）公交车站往前步行2分钟即可到达 ✉ Cnr.Cavill Ave.& Gold Coast Hwy., Surfers Paradise ☎07-5539-9377 营12:00~22:00 休圣诞节 支付卡 V M A 预算 A$40~80 HP www.hardrock.com

世界著名的咖啡厅、餐厅

这是一家在卡维尔大街拥有醒目标志的餐厅。在装饰着吉他和贝司的店内，可以一边听着摇滚乐，一边品尝大分量的菜肴。三层切片混合三明治里夹的配菜十分丰富，吃起来口感很好。

墨西哥风味

Montezuma's

蒙特祖玛餐厅

地图p.83-F

英

交 从海豚拱廊街（Dolpin Arcade）公交车站往前步行10分钟即可到达 ✉ Aloha Buld.,8 Trickett St.Surfers Paradise ☎ 07-5538-4748 营 11:30~14:30,17:30~20:00 休 全年无休 支付卡 V M A 预算 A$20~30（午餐A$10~15）HP www.montezumas.com.au

分量十足的辣味菜肴

这家店专注于用当地的新鲜食材烹制菜肴。在这里可以品尝到使用了大量豆类、蔬菜、肉和奶酪的墨西哥菜。最受欢迎的菜是A$8.50的香脆锅巴卷和A$8.95的玉米片。

意大利风味

Valentino's Restaurant

华伦天奴餐厅

地图p.82-E

英

交 从布罗德海滩水域（Breadbeach Waters）步行5分钟即可到达 ✉29 Victoria Ave., Broadbeach ☎07-5570-1030 营17:00~深夜 休 全年无休 支付卡 V M A 预算 A$15~

轻松地享用意大利美食

在这家洋溢着休闲气氛的意大利餐馆里，游客可以品尝到意大利家常菜。面向马路的露天桌椅很受欢迎。用新鲜的鱼类、贝类和自家做的酱汁烹制的海鲜意粉和意大利青瓜等意大利面和比萨分量很大，并且有真正的意大利美食的味道，深得好评。值得一提的是，这里还有儿童餐，全家人可以一起享用美食。

自助餐

Waves Restaurant

海浪餐厅

地图p.82-D

英

交 从苹果公园车站（Apple Park）步行10分钟即可到达 ✉ 3032 Gold Coast Hwy. Surfers Paradise ☎07-5588-8304 营6:30~10:00, 17:00~23:30 休 全年无休 支付卡 V M A 预算 A$25~

自助早餐很受欢迎

这座餐厅位于水印酒店内部。自助早餐的内容包括鸡蛋、火腿、香肠、新鲜的沙拉和水果等，品种丰富，很受欢迎。在这座酒店内还有可以吃到日式自助早餐的餐厅。

夜生活 Night

夜店

Cocktail and Dreams Night Club

鸡尾酒与梦幻之夜夜总会

地图p.83-D

英

交 从海豚拱廊街（Dolphin Arcade）公交车站往前步行5分钟即可到达 ✉ The Mark Bldg Level1,Orchid Ave. ☎ 07-5592-1955 营 21:00~翌日4:00 休 全年无休 支付卡 V M A 预算 周日~周四免费，周五、周六A$5

价钱公道的娱乐场所

在可以容纳400人的舞池周围，还配备了吧台、VIP包间等设施。

夜店

Melbas

梅尔巴斯

地图p.83-E

英

交 从苹果公园车站往前步行2分钟即可到达 ✉ 46 Cavil Ave.,Surfers Paradise ☎ 07-5538-7411 营 19:00~翌日5:00 （周一至周四20:00开始营业）休 全年无休 支付卡 V M A 预算 22:30之前入场免费，23:00后入场费不同日子有所不同

既可以享受音乐，又可以看体育赛事转播

一层是餐厅和吧台，二层是夜总会。

现场演出

O'Malley's on the Beach

海滩欧玛丽酒吧

地图p.83-F

英

交 从海豚拱廊街（Doplhin Arcade）公交车站往前步行7分钟即可到达 ✉Level 1,1 Cavill Ave.,Surfers Paradise ☎ 07-5570-4075 营10:00~翌日3:00 休 全年无休 支付卡 V M A 预算 A$3~

每晚都有很多表演者在这里演出

这是一家位于海岸附近的爱尔兰酒吧。

演出

Jupiter Theater

木星剧场

地图p.82-F

英

交 在康拉德木星赌场附近 ✉Cnrad Jupiter,Gold Coast Hwy.Broadbeach ☎07-5592-8303 营演出时间19:00、21:00（日场为周六17:00、周三13:00） 休 周日 支付卡 V M A 预算 A$59~

豪华的演出和晚餐是其特色

十几位穿着华丽服装的舞者在拉斯维加斯风格的舞台上登场表演，场景蛮震撼的。

尽享新鲜鱼类和贝类

强烈推荐的海鲜餐厅

看到盘里的精致菜肴，食欲也不由得被勾了起来

到黄金海岸不容错过的就是海鲜。使用龙虾、螃蟹、牡蛎等新鲜的海产烹制而成的菜肴种类丰富。这里还有许多设有露天座椅的餐厅，可以一边欣赏美景一边享用美食。

一边欣赏港口的美景，一边享用晚餐

Vue 餐厅酒吧
Vue Restaurant & Bar

在这里，可以坐在装饰时尚漂亮的店内或是面向海面的露台座椅，品尝使用鱼类和肉类烹制的菜肴。还有A$12~的沙拉和A$16.90~的本日特推意大利面。傍晚去店里还可以品尝到日落晚餐。葡萄酒和鸡尾酒的种类也十分丰富。

与使用新鲜食材制成的菜肴搭配的葡萄酒种类也十分丰富

MAP p.82-B 支付卡 V M A ✉ Marina Mirage, Main Beach ☎ 07-5531-2488 营 11:30~23:00 休 圣诞节 预算 A$25~40

在当地很受欢迎的海鲜餐厅

奥莫斯兄弟海鲜大饭店
Omeros Bros.

一边眺望海景，一边品尝原汁原味的美食

这是一家多次获奖的餐厅。在这里可以品尝到在喜来登酒店等各大酒店磨炼了厨艺的厨师烹制的菜肴。有A$17.90~的新鲜牡蛎、A$35.90~的特价午餐和晚餐套餐等，种类十分丰富。

MAP p.82-B 支付卡 V M A ✉ Marina Mirage, Main Beach ☎ 07-5591-7222 营 12:00~14:30、18:00~深夜 休 全年无休 预算 A$30~45

不论早中晚都可以尝到美食的好餐厅

热风餐厅
Sirocco Restaurant

这座餐厅位于冲浪者天堂假日酒店的二楼。这里澳大利亚现代风味和地中海风味的精致海鲜很受好评。不管是单点还是自助，都可以品尝到新鲜的鱼类和贝类。

可以随意选择的自助餐非常值得一尝

MAP p.83-D 支付卡 V M A ✉ Level 2, 22 View Ave. ☎ 07-5579-1087 营 6:00~22:00 休 全年无休 预算 A$30~ HP www.holidayinn.com.au

休闲氛围极浓的泳池展现在眼前

色香味俱全的自助餐让客人满意而归

喜来登露天餐厅
Terrace Restaurant Sheraton

这家餐厅位于喜来登露台酒店的一层。早、中、晚都是自助餐，可以尽情吃自己想吃的东西。海鲜自不用提，甜点和水果种类也十分丰富。另外也有单点菜单。

采用精选的食材做出的美味菜肴

MAP p.82-B 支付卡 V M A ✉ Sea World Dr., Main Beach ☎ 07-5577-0156 营 12:00~15:00、18:00~22:00（周六22:30） 休 全年无休 预算 自助午餐、晚餐A$64（周末A$82）

冲浪者天堂 ★★★★★

Gold Coast International Hotel　地图p.83-B

黄金海岸国际大酒店

地理位置优越，离沙滩仅50米

这是一座建在沙滩前的大型酒店。客房分为海景房和山景房两种，客厅、卧室和卫生间都十分宽敞。酒店内有可以品尝到美食的餐厅，也有钢琴酒廊、泳池、桑拿等设施。

交 从卡维尔购物中心（Cavill Mall）步行16分钟即可到达
A$ 山景房A$885，海景房A$550
客房数 296
☎ 07-5584-1200
FAX 07-5584-1280
✉ Cnr. Gold Coast Hwy. & Staghorn Ave.
HP www.gci.com.au

从阳台上望出去的风景十分美丽

冲浪者天堂 ★★★★

Holiday Inn Surfers Paradise　地图p.83-D

冲浪者天堂假日酒店

靠近沙滩，交通便利

这家酒店位于黄金海岸的中心地带，不论是休闲还是购物都十分方便。酒店内所有的房间都设有阳台，在面海的房间可以欣赏到美丽的海岸线，在面山的房间可以将腹地的风光尽收眼底。可以享受到按摩服务的休闲俱乐部和健身房、托儿所、诊所等设施也很齐备。

酒店内的设施十分齐全

交 从卡维尔购物中心（Cavill Mall）步行8分钟即可到达
A$ A$120~
客房数 404间
☎ 07-5579-1000
FAX 07-5570-1260
✉ 22 View Ave.
HP www.ichotelsgroup.com

冲浪者天堂 ★★★★

Courtyard by Marriott Surfers Paradise Resort　地图p.83-F

冲浪者天堂万豪庭院酒店

健身中心泳池等运动设施是其特色

美丽的沙滩就在酒店前铺展开来。这家酒店建在冲浪者天堂也算得上最热闹的地带，既可以尽情购物，又可以欣赏夜间演出。酒店内所有的房间都设有阳台，从房间就可以看到黄金海岸迷人的美景。在五层的露天平台上，各种运动设施齐全，还设有多种活动方案。酒店内还配有泳池、游戏房和网球场等设施。

交 从卡维尔购物中心（Cavill Mall）步行1分钟即可到达
A$ A$119~ 客房数 405间
☎ 07-5579-3499
FAX 07-5592-0026
✉ Cnr. Gold Coast Hwy. & Hanlan St.
HP www.mariott.com

酒店位于中心地带，观光很方便

冲浪者天堂 ★★★★

Crowne Plaza Surfers Paradise　地图p.82-E

冲浪者天堂皇冠假日酒店

窗外景色迷人的客房和餐厅极受好评

这家酒店建于冲浪者天堂和布罗德海滩的中间，位置极好，便于眺望，不管从哪个客房望出去都可以看到海。不管是去赌场、海滩还是购物中心，徒步就可以到达，十分适合喜欢四处游逛的旅行者。泳池、休闲俱乐部、健身房等设施也一应俱全。在顶层26层的旋转餐厅内还可以一边欣赏360度的全景，一边享用自助餐。

交 从卡维尔购物中心（Cavill Mall）驾车3分钟即可到达
A$ A$160~
客房数 380
☎ 07-5592-9900
FAX 07-5592-1519
✉ 2807 Gold Coast Hwy.
HP www.ichotelsgroup.com

从这里很快就能走到海滩

冲浪者天堂 ★★

Paradise Resort Gold Coast 地图p.83-A

黄金海岸天堂度假村

满足全家出游的游客需求

这是一座被棕榈树和热带植物环抱、充满南国风情的酒店。由各种娱乐设施构成的热带泳池、满是奢华的海鲜餐厅、儿童俱乐部、托儿所等，方便全家人度过愉快的假日。酒店离购物中心也很近，游客可方便地购物。

交 从苹果公园车站（Apple Park）向前步行17分钟即可到达
A$ A$210~
客房数 405间
☎ 07-5579-4444
FAX 07-5579-4492
✉ 122 Ferny Ave.
HP www.paradiseresort.com.au

冲浪者天堂 ★★

Vibe Hotel Gold Coast 地图p.83-C

黄金海岸维博酒店

地理位置优越的休闲酒店

这座酒店位于冲浪者天堂的中心，沿内兰河而建。从客房的阳台上可以眺望河面和街道，也可以在酒店内的栈桥上享受垂钓的乐趣。从酒店到公交站徒步1分钟内就可以到达，离购物中心、赌场和高尔夫场也很近，十分方便。酒店内还设有餐厅、酒吧等各种设施，游客在这里可以充分享受休闲的时光。

交 从苹果公园车站（Apple Park）向前步行4分钟即可到达
A$ A$150~（双人房，不能自己选择房间）
客房数 199间
☎ 07-5539-0444
FAX 07-5592-3757
✉ 42 Ferny Ave.
HP www.vibehotels.com.au

梅恩海滩 ★★★★★

Surfers Paradise Marriott Resort 地图p.82-C

冲浪者天堂万豪酒店

各种设施齐备，非常适宜度假入住

这座酒店离沙滩和繁华的市中心都很近，并且沿内兰河而建，是一座休闲酒店。客房布置得十分优雅，游客在这里身心都可以得到放松。在引入海水的1万平方米的巨大热带泳池内，游客可以体验浮潜、尝试潜水的乐趣。

交 从苹果公园车站（Apple Park）向前步行5分钟即可到达
A$ A$320~
客房数 330间
☎ 07-5592-9800
FAX 07-5592-9888
✉ 158 Ferny Ave.
HP www.marriott.com

梅恩海滩 ★★★★★

Sheraton Mirage Resort & Spa Gold Coast Hotel 地图p.82-B

喜来登蜃景度假村

在南国风情中充分享受休闲的气氛

这座高级酒店沿沙滩而建，种植着棕榈树的庭园让人仿佛置身南国。铺着大理石的酒店大堂、宽敞的客房等，看起来十分豪华，餐厅和酒吧、健身俱乐部等设施和服务十分完善，可见级别不低。游客可在这里度过一段奢华而尊贵的时光。

交 从苹果公园车站（Apple Park）向前步行10分钟即可到达
A$ A$560~
客房数 293间
☎ 07-5591-1488
FAX 07-5591-2299
✉ Seaworld Drv.,Main Beach
HP www.sheraton.com/goldcoast

梅恩海滩 ★★★

Sea World Resort Hotel　地图p.82-A

海洋世界度假酒店

丰富的海上运动大受欢迎

这是一家与海洋世界主题公园毗邻的休闲酒店。酒店的房间有双人房、三人房、套房等类型，适合家庭出游的游客。还配有餐厅、儿童俱乐部、温水泳池等设施，此外游客还可以在这里体验各种海上运动。而眺望大海度过一天也是一种奢侈的体验。

交 从苹果公园车站（Apple Park）向前步行10分钟即可到达
A$ A$150~
客房数 405间
☎ 07-5591-0000
FAX 07-5591-2375
✉ Seaworld Dr, Main Beach
HP www.seaworldresort.myfun.com.au

布罗德海滩 ★★★★★

Conrad Jupiters Gold Coast　地图p.82-F

康拉德木星黄金海岸酒店

设有赌场的大型休闲酒店

酒店位于黄金海岸的中心地带，拥有609间客房，受到各层次游客的喜爱。酒店附设24小时营业的赌场，赌场内配备100多张赌桌。此外，酒店还设有放置1000个座椅的展示厅、能够容纳2500人的会展中心以及网球场等设施。

交 从康拉德木星赌场步行10分钟即可到达
A$ A$199~
客房数 609间
☎ 07-5592-8100
FAX 07-5592-8219
✉ Broadbeach Island，Broadbeach
HP www.conrad.com.au

布罗德海滩 ★★★★

Sofitel Gold Coast　地图p.82-E

索菲特黄金海岸酒店

从装修时尚的客房可眺望美丽的沙滩

这家酒店与有约110家商户入驻的奥埃西斯购物中心相邻。所有房间都配备阳台，视野极好。

交 从康拉德木星赌场步行5分钟即可到达
A$ A$220~
客房数 293间
☎ 07-5592-2250
FAX 07-5592-3747
✉ 81 Surfers Paradise Broadbeach
HP www.sofitelgoldcoast.com.au

阿什莫尔 ★★★★

Crown Plaza Royal Pines　地图p.81-D

皇家松树皇冠假日酒店

从高尔夫球场到网球场，各类设施一应俱全

酒店位于内兰河河畔，占地面积广阔，有黄金海岸最高级别的高尔夫球场，还配有夜间照明设备的网球场等设施。

交 从黄金海岸驾车30分钟可以到达
A$ A$200~
客房数 330间
☎ 07-5597-1111
FAX 07-5597-2277
✉ Ross St.Ashmore
HP www.royalpinesresort.com.au

希望岛 ★★★★★

Hyatt Regency Sanctuary Cove　地图p.81-D

凯悦神仙湾酒店

造型古朴的高级休闲酒店

这家酒店采用了仿20世纪40年代昆士兰住宅的建筑风格，让人印象深刻。游客可以在被英式庭园环绕的安静客房中尽享悠闲放松的度假时光。

交 从黄金海岸驾车30分钟可以到达
A$ A$260~
客房数 247间
☎ 07-5530-1234
FAX 07-5577-1119
✉ Manor Circle
HP sanctuarycove.hyatt.com

城市中心部专为旅游者开设的酒店

布里斯班

BRISBANE

地图 p.7-H

漫步市中心，可见蜿蜒曲折的布里斯班河上，倒映着高楼大厦的影子。即使在安静中也能感受到这座大都市的气势。

必去之地
- 市政厅
- 皇后街购物中心
- 植物园
- 龙柏树袋熊保护区

如何去布里斯班

乘飞机→国内有直飞布里斯班的航线，也可以从澳大利亚其他城市转机前往。如果身处黄金海岸，可以乘公交车前往。

观光咨询处

布里斯班信息中心

位于皇后街购物中心的中心地带。Queen St. Mall 营9:00~7:00（周五至19:00，周六至16:00），周日10:00~16:00 休全年无休

about SYDNEY

景点概况

布里斯班是昆士兰州的首府，是澳大利亚第三大城市。作为前往黄金海岸的必经之路，这里同样是一座备受游客青睐的城市。

布里斯班曾是澳大利亚国内的罪犯流放地，直到1839年罪犯流放制度被废除后，移居至此的居民才开始逐渐增多，城市的样貌也才开始发生变化。此后，布里斯班的城市规模不断扩大，到20世纪70年代，这里已成为人口数量居澳大利亚第三位的城市了。20世纪80年代以来，布里斯班抓住了1988年的世博会等机遇，飞速发展。

Highlight

亮点

布里斯班的亮点是被布里斯班河和奥恩街切割成三角形，这里被称为市中心的城市中心部。街道如同棋盘一样整齐排列，南北向的街道用女性名字命名，东西向的街道用男性名字命名，这也是一大特色。

布里斯班观光的起点是皇后街购物中心。从这里出发，市政厅、澳新军团广场、旧风车作坊和植物园等只靠步行就能到达，而前往郊外可以乘坐公交车和火车。库塔山和龙柏树袋熊保护区也同样不容错过。

布里斯班的气候 ▶ 终年气候温暖。夏季的最高气温为28摄氏度，出现在1月。冬季的最高气温为20摄氏度，最低9摄氏度左右。12月~翌年3月多雨。

布里斯班的美食 ▶ 河畔有许多高级餐厅。在皇后街购物中心附近也有许多可以轻松休息的咖啡厅。

布里斯班的特产 ▶ 以皇后街购物中心附近一带为主，澳大利亚特色的物品大多数都可以在这里找到。

布里斯班的庆典和活动 ▶ 每年8月在这里会举行已有100多年历史的皇家昆士兰博览会和以绚丽焰火而闻名的大河节。9月还会在图文巴举办花卉嘉年华。

岸边林立的高楼倒映在布里斯班河上

熟练驾驭！

市 内 交 通

市内环线巴士方便出行

市内公交车 *Bus*

DATA

单程票 市内A$2.40~
全天票 A$4.80~

布里斯班交通局运营的公交车一共有6种。车票采取分段计价的方式，同一地区内公交和渡轮换乘在两小时内不追加费用。公交网络遍布市内每一个地点，也有到市外的长途公交车。

●购票方法

乘车时向司机购买。

●乘车方法

快要到达目的地时按车厢内的按钮告知司机下车。

运营时间 6:00前后~23:00前后
咨　询 Transfer Links ☎13-1230（仅限市内）

环市中心的免费巴士 Free Loop

在市中心可以很方便地乘坐免费环线巴士。免费环线巴士在工作日的运营时间是8:00~17:30，每十分钟一班。巴士在中央车站、市政厅、植物园、滨江中心等地方来回穿梭。车身为红色，车头上有Free Loop的标志。

在19处景点之间循环

城市观光巴士 *City Sights*

DATA

成人票 A$25

观光巴士在市中心周围的景点之间循环，车体为蓝色，车头写有City Sight。观光大巴的首发站是邮局广场。

●路线

观光巴士的路线包括市中心的市政厅、旧风车作坊、植物园以及南岸、唐人街、春山、米尔顿等19处景点，一圈大约要花1小时30分钟。

●购票方法

可以选择在乘车时跟司机购买或者在信息中心购买。

●乘车方法

一天内，只要出示车票就可以随意乘坐。

运营时间 9:00~15:45 发车间隔 45分钟
咨　询 Brisbane Transport ☎13-1230（仅限市内）

最适合欣赏美丽的街道

渡轮 *Ferry*

DATA

单程票 A$1.80~

分到布里斯班河对岸的轮渡服务和从布雷茨码头（Bretts Wharf）经市区到昆士兰大学的快艇两种。

●路线

固定渡轮的停靠站包括位于爱德华街的始发站等11站。

●购票方法

船票可以在船上购买。

运营时间 5:50~22:30
发船间隔 20~30分钟
咨　询 City Ferry ☎07-3229-7778

延伸至布里斯班郊外

城市火车 *Citytrain*

DATA

单程票 A$2.40~

共有5条连接布里斯班市内和郊外的线路，供人们上下班时使用。

●路线

从罗马车站呈放射线状延伸，直至郊外，覆盖范围很广。

●购票方法

在检票口旁边的自动售票机上购买。最好事先在火车站买好火车时刻表和线路图。

运营时间 4:00前后~翌日3:00前后（不同车次有所不同）
咨　询 各个车站或者城市火车乘客服务处（Citytrain's Passenger）Service Officers ☎07-3606-5555（24小时）

布里斯班
Brisbane
0
200r
毅力谷
FORTITUDE VALLEY
布伦瑞克街车站
Brunswick St. Sta.
维多利亚公园
Victoria Park
Warry St.
Kennigo St.
Brunswick St.
Wickham St.
Ann St.
McLachlan St.
Robertson St.
步行街
Pedestrian Mall
唐人街
Chinatown
帝国酒店
Empire Hotel
Brunswick St.
Harcourt
新农场
NEW FARM
消防署
Fire Brigade H. Q.
Bowen Terrace
贝德福游乐场
Bedford Playground
Gipps St.
Barry Pd.
Gotha St.
Water St.
Pauls Terrace
Terrace
阿尔哈洛斯学校
All Hallows School
圣·约瑟夫学院
St. Josephs Cristian College
百年纪念广场
Centenery Pl.
Ivory St.
Gregory
Union St.
圣詹姆斯学校
St. James School
Story Bridge
故事桥
布里斯班万豪酒店 p.110
Brisbane Marriott Hotel
运输局
Dept of Transport
Boundary St.
东方酒店
Orient
卡普顿伯克公园
Captain John Burke Park
萨米特公寓酒店
Summit Apartment Hotel
邦德里街
大教堂广场
Cathedral Sq.
Queen St.
Wharf St.
Little Edward St.
St. Johns Anglican Cathedral
Bradfield Hwy.
奥恩街
阿德莱德街
Adelaide St.
布里奇沃特奎斯特酒店
Bridgewater Quest Inn
Main St.
圣安德烈应急中心
p.110 诺富特布里斯班酒店
Novotel Brisbane
海关餐厅 p.108
Customs House
Leichhardt St.
斯普林高地
SPRING HILL
Ann St.
袋鼠角
KANGAROO POINT
大校酒店
Hotel Grand Chancellor Brisbane
p.104 澳新军团广场
Anzac Square
布里斯班龙都大酒店
Clarion Collection Rendezvous Brisbane
Eagle St.
滨江中心酒店
Riverside Center
C.T. 怀特公园
C.T. White Park
阿尔伯特公园
Albert Park
Birley St.
圣灵医院
中央车站
Central Sta.
Creek St.
Queen St.
p.110 索菲特布里斯班酒店
Sofitel Brisbane Central
皇后广场 p.107
Queens Plaza
旧风车作坊
The Old Windmill
Edward St.
翠鸟女王号明轮船
CITY
市中心邮政局
罗马街站
Roma St. Sta.
中央医院
Turbot St.
p.109 碎石酒店
Shingle Inn
伊格尔街码头 p.103
Eagle St. Pier
小猪口哨 p.109
Pig'n'whistle
伊尔特罗餐厅 p.108
Il Centro
布里斯班假日酒店
Holiday Inn Brisbane
大卫琼斯
David Jones
九号码头餐厅 p.108
Pier Nine Restaurant
希尔顿酒店 p.110
Hilton Brisbane
布里斯班信息中心
滨海广场
Waterfront Place
罗马街
Roma St.
卡尔顿克雷斯特酒店
Carlton Crest Hotel Brisbane
p.108 维诺餐厅
Vino's
爱德华街客运码头
布里斯班交通中心
市政厅 p.104
City Hall
斯坦福广场
Stamford Plaza Brisb
Elizabeth St.
蒙迪爱尔咖啡厅 p.109
Cafe Mondial
布里斯班商场 Brisbane Arcade
达雷尔利巧克力店 p.107
Darrell Lea Chocolate Shop
Margaret St.
North Quay
最高法院
Supreme Court
冬季花园
皇家公园
Royal on The Park
中央法院
Brisbane Central Court
Hofstays珠宝店 p.107
Hofstays Jewellers
布里斯班河
Brisbane River
p.107 澳大利亚礼品商店
Australia the Gift
Queen Gardens
George St.
祭堂
Festival Hall
p.106,110 康拉德宝藏酒店（赌场）
Conrad Treasury (Casino)
乔乔斯餐厅 p.109
Jo-Jo's
Alice St.
植物园 p.104
Botanic Gardens
p.106 皇后街购物中心
Queen St. Mall
迈尔中心
Myer Centre
乔治街
Stanley St.
州立图书馆
维多利亚桥
Victoria Bridge
William St.
p.104 昆士兰美术馆
Queensland Art Gallery
伊丽莎白二世女皇公园
Queen Elizabeth II Park
Riverside Expwy.
昆士兰州议会
Queensland Parliament House
昆士兰文化中心
Queensland Cultural Centre
昆士兰科技大学
Queensland University of Technology
昆士兰博物馆 p.104
Queensland Museum
昆士兰表演艺术中心 p.105
Queensland Performing Arts Complex
Grey St.
Peel St.
South East Fwy.
南岸公园 p.105
South Bank Parklands
布里斯班南站
South Brisbane Sta.
昆士兰海事博物馆 p.105

自由之行 enjoy freetime

所需时间 约2小时

布里斯班，一座美丽、宁静的城市。不论是历史悠久的建筑物还是沿着河岸延伸的散步道，都低调而安静地伫立着。虽不华丽，但在这座城市里走的时间越长就越为它独特的魅力所征服。

POINT 布里斯班市中心四通八达，街道相互连接。从中央车站到市政厅、皇后街购物中心，周围一带十分热闹，人潮拥挤。越到植物园附近，周围就越安静。渡轮是市内观光的重点，从船上看布里斯班的风景也是不容错过的。

START

中央车站

▼步行1分钟

澳新军团广场

位于中央车站对面，18根石柱围成的纪念亭中央，火焰一直在燃烧。

▼步行5分钟

市政厅

新古典风格的建筑，高92米的钟塔是它的标志。

▼乘环线巴士5分钟

植物园

▼乘渡轮3分钟

C.T.怀特公园

公园里静谧悠闲，这里也是眺望河对岸街景的最好地点。

▼乘渡轮3分钟

伊格尔街码头

这里聚集了许多漂亮的餐厅。游客可以一边眺望河面景色一边休息。

轻松之旅 Tour

布里斯班城市景观观光路线
Brisbane City Highlights

这条路线包含了布里斯班的代表性景点。从城市中心出发，沿布里斯班河岸，经袋鼠角和南岸公园等景点，最终到达库塔山。也可以去龙柏树袋熊保护区。

出发日期 每天　出发时间 8:35
所需时间 8小时　费　用 A$95~
导游语言 英语
集合地点 主要酒店停车场
咨　询 Australia Day Tours
☎ 07-3489-6444

城市分布在河流的两岸

笑翠鸟河女王
Kookaburra River Queen

乘上怀旧的明轮船，到布里斯班河上去看看。可以一边观赏布里斯班河的夜景一边享用晚餐。晚餐为自助餐。

出发日期 周四~周日　出发时间 19:30
所需时间 约2小时30分钟　费　用 A$75~
导游语言 英语
集合地点 主要酒店停车场
咨　询 Kookaburra River Queen
☎ 07-3321-1300

观赏鲸鱼游轮路线
Whale Watch Cruise

一边坐船巡游，一边观赏白鲸。6月中旬到10月末，在莫顿岛附近可以看到迎来繁殖期的巨大鲸鱼的身影。

出发日期 每天（6~10月）　出发时间 7:30
所需时间 约12小时　费　用 A$148~
导游语言 英语
集合地点 莫顿湾
咨　询 Tangalooma Wild Dolphin
☎ 07-3268-6333

可以从近处观察鲸鱼

Anzac Square
澳新军团广场

地图p.102-C

●中央车站前 Adelaide St. between Edward and Creek Sts.

这是位于中央车站前的广场。广场中间有一座让人联想起希腊神殿的建筑物，它向人们传达了第一次世界大战中澳新军团的英勇表现。

为凭吊在战争中牺牲的人而点燃的火焰

City Hall
市政厅

地图p.102-E

●从中央车站步行5分钟 King George Square
●☎ 07-3403-8888 8:00~17:00 周六、周日、节假日休息（美术馆照常营业） 免费（观光活动A$5）

矗立着92米高钟塔的市政厅是布里斯班的标志性建筑。这座建筑建成于1930年，马赛克图案的墙壁和大理石台阶都是意大利文艺复兴风格的建筑。钟塔内部是瞭望台，从这里可以看到沿蜿蜒曲折的布里斯班河分布的街景。市政厅一层有美术馆、博物馆、音乐厅等设施，见证着当地文化、艺术的繁荣发展。游客可以在每周一到周五的10点和13点参加市政厅的观光活动，注意需要预约。

建筑的式样让人感受到它悠久的历史

Queensland Museum
昆士兰博物馆

地图p.102-E

●从市政厅步行10分钟 Cnr.Grey & Melbourne Sts.,South Bank,South Brisbane ●☎ 07-3840-7555 9:30~17:00 耶稣受难节、圣诞节休息 免费（特别展览收费）

这是一座以昆士兰的自然历史为主题的博物馆。馆内借助图像和音响向观光者简明易懂地介绍超过200万件的展品。尤其恐龙中的暴龙骨骼标本不容错过。

馆内展品丰富

Botanic Gardens
植物园

地图p.102-F

●从市政厅步行10分钟 Alice St.
●☎ 07-3403-2535 24小时开放 全年无休 免费

这座植物园位于布里斯班河畔，面积广阔，达20公顷。园内有各种棕榈树、三角梅等亚热带植物，还有从红树林脚下穿过的小道。游客还可以在花园咖啡厅里休息。

提示 周一到周五的14:00植物园会免费举办导游陪同游览活动。

模仿亚热带的温室

Queensland Art Gallery
昆士兰美术馆

地图p.102-E

●从市政厅步行10分钟 Melbourne Sts.,South Brisbane ●☎ 07-3840-7303 10:00~17:00（周六、周日9:00~，澳新军团日开放至12:00） 耶稣受难节、圣诞节休息 免费（企划展收费）

紧邻昆士兰博物馆，主要藏品为澳大利亚现代美术和土著艺术品，此外还收藏了大量毕加索和雷诺阿等世界著名画家的作品。

堪称世界级的美术馆

South Bank Parklands
南岸公园

地图p.81-A

●从市政厅步行10分钟 Stanley St.,South Bank ●☎ 07-3867-2051 不同设施的开园时间不同 全年无休 门票：各个设施不同

这片综合性游乐区，在16万平方米的世博会遗址上建造，于1992年开放。除了巨大的人工沙滩，这里还有野生动物保护区、蝴蝶昆虫馆、各种餐厅等设施，是供市民休闲的重要场所。

在这里可以充分休闲娱乐

Queensland Performing Arts Centre
昆士兰表演艺术中心

地图p.102-E

●从市政厅步行15分钟 Cnr.Grey & Melbourne Sts., South Brisbane ●☎ 07-3840-7444 不同设施的开馆时间不同 圣诞节休息 门票：依表演内容而定

这里包含了3座剧场、音乐厅及昆士兰音乐学院，是布里斯班文化艺术活动的最主要场所。芭蕾、歌剧、戏剧、舞蹈、音乐会、音乐剧都在这里上演。中心内还设有餐厅等设施，在导演陪同下，还可以免费参观后台和演员休息室。

丰富多彩的活动在这里举办

Mt.Coot-tha
库塔山

地图p.81-A

●从市政厅乘公交15分钟 Mt.Coot-tha Rd., Toowong ●☎ 07-3403-2535（植物园）8:00~17:30 全年无休 免费

库塔山位于市区西侧5公里处，海拔227米。山顶有观景餐厅和咖啡店的露天座椅，游客可以一边鸟瞰莫顿湾上群岛的全景，一边品尝美食。璀璨的夜景也十分美丽。从这里步行30分钟就可以到达植物园，园里有从世界各地收集来的1000多种植物。

山顶上的观景餐厅

Newstead House
纽斯特德宅邸

地图p.81-A

●从市政厅乘公交15分钟 Newstead Park,Breakfast Creek Rd.,Newstead ●☎ 07-3252-7373 10:00~16:00 周日、节假日14:00~17:00 周六、澳新军团日、圣诞节、节礼日休息 门票：成人A$4，儿童A$2

这座宅邸是苏格兰移民在1845年建成的，是开拓初期的宅邸。建成后第二年，这里被总督收购，作为官邸使用。

Queensland Maritime Museum
昆士兰海事博物馆

地图p.81-A

展示在博物馆外的船只模型

●从中央车站乘轻轨10分钟，到秃鹰街站下车，步行5分钟 Cnr.Stanley & SidonSts., South Brisbane ●☎ 07-3844-5361 9:30~15:00 澳新军团日、圣诞节休息 门票：成人A$7，儿童A$3.50

博物馆主要展示了昆士兰州海洋技术的发展历程，馆内还陈列着船只模型。

小知识

澳新军团

澳新军团广场和澳新军团日中的“澳新军团(Anzac)”是“Australian and New Zealand Army Corporation (澳大利亚和新西兰联合军团)”的简称。因澳大利亚独立后不久参加了第一次世界大战，并于1914年组建了澳新军团。尽管损失惨重，但也取得了重要战果。澳大利亚因此登上了国际舞台，“一战”后成功加入了国际联盟。

在这里可以愉快地购物

平和闲适的街区漫步
探访传统与现代相融合的城市

在平静而又美丽的布里斯班，历史悠久的传统建筑与现代建筑并肩而立。不妨在这充满魅力的街道上体验一下吧！

布里斯班保留着大量殖民时代的古老建筑，这些建筑与现代的建筑很好地融合在一起。这座城市终年气候宜人，绿地面积广阔，购物和休闲都十分方便，这一点也是它的魅力之一。布里斯班河沿岸建有散步道和公园，是市民休息放松的场所。

商场、专卖店、电影院等设施应有尽有
皇后街购物中心
Queen ST. Mall

购物中心建有房顶，即使下雨也没关系

购物中心位于市中心皇后街的一角，占地面积大，有100多家店铺，还有餐厅、电影院等场所。此外，这里还有大型百货公司迈尔中心以及希尔顿酒店底层的冬季花园等购物区，里面的商铺众多，来此购物，绝不会空手而归。

巨大的楼梯间开阔感很强

地图p.102-E ☎ 07-3006-6200 营 9:00~17:30（各店不同） 休 澳新军团日、女王生日（Queen's Birthday） 支付卡 各店不同

在赌场里试试运气
康拉德国际宝藏俱乐部赌场
Conrad International Treasury Casino

这座建筑在维多利亚女王时期曾经是财政大厦，后改建成赌场。古典的欧式建筑内部装潢也十分豪华，这座24小时不打烊的不夜城拥有100台赌桌和1224台游戏机，规模为南半球最大。赌场旁还建有高级酒店。

法国文艺复兴时期式样的建筑

地图p.102-E ☎ 07-3306-8888 营 24小时 休 全年无休 支付卡 V M A

在河边漫步

流经市中心的布里斯班河呈现出偌大的弧线，格外壮观。河边特设了散步的小路。晴朗的日子里，经常可以看到人们慢跑、散步或是骑着自行车的身影。可以一边感受拂过河水的微风，一边享受惬意的散步！除此之外，河边还有很多公园，悠闲地享受森林浴也是个不错的选择哦！

设有自行车道

购物 shopping

巧克力

Darrell Lea Chocolate Shop
达雷尔利巧克力店

地图p.102-E
交 从市政厅站步行3分钟可以到达 ✉156 Queens St. ☎ 07-3299-4422 营9:00~22:00（周六营业至17:00，周日10:00~16:00） 休 全年无休 支付卡 V M A 预算 巧克力100g A$3.60
HP www.dlea.com.au

历史悠久的巧克力专卖店

这家巧克力专卖店的第一家店铺开设于1927年的悉尼，现在它在澳大利亚有许多家分店。店内摆放着用色彩斑斓的包装纸包好的各种口味的巧克力，按重量出售。礼盒装每盒A$7~，最适合当做小礼物送人。

礼品

Australia the Gift
澳大利亚礼品商店

地图p.102-E
交从市政厅站步行5分钟可以到达 ✉150 Queens St.Mall ☎ 07-3210-6198 营 8:30~21:00 休 耶稣受难节、圣诞节 支付卡 V M A 预算 毛绒玩具树袋熊A$7.50 HP www.australiathegift.com.au

一定可以在这里找到可爱的礼物

这里集中了澳大利亚的各种特产。有T恤、树袋熊和袋鼠的毛绒玩具、点心等，琳琅满目，光看着就已经很开心了。更让人开心的是这里的商品价位都比较合理。

珠宝首饰

Hofstays Jewellers
Hofstays珠宝店

地图p.102-C
交 从市政厅站步行4分钟可以到达 ✉Wintergarden Center Queens St.Mall ☎ 07-3229-1316
营 9:00~17:00（周六至16:00） 休 全年无休
支付卡 V M A 预算 手表A$50~
HP www.australiathegift.com.au

创业35年，值得信赖的珠宝店

这里主要出售澳大利亚本土产的蛋白石，此外还有钻石、黄金等商品。这里还有很多在国内很难买到的设计时尚的商品，而且价格往往比较便宜。不要错过机会哦！

时装

QueensPlaza
皇后广场

地图p.102-D
交 从中央车站步行10分钟可以到达 ✉ 226 Queens St. ☎ 07-3234-3900 营 9:00~17:30（周五至21:00，周六至17:00） 休 全年无休
支付卡 各店不同 HP www.queensplazashopping.com.au

现代化的时尚大厦

这座大厦位于布里斯班市中心，十分时尚。除了大型百货公司大卫·琼斯外，这里还林立着LV、蒂芙尼、万宝龙等大品牌的专卖店。这里还有兑换货币的地方。可以在这里花些时间，享受购物的乐趣。

澳大利亚风味

Vino's

维诺餐厅

地图p.102-D

英 要预约

交 从中央车站步行10分钟可以到达 ✉ Upper Level Eagle Street Pier Eagle St. ☎ 07-3221-0811 营 12:00~15:00，18:00~深夜（周六18:00开始营业） 休 周日 支付卡 V M A 预算 A$30~60 HP www.vinos.com.au

一边眺望河畔风光，一边品尝精致菜肴

这家澳大利亚风味的餐厅使用本地食材，店内的菜肴采用海鲜、羊肉等多种食材烹制，菜肴的种类也十分丰富。从店内可以看到街道、桥梁和河畔的风景，游客还可以享受到浪漫的晚餐。这里的澳大利亚红酒品种也很齐全。

海鲜

Customs House

海关餐厅

地图p.102-D

英

交从中央车站步行10分钟可以到达 ✉ 339 Queen St. ☎ 07-3365-8999 营 12:00~14:00，18:00~21:00（只有周二至周六有晚餐） 休 节假日 支付卡 V M A 预算 A$20~60 HP www.customshouse.com.au

在文化遗产中悠然地享受美食

这座科罗尼亚风格的建筑曾经作为海关大楼使用。现在这座建筑的一部分被用来举办会议、聚会和婚礼等活动，还有一部分变成了餐厅。除海鲜外，使用新鲜食材烹制的菜肴评价也很高。另外这里还配备了露天餐厅。

澳大利亚风味

River Canteen

河畔餐厅

地图p.81-A

英

交 从南岸车站步行5分钟可以到达 ✉ The Boardwalk, South Bank ☎ 07-3846-1880 营 11:30~22:00（周日从7:00开始营业） 休 全年无休 支付卡 V M A 预算 A$15~30 HP www.rivercanteen.com.au

用澳大利亚独有的肉类烹制的菜肴

餐厅位于南岸公园附近的布里斯班河畔。在这里，可以在低调宁静的氛围中，一边眺望河对岸的美景，一边品尝用袋鼠肉、小袋鼠肉等肉类烹制的菜肴。这里提供早餐、午餐和晚餐。

意大利风味

Il Centro

伊尔特罗餐厅

地图p.102-D

英 要预约

交 从中央车站步行10分钟可以到达 ✉Eagle St. pier, Broadwalk South Bank ☎ 07-3221-6090 营12:00~15:00、17:30~22:00 休全年无休 支付卡 V M A 预算 A$50~60

想要吃海鲜和意大利面就选这里

这家餐厅在当地十分有名。从店内可以望到袋鼠角，河畔的风景十分美丽，游客们可以在优雅的气氛中悠然自得地享受美食和聊天的乐趣。这里的意大利面也很不错。

海鲜

Pier Nine Restaurant

九号码头餐厅

地图p.102-D

英 要预约

交 从中央车站步行5分钟可以到达 ✉ Eagle St. Pier,1 Eagle St. ☎ 07-3226-2100 营12:00~22:00（周六从17:00开始营业） 休 节假日、圣诞节 支付卡VMA 预算 A$15~35 HP www.piernine.com.au

可享受新鲜的海鲜和河畔的美景

餐厅位于布里斯班河畔，在这里可以欣赏到河的全景。餐厅里的菜肴使用虾、

螃蟹、牡蛎、金枪鱼等当地鱼类、贝类，食材新鲜，味道独特。另外，这里还有肉类菜肴、素食和种类丰富的葡萄酒。

咖啡厅

Shingle Inn

碎石酒店

地图p.102-C

英

交 从中央车站步行4分钟可以到达 ✉ Cnr. Queen & George Sts. ☎ 07-3211-8844 营 7:30~18:30（周六9:00~17:00、周日9:00~16:00） 休 全年无休 支付卡 V M A 预算 A$10~ HP www.shingleinn.com

夺人眼球的蛋糕和饼干

这家店开设于1936年，内部设有餐厅和面包房，装饰古朴典雅。包括自制的蛋糕在内的甜点品种十分丰富，再配上这里最有名的咖啡，带给人一种不错的享受。在餐厅里还可以尝到传统的澳大利亚风味美食，牛排尤其受欢迎。

咖啡厅

Cafe Mondial

蒙迪爱尔咖啡厅

地图p.102-F

英

交 从市政厅步行10分钟可以到达 ✉167 Albert Sts. ☎ 07-3221-7165 营 6:30~22:30 休 全年无休 支付卡 VMA 预算 A$8~16

品种丰富的露天咖啡厅

这家咖啡厅从一大早一直营业到深夜，很受当地人的喜爱。尤其是到了午饭时间，这里就被周围工作的人挤得满满当当。菜单上有100多种菜品，配料丰富的帕尼尼（意大利三明治）、意大利面和海鲜等，在这里都可以轻松地品尝到。

各国风味

Jo-Jo's

乔乔斯餐厅

地图p.102-E

英

交 从中央车站步行5分钟可以到达 ✉ 1st Floor,Cnr. Queen St Mall & Albert Sts. ☎ 07-3221-2113 营10:30~21:30（周五、周六8:00开始营业） 休 全年无休 支付卡 V M A 预算 A$20~ HP www.jojos.com.au

在这里可以轻松地选到自己喜欢的食物

用海鲜和肉类等食材烹制的烤菜、地中海风味、泰国菜、比萨、甜品……菜单上菜肴的种类十分丰富。不论是谁都可以选到、吃到自己喜爱的美食，因此这家店很适合一群人一起去。

咖啡厅

Pig'n' Whistle

小猪口哨

地图p.102-D

英

交 从中央车站步行4分钟可以到达 ✉Queen Street Mall 120 ☎ 07-3229-9999 营 24小时 休 全年无休 支付卡 V M A 预算 A$6~40

24小时营业的美式酒吧

可爱的小猪形象是这家咖啡厅的标志。这家咖啡厅位于城市的中心地带，是聚会的好地方。A$20.50的吉尼斯黑啤酒馅饼、A$21.90的印度咖喱等，菜单上的食物种类十分丰富，可以满足食客的各种需求。店里还出售葡萄酒和鸡尾酒。

布里斯班 ★★★★★

Conrad Treasury Brisbane

地图p.102-E

康拉德宝藏酒店

附设赌场的豪华酒店

这家酒店过去曾经是财政部和国土局的办公大楼，建筑样式为法国文艺复兴时期的样式，并因附设高级赌场而闻名。酒店内全部为维多利亚风格，时尚感与古香古色相融合，使酒店充满了优雅的气氛。酒店里有澳大利亚风味的餐厅，也有结合多国风味的餐厅。

交 从中央车站步行10分钟即可到达 A$ A$250~ 客房数 130间 ☎ 07-3306-8888 FAX 07-3306-8880 ✉ 130 William St. HP www.conradhotels.com

布里斯班 ★★★★

Sofitel Brisbane Central

地图p.102-C

索菲特布里斯班酒店

位于火车站之上，交通最为便利

酒店与中央车站直接连接，内有410间客房，不论对于商务还是对于观光，都十分便捷。客房的装修风格简洁，从窗口可以俯视市区的高层建筑。位于酒店最高层30层的餐厅因海鲜和美丽的夜景而闻名。每天的演出也十分受欢迎。

交 从中央车站步行1分钟即可到达
A$ A$250~
客房数 410间
☎ 07-3835-3535
FAX 07-3835-4960
✉ 249 Turbot St.
HP www.sofitel.com

布里斯班 ★★★

Hilton Brisbane

地图p.102-C

希尔顿酒店

设施齐全的现代化高层酒店

酒店位于布里斯班的市中心，是一座现代化的25层高层建筑。通风处的中庭大堂已经成了市内的一大景点。酒店设有3层的购物拱廊街，从321间客房内可以将市内的街景一览无余。室外还有温水泳池和铺着人工草坪的网球场等设施。游戏厅也十分高级。

交 从中央车站步行6分钟即可到达
A$ A$230~ 客房数 321间
☎ 07-3231-3131
FAX 07-3231-3199 ✉ 190 Elizabeth St.
HP www.hilton.com

布里斯班 ★★★★

Brisbane Marriott Hotel

地图p.102-D

布里斯班万豪酒店

能够欣赏布里斯班河和街景的舒适酒店

酒店位于皇后街，可以俯瞰布里斯班河的美景。酒店周围环境很安静，同时购物和观光也很方便，内部健身房、泳池等运动设施齐全。

交 从中央车站步行15分钟即可到达 A$ A$235~ 客房数 267间 ☎ 07-3303-8000 FAX 07-3303-8088 ✉ 515 Queen St. HP www.mariott.com

布里斯班 ★★★

Novotel Brisbane

地图p.102-C

诺富特布里斯班酒店

能够欣赏布里斯班河和街景的舒适酒店

酒店位于市中心，距离中央车站很近，周围的购物中心和休闲设施都在步行可以走到的范围内。所有客房都经过了重新装修，游客们可以在这里享受舒适的时光。

交 从中央车站步行3分钟 A$ A$166~ 客房数 267间 ☎ 07-3309-3309 FAX 07-3309-3308 ✉ 200 Creek St. HP www.novotelbrisbane.com

一步之遥
from Brisbane

这里是世界著名的树袋熊保护区。在这里，可以和憨态可掬的树袋熊亲密接触。

近距离感受树袋熊

龙柏树袋熊保护区

Lone Pine Koala Sanctuary

保护区位于布里斯班市西南约12公里的无花果树区（Fig Tree Pocket），建于1927年，是全澳大利亚历史最悠久，也是全球最大的树袋熊保护区。这里生活着130多只树袋熊，在这里，游客可以从全长150米、高5米的散步道上观看树袋熊，也可以抱着树袋熊留下纪念照（收费），可以充分体验到与树袋熊近距离接触的魅力。除此之外，游客还可以给袋鼠和鸸鹋喂食。

树袋熊知多少

树袋熊憨态可掬的样子让人印象深刻，它不仅是澳大利亚的国宝，也是世界珍稀动物。树袋熊栖息在澳大利亚东部的桉树林中，由于它是夜行性动物，在保护区和动物园之外的地方很难见到树袋熊的身影。树袋熊身长约60~80厘米，体重7~8千克，属有袋目。树袋熊的寿命约为15年，其中绝大部分时间都在树上度过。

习惯了与人接近的袋鼠

全长150米的散步道

前往龙柏树袋熊保护区可以乘坐公交车

从市政厅坐公交车，需约45分钟可以到达

莫顿岛是从上古时代开始，由沙子逐渐沉积而成的岛屿。整个岛屿被列为国家公园，岛内有森林、湖泊、沙丘，在这里可以充分感受到大自然的魅力。

世界第三大沙岛

莫顿岛

地图p.7-H

Moreton Island

莫顿岛位于布里斯班市东部约40公里的海域内，坐渡轮大约需要75分钟。莫顿岛是世界第三大沙岛，岛上最著名的莫过于其丰富的自然景观，在广阔的沙滩上可以乘坐四轮驱动车进行冒险之旅或是滑沙，在潜水点周围浮潜或潜水或游泳……总之在这里可以充分享受海岛运动的乐趣。这里有名的活动还有近距离地观察野生海豚。到了傍晚时分，栈桥旁边就会出现海豚可爱的身影，并不时向人们靠过来索要食物。

预约住宿可联系Tangalooma Wild Dolphin Resort（☎07-3637-2000）

观光自选

莫顿岛是可以给野生海豚喂食的仅有的几个地点之一。海豚喂食之旅的内容包括在白天乘坐四轮驱动车在岛上兜风、在沙丘上滑沙，充分享受海岛运动的乐趣，而到了傍晚就可以和海豚见面，内容十分丰富，玩一整天都不会感到厌烦。

在傍晚时分，到伸向海面的栈桥上去，就可以看到聚集过来的海豚了。只要把拿着鱼的手伸出去，海豚就会毫不惧怕地凑过来，直接从人们手中要鱼饵吃。不过，观光的人不可以摸海豚，这一点要特别注意。在岛上的海豚教育中心里，还能看到喜欢接近人类的几只海豚的名字、性格等信息。

海豚在友好地和游人问好

岛上的自然景观保持了原有的风貌，在这里可以看到很多珍稀的动植物品种

前往莫顿岛可以乘坐高速渡轮

从霍尔特街码头的Tangalooma Launch Departure Point乘坐快艇，需约75分钟可以到达。快艇每天发3~4班。

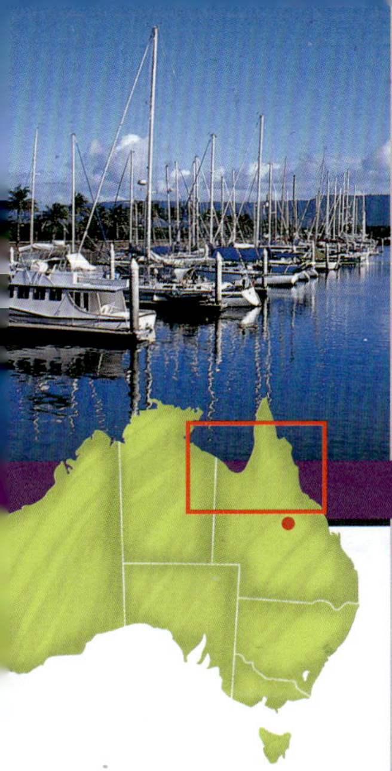

凯恩斯

CAIRNS

交通

●从中国乘飞机去凯恩斯

从香港国际机场乘坐直达航班需要约7小时15分钟。也可以从北京首都国际机场或上海浦东国际机场乘坐直达悉尼的航班，然后再转机至凯恩斯。

●从澳大利亚主要城市到凯恩斯

从悉尼乘飞机3小时

从布里斯班乘飞机2小时15分

从墨尔本乘飞机3小时20分

从珀斯乘飞机6小时5分

凯恩斯是个什么样的地方？

about GOLD COAST

景点概况

1876年，凯恩斯近郊的一座金矿被挖掘出来，从此凯恩斯作为澳大利亚的重要门户对外开放。当时的凯恩斯凭借开采金矿和种植甘蔗迅速崛起，如今已成为通往大堡礁各岛的重要门户。这座城市规模不大，景色宜人，色泽鲜艳的热带植物和殖民地风格的建筑彰显热带城市的风情。城市周边分布着热带雨林和农庄，风景秀美，气氛悠然。

Highlight

亮点

凯恩斯的中心地带位于从海洋沿岸的滨海大道到凯恩斯站之间的约1公里的地带。在这片地区聚集着土特产商店、餐厅、酒店等建筑。从滨海大道到沿海岸线而建的码头大街一带是凯恩斯的发源地。棕榈树为这座城市营造出度假村的氛围。城市广场周围是繁华的购物区。马林栈桥是前往大堡礁的游轮出港之地。凯恩斯西北部的郊外有库兰达小镇，西南部为阿瑟顿高原。

凯恩斯的气候 ▶ 终年气候温暖，雨季和干季的差别十分明显。雨季为夏季的11月~翌年4月，干季为冬季的5月~10月。年平均最高气温为31.4摄氏度，最低气温为17摄氏度。

凯恩斯的美食 ▶ 凯恩斯最主要的美食是海鲜。只有在度假村才能品尝到各国风味的美食。

凯恩斯的特产 ▶ 大多是原住民的民间工艺品和富有乡土特色的土特产。也有以度假区和海洋为主题的小物件。

凯恩斯的庆典和活动 ▶ 在7月，凯恩斯会举办包括移动游乐园和剪羊毛表演在内的凯恩斯嘉年华，到9月还有凯恩斯节。

观光咨询处
Visitor Information Centre

地图p.115-F ✉51 The Esplanade
营 8:30~18:30（周五、周六至13:30）
休 全年无休

凯恩斯
Cairns
0 200m
凯恩斯科罗尼亚俱乐部度假村 p.127
Cairns Colonia Club Resort
凯恩斯国际机场 p.127
Tropic Towers Apartments
凯恩斯滨海美居酒店 p.127
Mercure Hotel Harbourside
181滨海艺术中心
181 The Esplanade
Grove St.
Esplanade St.
Pioneer Cemetery
凯恩斯高中
Cairns State High School
凯恩斯基地医院
Cairns Base Hospital
凯恩斯港
Cairns Harbour
库兰达铁路
Kuranda Railway
Martyn St.
瑞吉斯海滨度假酒店 p.127
Rydges Esplanade
Upward St.
卡尔弗里医院
Calvary Hospital
凯恩斯四季阳光大厦酒店 p.127
All Seasons Sunshine Tower Cairns
Water St.
麦克劳德街
谢里登街
Sheridan St.
滨海大道
莱克街
阿伯特街
Minnie St.
马丁门罗公园
Munroe Martin Park
McLeod St.
Lake St.
Abbott St.
格拉夫顿街
Grafton St.
瑞吉贸易风酒店 p.127
Rydges Tradewinds
凯恩斯假日酒店 p.126
Holiday Inn Cairns
Florence St.
文娱中心
Civic Centre
凯恩斯诺富特绿洲度假村 p.126
Novotel Cairns Oasis Resort
埃弗特蛋白石专卖店 p.123
Evert Opals
p.124 兄弟餐厅
Adelfia
p.125 罗马别墅餐厅
Villa Romana Torattoria
滨海大道
The Esplanade p.116
海德拉巴餐厅 p.124
Rattle 'N' Hum
旅游局
夜市
Night Markets
p.122 水花飞溅
Splash Splash
Aplin St.
塔卡潜水用品店
Taka Dive
巴纳克·比尔餐厅 p.124
Barnacle Bill's Seafood Inn
图书馆
Library
市政府
City Council
p.122 翻车鱼
Sunfish
城市广场
City Place
你好，意大利餐厅 p.124
Ciao Italia Donninis
p.116 凯恩斯市中心
Cairns Central
p.118 凯恩斯博物馆
Cairns Museum
p.125 卡尼餐厅
Kani's Restaurant
在海滩 p.122
On the Beach
凯恩斯站
Cairns Sta.
希尔兹街
Shields St.
码头市场 p.116
The Pier Marketplace
p.125 红奥卡烤肉店
Red Ochre Grill
p.123 必酷凯恩斯店
Bico In Cairns
法院
Court
凯恩斯区画廊 p.116
Cairns Regional Gallery
去往格林岛
p.123 这是极限
It's Extreme
兰花广场
Orchid Plaza
凯恩斯香格里拉大酒店 p.127
Shangri-La Hotel The Marina Cairns
p.127 瑞吉斯广场酒店
Rydges Plaza Cairns
Spence St.
DFS
DFS
艺术和设计 p.122
Done Art & Design
p.125 食通天海鲜馆
Cafe China
马林栈桥
Marlin Jetty
Bunda St.
p.125 邓迪餐厅
Dundee's Restaurant
希尔顿酒店 p.126
Cairns Hilton
北昆士兰热带旅游协会
Cairns Tourism Tropical North Queensland
凯恩斯企业塔
Cairns Corporate Tower
大冒险
Great Adventures
邮局
Hartley St.
索菲特堡礁酒店 p.126
Sofitel Reef Hotel Casino
p.123 扒在礁石
Bonz on the Reef
凯恩斯穹顶野生动物园 p.118
Cairns Wildlife Dome
会议中心
Convention Centre
葡萄酒天堂 p.122
Wine Paradise
Wharf St.
Kenny St.
沃夫街
三一码头（长途巴士总站）
Trinity Wharf
三一湾
Trinity Inlet
凯恩斯斯贝尔酒店 p.126
The Sebel Cairns
帕帝蓝宝石 p.123
Parti Sapphires
朝向布里斯班

自由之行 enjoy Freetime

所需时间 约 3小时

浓郁的殖民地风格的建筑和棕榈树是凯恩斯的象征。这座城市整体悠闲宁静，并散发着热带城市的气息。城市中心地区不大，可以悠闲地散步。郊外则有很多旅游景点，如库兰达小镇和阿瑟顿高原，喜欢被热带雨林包围的大自然的游客一定会喜欢这两个地方。也可以搭乘库兰达观光列车享受一段恬静之旅。

在凯恩斯站旁边，有很多各具特色的店铺

在城市广场的附近。殖民地风格的外观格外引人注目

面朝希尔兹街边的画廊、咖啡店，可以在这里稍作休息

POINT

从库兰达观光列车的起始点凯恩斯站漫步到滨海大道是观光这座城市的好方法。凯恩斯中心商场是当地的购物中心，很多本地人都会到这里购物。既可以选择从凯恩斯博物馆直接穿过希尔兹街到码头市场，也可以绕道到旁边的斯彭斯街去逛逛。

START
凯恩斯站
凯恩斯中心商场
▼步行10分钟
凯恩斯博物馆
▼步行10分钟
凯恩斯区画廊
▼步行3分钟
码头市场
▼步行10分钟
滨海大道

在海边的咖啡厅里可以一边眺望马林栈桥，一边享受优雅的下午茶时间

餐厅、土特产商店鳞次栉比，一派繁华景象

OP自助游

凯恩斯的景点主要分布在靠山一侧的郊外和沿海附近。尤其是在海边有很多前往大堡礁的游轮，去一趟绝对让人流连忘返。靠山一侧的观光比较花时间，而前往格林岛的游轮之旅只需半天时间，时间上比较容易安排。也可以将市区内的散步和岛屿的游览安排在一天度过。

Sports & Activity 体育活动 休闲娱乐

◆垂钓

在热带雨林中钓鱼的感觉与海钓有所不同。在这里既可以在河口钓鱼，也可以在河岸钓鱼，可以钓到石鲈等鱼类。如果钓具和鱼饵已经准备好了，可以轻松参加。

问 Fishing The Thopics
☎ 07-4058-1820
营 每日 7:30、13:00出发 所需时间30分钟
A$ A$95~

◆热气球

在天刚蒙蒙亮的时候，从位于库兰达小镇西部的马里巴出发。如果手拿双筒望远镜的话，就可以看到被日出染红的瑰丽景色了。然后热气球会在热带雨林的上方悠然飞过。着陆后还可以享用有香槟的早餐。搭乘时间有30分钟和60分钟两种选择。

问 Hot Air Cairns
☎ 07-4039-9900
休 圣诞节、年初休息
营 4:00出发 所需时间5小时
A$ 30分钟 A$190~

◆骑马

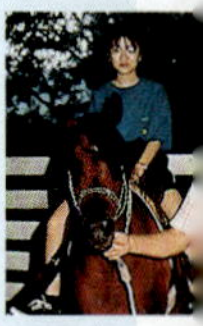

骑马项目在凯恩斯北部的棕榈湾。即使是没有骑马经验的人在经过简单地指导后也可以立刻学会。骑马时要带着安全头盔。骑着马在热带雨林和高原散步，从山丘上俯视海边的感觉十分爽快。在骑马2小时后，还可享用丰富的每餐。

问 Blazing Saddles
☎ 07-4039-9099
营 8:30、13:00出发
A$ A$105

轻松之旅 Tour

这是与热带雨林编织成的大自然和传统的原住民文化近距离接触的好机会。凯恩斯周边清爽而又充满异域风情，大堡礁景致缤纷多彩。

库兰达小镇观光
Kuranda

乘坐缆车一边眺望脚下的热带雨林，一边向库兰达前进吧。在途中还可以在动物园乘坐水陆两用车享受巡游的乐趣。而归途中则可以乘坐高原列车，充分欣赏大自然的美景。

出发日期 每天　出发时间 9:00
所需时间 8小时15分　费　用 A$150
集合地点 在主要酒店接送
咨　询 Mighty Aussie Adventure
☎1800-444-154

帕罗纳拉公园夜之旅
Night Paronella Park Tour

这里的西班牙风格古堡因和动画片《天空之城》中的城堡有着相似的氛围而成为人们讨论的话题。在这里可以观光内部有瀑布和吊桥的庭院，晚上还可以观赏灯光照射下的古堡。

出发日期 周二、周三、周五、周日
所需时间 6小时　出发时间 15:30
集合地点 在主要酒店接送　费　用 A$135
咨　询 Mighty Aussie Adventure
☎1800-444-154

考验角和莫斯曼峡谷之旅
Cape Tribulatin and Mossman Gorge Tour

这趟旅行将会拜访丹特里国家公园和考验角。在丹特里河上巡游时还有机会碰到栖息在热带雨林中的鳄鱼，从瞭望台上可以眺望壮观的热带雨林。旅行附赠午餐。还能在天然的水池中游泳。

出发日期 每天　出发时间 8:15
所需时间 9小时15分　费　用 A$157
导游语言 英语
集合地点 在主要酒店接送
咨　询 Reef and Rainforest Connections
☎ 07-4305-5566

内陆和阿瑟顿高原
Outback&Atherton Tablelands

高原上美丽的瀑布

内陆和阿瑟顿高原位于凯恩斯的西南部。可观赏在丰富的降雨和火山活动下形成的瀑布、湖泊以及植物，在内陆吃烧烤，在湖面上乘船游览，这些活动都充满了乐趣。

出发日期 周一、周四、周六　出发时间 7:30
所需时间 10小时　费　用 A$145
导游语言 英语
集合地点 在主要酒店接送
咨　询 Tropic Wings ☎ 07-4041-9440

从凯恩斯出发 ▶ 前往大堡礁

外堡礁巡游
Outer Barrier Reef Cruise

首先乘快艇向大堡礁最北端的外堡礁进发，在那里与翡翠绿色的海水中的彩色热带鱼和海龟等动物碰面吧！

出发日期 每天　出发时间 9:30
所需时间 7小时　费　用 A$202
导游语言 英语
集合地点 在主要酒店接送（收费）
咨　询 Quicksliver
☎ 07-4087-2100

米迦勒/乌波卢岛巡游
Michaelmas/Upolu Cay Cruise

前往野鸟栖息的无人岛充分感受自然的魅力吧。在船内可以透过船底欣赏海面下的自然景观，也可以欣赏乐队的现场演唱。

出发日期 每天　出发时间 7:30
所需时间 9小时　费　用 A$175
导游语言 英语
集合地点 在主要酒店接送
咨　询 Ocean Spirit Crusises
☎ 07-4031-2920

格林岛一日游
Green Island

格林岛是大堡礁中离凯恩斯最近的珊瑚岛，可以一日来回。步行1个小时就可以绕岛一圈。一日游附有付费自助午餐。

出发日期 每天　出发时间 9:00
所需时间 8小时　费　用 A$73
导游语言 英语
集合地点 珊瑚礁舰队码头
咨　询 Big Cat Green Island Cruises
☎ 07-4051-0444

Cairns Museum
凯恩斯博物馆

地图p.115-D

●位于城市广场旁边 Cnr. Shields & Lake Sts. ●☎ 07-4051-5582 10:00~16:00（周三、周四、周六开放至15:00）周日、节假日休息
门票：成人A$5，儿童A$2

这座博物馆在100多年前曾是一所艺术学校，如今已成为传承凯恩斯历史的基地。博物馆从原住民时期历史，早期移民生活，木材、矿业、农业发展等方面对凯恩斯过去和现在进行了详细的展示和介绍。

详细地展示了凯恩斯发展的轨迹

Tjapukai Aboriginal Cultural Park
查普凯土著文化园

地图p.114-A

●从城市广场驾车20分钟 ●☎07-4042-9900 9:00~17:00 圣诞节、元旦休息 门票：成人A$33，儿童A$16.50

这座主题公园用全息影像、表演等丰富多样的形式介绍了有4万多年历史的原住民文化和历史。以居住在凯恩斯周边的查普凯土著的传统舞蹈为开场，将全息影像和动画结合在一起的表演、迪吉里杜管的吹奏等，看点有很多。

热情洋溢的土著舞蹈

Flecker Botanic Gardens
弗列科植物园

地图p.114-A

●从城市广场驾车15分钟 8 Collins Ave.,Edge Hill ●☎ 07-4044-3398 7:30~17:30（周六、周日、节假日从8:30开始）圣诞节、元旦休息 免费开放

植物园内，热带独特的棕榈树和蕨类植物非常茂密。在此一边欣赏色彩斑斓的花卉和热带植物，一边散步，不亦乐乎。园内铺设有散步道。

郁郁葱葱的热带植物

Cairns Tropical Zoo
凯恩斯热带动物园

地图p.114-A

●从城市广场驾车20分钟 Captain Cook Hwy.,Palm Cove ●☎ 07-4055-3669 8:30~17:00 圣诞节休息 门票：成人A$28，儿童A$14

在这个动物园里，游客有很多与动物近距离接触的机会，例如，抱着树袋熊拍摄纪念照、给袋鼠喂食、观看青蛙和鹦鹉等动物的表演等。饲养员用手直接给鳄鱼喂食的惊险表演也值得一看。在夜晚，还可以观察夜行性动物。

习惯了与人亲近的动物

Cairns Wildlife Dome
凯恩斯穹顶野生动物园

地图p.115-F

●从城市广场步行8分钟 35-41 Wharf St. ●☎ 07-4031-7250 9:00~18:00（周日、节假日营业至17:00）圣诞节休息 门票：成人A$22，儿童A$11

即使下雨也不用担心

这座野生动物园位于堡礁酒店赌场内，是一座模拟热带雨林而建的室内动物园。南国的鸟类在园内自由飞翔，还有树袋熊和蛇等动物生活在这里。这里还有导游陪同。

小知识

鳄鱼

鳄鱼是目前活着的体型很大的一种爬行动物。在澳大利亚，鳄鱼栖息在卡卡杜国家公园等北部一带的水域。主要有体长5米左右、性情凶猛的湾鳄和体长3米左右、性情较温和的淡水鳄两种。

鲨鱼

澳大利亚东南部的冷水海域是电影《大白鲨》的原型大白鲨栖息的场所。事实上，大白鲨袭击人类的情况很少出现，而且目前它们的数量急剧减少，现在保护大白鲨的运动正在逐渐展开。

一步之遥
from Cairns

此处距离凯恩斯很近，一日便可来回。这里仿佛是由绿色的热带雨林、白色的沙滩和蓝色的大海构成的另一个世界。此外，这里还有色彩缤纷的珊瑚和美丽动人的热带鱼。

完全由珊瑚礁形成的海岛
格林岛
地图 p.114-B

Green Island

可乘高速双体船前往格林岛

格林岛位于凯恩斯东北约27公里处，被划为国家公园。这里很小，周长约为1.6公里，只需30分钟就能绕岛一周。然而，这小小的岛屿却有着“大堡礁的宝石”之美称。在这里可以体验水肺潜水、浮潜，还可以乘坐玻璃底船和潜水艇。岛上也建有全套房酒店。

由珊瑚礁形成的岛屿

格林岛是由珊瑚礁形成的岛屿，经过了6000年的岁月才成为今天的模样。珊瑚体积不断增大直至露出海面，在露出海面的部分，鸟类和海浪带来的种子生根发芽，逐渐形成了岛屿。这是一座完全由珊瑚构成的岛屿，光这一点就足以让人好奇了。而在这里，色彩斑斓的鱼类还会从身边游过，也十分有趣。

前往格林岛可以乘坐客船。
从凯恩斯乘坐高速客船约45分钟可以到达。

树荫下的桌椅让游客可以在开放的环境中放松身心

选项丰富的体验活动

浮潜

浮潜时可以清楚地看到海底的珊瑚和鱼群，甚至还有机会碰到海龟。

半潜艇

在半潜艇上可以从很近的距离观赏珊瑚和鱼群。即使是不会游泳的人也可以放心地观赏。

滑翔伞

从几十米高的空中俯瞰格林岛、珊瑚礁和海面，如同在空中散步一般，十分尽兴。

位于热带雨林入口处美丽的高原小镇
库兰达
Kuranda

地图p.114-A

在被丰饶的大自然包围的小镇库兰达，可以欣赏葱郁繁密的热带雨林、各种动植物，在小镇上还有许多土特产和艺术品商店。

库兰达集市上各具特色的店铺

库兰达是位于凯恩斯西北约39公里、海拔约500米处的高原小镇。过去，这里是一个作为木材运输的枢纽而发展起来的小村庄，人口仅700人左右，而现在已成为最受欢迎的观光景点。小镇的名字“库兰达”是这里的原住民语言“热带雨林中的城镇”的意思。

从库兰达列车和缆车上都可以欣赏到极美丽的风景，而鸟世界、澳大利亚蝴蝶保护区、考拉园也同样不容错过。从船上欣赏热带雨林美景的巡游也很受游客喜爱。库兰达每天都有集市，同样值得一去。

库兰达列车上的乘务员

怎么去库兰达小镇

库兰达观光列车 Kuranda Scenic Railway

列车复古式的车身令人印象深刻。单程车票为A$41。从凯恩斯站发车，每天两班，分别于8:30和9:30发车。全程需要1小时45分钟。

空中缆车 Skyrail

乘坐空中缆车需要到位于凯恩斯郊外的史密斯菲尔德。缆车索道全长约7.5公里。单程票为A$41（往返票A$59）。全程需要约50分钟。

在库兰达，游客可以充分体验被列为世界文化遗产的丰茂的大自然的魅力

鸟世界

Birdworld Kuranda

地图p.114-A

在这里可以见到凤头鹦鹉、鹈鹕等栖息在澳大利亚的56种鸟类以及世界其他珍稀鸟类。给在宽敞的鸟笼中自由飞翔的鸟类喂食也十分有意思。

☒Heritage Markets ☎ 07-4093-9188
营 9:00~16:00 休 圣诞节 A$ 成人A$16，儿童A$8

库兰达考拉公园

Kuranda Koala Garden

地图 p.114-A

在这里除了可以抱着可爱的考拉，还可以给放养的袋鼠喂食。园中还有鳄鱼、蛇和蜥蜴等爬行动物。

☒Heritage Markets ☎07-4093-9953
营9:00~16:00 休 全年无休 A$成人A$16，儿童A$8

推荐项目

热带雨林巡游

Rainforest Cruises

地图p.114-A

小船在河上缓缓前进

小船从位于库兰达站旁边的起点出发，顺流而下，大约要花费45分钟。在船上看到的热带雨林近在眼前，十分具有冲击力。出发时间写在起点入口处。费用为A$14。

热带雨林自然公园

Rainforestation

地图p.114-A

乘坐六轮驱动的水陆两用军车游热带雨林、欣赏土著舞蹈、扔回飞镖等丰富多彩的活动都可以在这里体验到。野生动物园里还饲养着袋貂、小袋鼠等动物。

☒86 Kennedy Hwy. ☎07-4085-5008
营 9:00~16:00 休 全年无休 A$ 成人A$17，儿童A$8.50

可以近距离观察色彩鲜艳的鸟类来回飞行的样子

澳大利亚蝴蝶保护区

Kuranda Butterfly Sanctuary

地图p.114-A

在这座澳大利亚最大的蝴蝶保护区内，约有1500种蝴蝶。园区内保持了原有的自然环境，生长着茂密的热带植物。从10:00到16:00每隔小时都会有专家进行讲解。

还可以见到罕见的蝴蝶品种

☒8 Rob Veivers Dr. ☎ 07-4093-7575 营 9:45~16:00 休 全年无休 A$ 成人A$17，小孩A$8.50

购 物 信 息

据说库兰达是一个由艺术家们聚集在一起形成的小镇。在库兰达的集市上出售的商品很多都是手工制作的，有用从近郊挖掘出来的矿石制成的首饰和五花八门的T恤等。也有专门出售土著的回飞镖和迪吉里杜管的商店，是选购土特产的好地方。

店内有很多独特的商品

美 食 信 息

在库兰达有几家非常不错的特色餐厅，有的出售用袋鼠、鸸鹋和鳄鱼肉做成的香肠，有的店家用菠萝等热带水果自制的冰激凌也很受欢迎。库兰达的蜂蜜和糖果还是很好的小礼物。

水果冰激凌最有人气

特产

Sunfish

翻车鱼

地图p.115-C

交从凯恩斯站步行1分钟可达 ✉Cairns Central Shoping Centre,Cairns Station ☎07-4041-0911 营9:00~18:00（周四营业至21:00，周日10:30~15:30） 休 全年无休 支付卡 V M A 预算 巧克力A$3.45~

轻轻松松挑选土特产

店内出售明信片、钥匙扣、玩偶、巧克力、服装等，还有澳大利亚的各种土特产，而且大部分商品都比别的地方价格低。蛋白石等珠宝也可以在这里用比专卖店更便宜的价格买到。这家店在凯恩斯市内还有两家分店。

泳装

On the Beach

在海滩

地图p.115-D

交从凯恩斯站步行20分钟 ✉Shop 53,The Pier Market Place ☎ 07-4031-1313 营 9:00~18:00（周日10:00~） 休 全年无休 支付卡 V M A 预算比基尼A$40~

时尚、可爱的泳装

这里的比基尼泳装样式丰富，尺寸齐全，十分符合澳大利亚度假区的风格，在这里一定可以找到适合自己的泳装。同时，还可以选择合适的休闲包和拖鞋进行整体搭配。

泳装

Splish Splash

水花飞溅

地图p.115-C

交凯恩斯站附近 ✉Cairns Central Shopping Centre Mcleod St. ☎ 07-4041-1755 营9:00~17:30（周四营业至21:00，周日、节假日10:00~16:00） 休 全年无休 支付卡 V M A 预算 A$30~ HP www.splishsplashswimwear.com.au

一定可以在这里找到喜爱的泳装

这家泳装专卖店主要出售澳大利亚国内厂商生产的泳装，品种十分丰富。色彩鲜艳的泳装和在别处难得一见、设计独特的泳装都可以在这里买到。这里不仅有女士泳装，还出售男士泳裤和儿童泳衣。

澳大利亚葡萄酒

Wine Paradise

葡萄酒天堂

地图p.115-F

交 从城市广场步行10分钟 ✉51 Abbott St. ☎ 07-4041-6844 营 13:00~22:00 休 全年无休 支付卡 V M A 预算 A$30~

出售200多种葡萄酒的葡萄酒专卖店

这家商店出售澳大利亚各地的葡萄酒。从价格实惠的餐酒到高价的醇酒，种类十分丰富。店内允许试饮，不妨带几瓶自己喜爱的葡萄酒吧！

艺术品·收藏品

Done Art & Design

艺术和设计

地图p.115-F

交 从凯恩斯站步行17分钟 ✉4 Spence St. ☎07-4031-5592 营 10:00~22:00（周日12:00~20:30） 休 全年无休 支付卡 V M A 预算 T恤A$3.45

灵活运用色彩丰富的图案

这里出售澳大利亚的代表画家的独创作品。使用了流行风格图案的商品同样很有

品位，是游客们钟情的礼品。从T恤和Polo衫等服装到马克杯、方巾等杂货，一应俱全，应有尽有。

蛋白石

Evert Opals

埃弗特蛋白石专卖店

地图p.115-D

交 从城市广场步行10分钟 ✉ 85 The Esplana de ☎ 07-4041-3466 营 11:30~22:00 休 全年无休 支付卡 V M A 预算 A$500~ HP www.evertopals.net

在这里可以用蛋白石定做喜欢的首饰

这家店专门出售从澳大利亚全国采集而来的蛋白石。戒指、项链、耳环、坠饰、胸针等各种首饰琳琅满目，设计式样也十分丰富。同时，店内还有未经过加工的原石，客人可以自己挑选蛋白石定做首饰。

饰品

Bico In Cairns

必酷凯恩斯店

地图p.115-D

交 从凯恩斯站步行16分钟 ✉ Shop A,36 Abbott St. ☎ 07-4052-1037 营 11:00~22:30 休 全年无休 支付卡 V M A 预算 首饰A$14~

在年轻人当中拥有超高人气的品牌

这个品牌的饰品在全世界都受到年轻人的喜爱。饰品以冲浪、原住民文化、希腊神话等为主题进行设计，种类达300多种。再加上价位合理，很方便与休闲风格的服装搭配，适合平时穿着。

毛衣

Bonz on the Reef

扒在礁石

地图p.115-F

交从凯恩斯站步行10分钟 ✉ Cnr.Lake & Spence Sts. ☎ 07-4031-4165 营13:00~22:00 休 圣诞节 支付卡 V M A 预算 高档毛衫A$400~

非常舒适的手工编织毛衣

这里采用澳大利亚最顶级的毛线编织成的毛衣和开襟羊毛衫深受好评。除皮夹克外，图案漂亮的100%纯羊毛毛衣的保暖性能绝佳。从大人的毛衣到小孩的毛衣，一应俱全。

户外用品

It's Extreme

这是极限

地图p.115-E

交 从凯恩斯站步行11分钟 ✉ 32 Spence St. ☎ 07-4051-0344 营 9:00~19:00（周六营业至17:00、周日10:30~15:30） 休 全年无休 支付卡 V M A 预算 T恤A$10~

实用齐全的户外装品牌

这里主要经营巴塔哥尼亚、哥伦比亚以及哈雷•汉森等知名品牌的户外装。衬衫、派克大衣等式样的服装中，也有很多看起来很适合小镇生活的式样。帆布背包、拖鞋和太阳镜等物品也应有尽有。

珠宝首饰

Parti Sapphires

帕蒂蓝宝石

地图p.115-F

交 从凯恩斯站步行11分钟 ✉ Shop1,Cnr Lake & Spence St. ☎ 07-4051-6437 营 14:30~22:00 休 全年无休 支付卡 V M A 预算 蓝宝石A$550~

变色的独特蓝宝石很受欢迎

这家珠宝店主要经营澳大利亚原产的蓝宝石。其中，夹杂着黄色和绿色的大堡礁蓝宝石由于在一块石头上可以看到岩石的变化，因而最受青睐。蓝宝石的设计多种多样，价格也有所不同，可以请店员推荐看看。

各国风味

Rattle'N'Hum

海德拉巴餐厅

地图p.115-D

英

交 从凯恩斯站步行15分钟可以到达 ✉67 The Esplanade ☎ 07-4031-3011 营 11:30~24:00 休 全年无休 支付卡 V M A 预算 A$6~

快餐正餐，快慢随心

这是一家气氛很轻松的酒吧餐厅。

无论是三明治、意大利面一类的快餐，还是牛排、烤肉之类的大分量正餐，这家店里都应有尽有。店门前有烤炉，可以看到比萨的烤制过程。

希腊风味

Adelfia

兄弟餐厅

地图p.115-C

英

交 从凯恩斯站步行7分钟可以到达 ✉Cur. Aplin&Grafton St. ☎ 07-4041-1500 营（周六、周日从17:00开始营业） 休 全年无休 支付卡 V M A 预算 A$20~ HP http://www.adelfiagreektaverna.com

非常正宗的希腊特色美食

这是一家使用橄榄油和新鲜的香草烹制美味的正宗希腊美食店。除烤羊肉串和希腊红鱼子泥沙拉外，大分量的海鲜拼盘和海鲜意面也很受欢迎。对于想把代表性的美食品尝个遍的顾客来说，套菜也是个不错的选择。晚上在这里还能欣赏到现场演奏的希腊音乐。

意大利风味

Ciao Italia-Donninis

你好，意大利Donninis餐厅

地图p.115-D

英

交 从凯恩斯站步行20分钟可以到达 ✉ Shop 7,2F,The Pier Marketplace ☎ 07-4051-1133 营 11:30~22:00 休 圣诞节 支付卡 V M A 预算 A$15~25

海鲜足量的意大利美食最受欢迎

这家店位于购物中心2层，是一家气氛轻松的餐厅。在这里可以品尝到用大量新鲜的虾和贻贝烹制的意大利面、地中海风味的沙拉、突出食材原有风味的海鲜烧烤等美食。用烤炉烤出的意大利佛卡恰面包和比萨也很受好评。

海鲜

Barnacle Bill's Seafood Inn

巴纳克•比尔餐厅

地图p.115-D

英

交 从凯恩斯站步行10分钟可以到达 ✉103 The Esplanade ☎ 07-4051-2241 营 17:30~22:00 休 圣诞节、耶稣受难节 支付卡 V M A 预算 A$20~35 HP www.barnaclebills.com.au

海鲜老店的味道

这家老店25年来一直深受人们的喜爱，其中分量满满的海鲜评价最高。在这里向大家推荐普罗旺斯鱼汤和用大量鱼类贝类烹制的意大利面。如果在18:00以后点餐、在19:30以前结账的话就可以享受八折优惠。

澳大利亚风味

Red Ochre Grill

红奥卡烤肉店

地图p.115-C

英

交 从凯恩斯站步行5分钟可以到达 ✉43 Shield St ☎ 07-4051-0100 营 12:00~15:00,18:00~21:00（周六、周日只有晚上营业） 休 全年无休 支付卡 V M A 预算 A$5~21 HP www.redochregrill.com.au

用澳大利亚本地食材独创的菜肴

这家店使用袋鼠肉、鸸鹋肉等澳大利亚独有的食材以独特的烹制和调味方法制作美食，味道在别处很难尝到。除此之外，烧烤、汉堡、套餐和用水果制成的甜点，味道也很不错。

中国菜

Cafe China

食通天海鲜馆

地图p.115-E

中 英

交从凯恩斯站步行15分钟 ✉ Cnr.,Grafton St. ☎ 07-4041-2828 营（周六只有晚上营业） 休全年无休 支付卡 V M A 预算 A$50~（午餐A$15） HP www.cafechina.com.au

根据喜好选择茶点或是面食

店内主食有饺子，葱饼等30~50种，非常丰富，价位也十分合理。店前的餐吧里还可以选择自己喜欢的汤。

海鲜和牛排

Dundee's Restaurant

邓迪餐厅

地图●p.115-E

英 要预约

交 从凯恩斯站步行15分钟可以到达 ✉ 29 Spence St. ☎ 07-4051-0399 营 17:30~22:30 休 全年无休 支付卡 V M A 预算 A$25~

用澳大利亚特有肉类烹制的美味菜肴

这是一家著名的老店，在这里可以品尝到袋鼠肉、鸸鹋肉、水牛肉和鳄鱼肉等澳大利亚独有的肉类，肉质鲜美，营养丰富，味道极佳，深得顾客喜欢。此外，这里还有很多海鲜可选。

意大利亚风味

Villa Romana Trattoria

罗马别墅餐厅

地图p.115-D

英

交 从凯恩斯站步行17分钟可以到达 ✉Cnr Aplin & Esplanade ☎07-4051-9000 营 6:30~23:00 休圣诞节 支付卡 V M A 预算 A$10~

从清晨到深夜都可以随意享用美食

这家餐厅面向滨海大道而建，露天座椅给人以充分的开阔感。餐厅从清晨开始营业，因此在这里吃早餐（自助餐A$16.95）也是不错的选择。由自选的比萨、意大利面和饮料组成的午餐套餐的价格为A$15.90，并且一直到16:30都可以点。

海鲜和牛排

Kani's Restaurant

卡尼餐厅

地图p.115-D

要预约

交 从凯恩斯站步行15分钟可以到达 ✉59 The Esplanade, ☎ 07-4051-1550 营 17:00~22:00 休 全年无休 支付卡 V M A 预算 A$25~

大分量的菜肴让心情和肚子都满足

这是一家很受欢迎的店，主要经营海鲜和牛排。用龙虾和贝类等当地产的海鲜烹制成的美食充分发挥了食材原有的味道。搭配牛排的酱汁有四种，可以根据自己的喜好进行选择。

凯恩斯 ★★★★★

The Sebel Cairns 地图p.115-F

凯恩斯斯贝尔酒店

令人联想到殖民时期的度假村

宽敞明亮的海景房

这座酒店位于靠近海滩的滨海大道上，距离市中心很近，位置优越。酒店采用殖民时代的风格。酒店的客房在2008年11月经过了重装后，不仅视野良好，还能充分享受度假村的气氛。酒店内还有餐厅酒吧、泳池、泡泡浴和桑拿等设施。

交 距凯恩斯站18分钟
A$ A$410 客房数 321间
☎ 07-4031-1300 FAX 07-4031-1801 ✉ 17 Abbott St.
HP www.cairnsinternational.com.au

凯恩斯 ★★★★

Holiday Inn Cairns 地图p.115-D

凯恩斯假日酒店

充满热带风情的中庭很养眼

酒店位于凯恩斯中心地区，靠近滨海大道，是一座明亮的圆形白色建筑物。客房将中庭繁茂的热带植物围在怀中，每个客房都有阳台，因而可以一下将三一湾的美景尽收眼底。酒店里设施齐全，有餐厅、公共酒吧和鸡尾酒休息室等，另外还有无烟客房。在室内泳池、泡泡浴和鸡尾酒休息室里，还可以远离闹市的烦嚣，让身心都得到放松。

漂亮的圆形白色建筑物

交 距凯恩斯机场30分钟
A$ A$139
客房数 237间
☎ 07-4050-6070
FAX 07-4031-4130
✉ Cnr. Esplande & Florence St.
HP www.holidayinn.com

凯恩斯 ★★★★★

Cairns Hilton 地图p.115-F

希尔顿酒店

绝妙的视野和齐备的设施是最大的魅力

酒店面向三一湾而立，占据绝佳的位置，所有的客房都有宽敞的阳台，还提供冰箱和咖啡壶等设施，浴室还为客人准备了浴衣。酒店还设有多家餐厅和酒吧。

交 距凯恩斯站19分钟
A$ A$190
客房数 263间
☎ 07-4050-2000
FAX 07-4050-2001
✉ Wharf St.
HP www.hilton.com.cn

从阳台上可看到绝妙的风景

凯恩斯 ★★★★

Novotel Cairns Oasis Resort 地图p.115-D

凯恩斯诺富特绿洲度假村

位于繁华街道旁边，充满南国风情

酒店离繁华的街区只有一个路口的距离，位置条件良好。酒店建筑以白色为基调，整体都充满了热带风情。

交 距凯恩斯站19分钟
A$ A$217
客房数 314间
☎ 07-4080-1888
FAX 07-4080-1889
✉ 122 Lake St.
HP www.novotelcairnsresort.com.au

人工的白沙泳池

凯恩斯 ★★★★★

Sofitel Reef Hotel Casino 地图p.115-F

索菲特堡礁酒店

体验热闹非凡的赌场氛围

酒店位于凯恩斯的市中心，附设赌场。赌场在周五和周六24小时营业，而在其他时候也营业至凌晨4点，有扑克等游戏。

交 距凯恩斯站20分钟 A$ A$348
客房数 128间 ☎ 07-4030-8888
FAX 07-4030-8777
✉ 35-41 Wharf St.
HP www.reefcasino.com.au

夜间被灯光照亮的酒店

凯恩斯 ★★★★

Rydges Tradewinds 地图p.115-D

瑞吉贸易风酒店

休闲轻松的度假村酒店

酒店位于市中心，临阿伯特街而建，从所有的房间都可以望到三一湾。酒店里一家可以品尝到烤肉的餐厅最受游客喜爱。位于中庭美丽的热带花园中的游泳池也很受欢迎，到周末啤酒花园也会开放。

交 距凯恩斯站27分钟 A$ A$350 客房数 246间
☎ 07-4053-0300 FAX 07-4051-8649
✉ 137 The Esplanade
HP www.rydges.com/tradewinds

凯恩斯 ★★★

Carins Clonial Club Resort 地图p.114-B

凯恩斯科罗尼亚俱乐部度假村

在宽敞的客房里可以完全放松

度假村位于距凯恩斯市中心约6公里的郊外。客房设计周到，拥有处处贴心的现代化设备和服务。

科罗尼亚风格的漂亮外观

交 距凯恩斯站30分钟
A$ A$171 客房数 345间
☎ 07-4053-5111
FAX 07-4053-7072
✉ 118-26 Canon St.
HP www.cairnscolonialclub.com.au

凯恩斯 ★★★

Rydges Esplanade 地图p.115-B

瑞吉斯海滨度假酒店

无论短期还是长期入住都非常适合

酒店位于凯恩斯港的海岸上，与三一湾遥遥相望，是一座大型酒店。酒店由酒店楼和配备了厨房、洗衣房的公寓等组成，分别提供不同的功能。Spa、泡泡浴等设施也十分齐全。

充满南国风情的泳池

交 距凯恩斯27分钟 A$ A$190
客房数 242间 ☎ 07-4044-9000
FAX 07-4044-9002
✉ The Esplanede HP www.rydges.com

凯恩斯 ★★★

Mercure Hotel Harbourside Cairns 地图p.114-B

凯恩斯滨海美居酒店

靠近市中心，面海而建

酒店离市中心很近，步行几分钟便可到达，购物和用餐十分方便。所有的客房都有阳台。

交 距凯恩斯站30分钟 A$ A$150 客房数 173间
☎ 07-4051-8999 FAX 07-4051-0317
✉ 209-217 The Esplanade
HP http://www.mercure-harbourside.com.au

凯恩斯
酒店 地图p.115-E

瑞吉斯广场酒店

Rydges Plaza Cairns ★★★★

交 距凯恩斯站15分钟 A$ A$139~ 客房数 101间
☎ 07-4046-0300 FAX 07-4046-0333
✉ Cnr Grafton & Spence Sts.
HP www.rydges.com

凯恩斯
酒店 地图p.114-B

热带塔公寓酒店

Tropic Towers Apartments

交 距凯恩斯站15分钟 A$ A$120~（根据人数、住宿日期大幅度变化） 客房数 43间
☎ 07-4031-3955 FAX 07-4031-3738
HP www.toropictowers.com.au

凯恩斯
酒店 地图p.115-F

凯恩斯香格里拉大酒店

Shangri-La Hotel The Marina Cairns ★★★★★

交 距凯恩斯站20分钟 A$ A$310~ 客房数 256间
☎ 07-4031-1411 FAX 07-4031-3226
✉ Pierpoint Rd. HP www.shangri-la.com

凯恩斯
酒店 地图p.115-A

凯恩斯四季阳光大厦酒店

All Seasons Sunshine Tower Cairns ★★★★★

交 距凯恩斯站20分钟 A$ A$107~ 客房数 61间
☎ 07-4051-5288 FAX 07-4031-2483
✉ 136-140,Sheridan St
HP www.cairnssunshinetower.com.au

大堡礁

Great Barrier Reef

向五彩斑斓的珊瑚礁和透明清澈的海水前进吧！

在湛蓝的海水和美丽的珊瑚礁包围中的海岛上度过美妙的假期吧！

漂浮在世界最大的珊瑚礁群中的绿色海岛，正等待着为游客奉上最棒的假期

地图p.7-D~H、p.129

远远超乎想象的规模

大堡礁是与澳大利亚东北海岸相连的大规模珊瑚礁群。北起约克角，南至班达伯格，全长2012公里，其长度甚至可以轻松地环绕我国台湾岛一周。大堡礁于1981年被列为世界自然遗产。

构成大堡礁的无数珊瑚礁据说从200万年前就已存在，直至现在仍在不断生长。这里是1500多种鱼类、贝类等海洋生物的乐园。在大堡礁，游客可以在透明度极高的海水中，欣赏到大大小小的鱼群在鲜艳的珊瑚群中游行穿梭，这里也是潜水爱好者最为向往的地方。除了潜水和浮潜，不会游泳的人也可以乘船或半潜艇轻松观察海中的神秘景色。

散落在海面上的大大小小600多座岛屿大多是无人岛，供游客前往观光的岛屿有20多座。作为度假村开放的岛屿有的面向情侣，有的面向家庭，各具特色，可根据自身情况自由选择，以度过一个值得珍藏一生的美好假期。

不同的观光方式

当日返回……

从凯恩斯到格林岛观光巡游有很多项目。在珊瑚岛旁边有巨大的浮桥浮在海面上，大部分的观光项目都是以浮桥为基地，进行潜水、浮潜、半潜艇海中观光和钓鱼等活动。也有乘坐直升机和水上飞机的观光项目，从空中欣赏令人惊叹的美景。

住在岛上……

如果想充分享受假日，那可以在大堡礁上多住几日，体验海上运动和探索自然的乐趣不失为一个好方法。大堡礁的许多岛屿上都建有从高级酒店到平价酒店，并提供各种住宿设施，能够忘记日常的生活，放松身心。一些岛上设施齐全，服务周到，即使长时间居住也不成问题。

旅游团信息

凯恩斯出发→参照p.117内容介绍

大堡礁
Great Barrier Reef
0
200km
N
蜥蜴岛 p.132
Lizard Is.
去往科恩
莱菲尔德国家公园
Lakefield N.P.
图城诸岛
Two Isles
里本礁5号
Ribbon Reef #5
鳕洞
Cod Hole
库克敦
Cooktown
丹特里河
特里比申角
Cape Tribulation
特里比申角
Agincourt Reef
莫斯曼
Mossman
斯滕河
国家公园
Staaten
River N.P.
诺曼礁
Norman Reef
黑斯廷斯礁
Hastings Reef
道格拉斯港
Port Douglas
乌波卢岩礁
Michaelmas Cay
凯恩斯 p.113
Cairns
赛特福德礁
Thetford Reef
阿波罗岩礁
Upolu Cay
穆阿礁
Moore Reef
拉塞尔河
赫德利礁
Hedley Reef
阿灵顿礁
Arlington Reef
因尼斯费尔
Innisfail
塔里河
拉夫廷
邓克岛 p.132
Dunk Is.
特罗皮克尔诸岛
Tropical Islands
南米申比奇
South Mission Beach
贝达拉岛
Bedarra Is.
南太平洋
South Pacific Ocean
卡德韦尔
Cardwell
欣钦布鲁克岛
Hinchinbrook Is.
Burdekin R.
马格内蒂克岛
Magnetic Is.
圣灵群岛
Whitsunday Isls.
查特斯堡
Charters Towers
汤斯维尔
Townsville
特山脉国家公园
White Mtns. N.P.
百年沉船
Yongara
Wreck
白日梦岛 p.133
Daydream Is.
贝特礁
Bait Reef
海曼岛 p.131
Hayman Is.
达斯高速公路
Flinders
Hwy
达尔林普尔湖
Darlymple Lake
沙特海港
Shute Harbour
虎克岛
Hook Is.
南莫尔岛
South Molle Is.
普罗瑟派恩
Proserpine
哈密顿岛 p.130
Hamilton Is.
艾尔利比奇
Airlie Beach
p.133 长岛
Long Is.
林德曼岛
Lindeman Is.
麦凯
Mackay
布兰普顿岛
Brampton Is.
大堡礁 p.11,128
Great Barrier Reef
大分水岭
Belyando R.
肖岛
Shaw Is.
布鲁斯高速公路
诺森伯兰诸岛
Northumberland Is.
克莱蒙特
Clermont
caldine
Great Dividing Range
Tropic of Capricorn
埃莫拉尔德
Emerald
凯普里康海岸
Capricornn Coast
Capricorn
Hwy
南回归线
罗斯林湾
Rosslyn Bay
凯普里康诸岛
Capricorn Isls.
布莱克沃特
Blackwater
洛坎普顿
Rockhampton
大凯珀尔岛 p.134
Great Keppel Is.
博米
Bommie
海伦岛 p.134
Heron Is.
罗尔斯顿
Rolleston
格拉德斯通
Gladstone
卡那封国家公园
Carnarvon N.P.
拉迪马斯格雷夫岛
Lady Musgrave Is.
比洛威拉
Biloela
拉迪埃利奥特岛
Lady Elliot Is.
洛桑国家公园
Lone Some N.P.
Bruce Hwy
查尔维尔
Charleville
班达伯格
Bundaberg
Mundubbera
弗雷泽岛 p.10
大桑迪国家公园
Great Sandy N.P.
Warrego
罗马
Roma
Hwy
金皮
Gympie
昆士兰州
QUEENSLAND
努萨
Noosa
圣乔治
St. George
黄金海岸
Sunshine Coast
Balonne R.
图文巴
Toowoomba
南威尔士州
W SOUTH WALES
Goondiwindi
布里斯班 p.100
Brisbane
沃威克
Warwick
去往黄金海岸、悉尼
A
B
C
D
E
F

Hamilton Island

地图p.129-D

浪漫的“心形礁”

哈密顿岛

大堡礁唯一一个拥有机场、设施完备的大型观光胜地

哈密顿岛是大堡礁岛屿中唯一一个拥有机场的大型岛屿，您可以在这里享受眺望珊瑚美景的生活。不仅如此，这里还是去往别的岛屿的起点，因此备受游客欢迎。

岛屿的东北部有非常有名的观光地，一个心形的珊瑚礁，通称“心形礁”。岛上为游客准备了去这里的直升飞机旅行，以及充分感受大海的潜水旅行。

不仅如此，这里还有考拉走廊，与澳大利亚的“特产”——考拉亲密接触。而且，其他齐全的设施，如服装精品店、市场等也恭候着游客的光临。

游艇停泊港也是设施中的一部分。何不在和煦的海风中去散散步呢？

许多餐厅可以同时享受美景和美食

哈密顿岛的活动

除了水肺潜水、呼吸管潜水和游艇等海上运动以外，这里还有卡丁车等娱乐项目。还可以享受丛林漫步（可以选择付费导游）、沙滩排球以及水中有氧运动的乐趣。

住宿信息

哈密顿岛度假村

☎ 07-4946-9999 FAX 07-4946-8888
A$ A$220~ 设 餐厅、酒吧等

团体游中的自由行

在梦幻邮轮行中，可以通过呼吸管潜水近距离接触热带鱼。详情请咨询哈密顿岛度假村。

在直升飞机和水上飞机旅行中，可从空中俯瞰“心形礁”。详情请咨询哈密顿岛度假村。

Hayman Island

地图p.129-D

傍晚海边的灯光照射出休闲的气氛

海曼岛位于圣灵群岛最北端，是一处高级度假胜地。英国王室曾经来过这里，因此这里又被取名为“皇家海曼”。虽然小岛面积仅有4平方公里，但是可以在茂密的热带雨林中漫步，与大自然亲密接触。

岛中心是唯一一个住宿设施——海曼岛度假村。它周围是南半球最大的海水泳池、风味地道的餐厅以及网球场。在美丽的大海上也有很多休闲设施，当然可以潜入水中，探寻数不胜数的美景，不管是潜水新人还是老手，都一定能够找到适合的景色。

海曼岛

最负盛名的度假胜地

享受在壮美的海洋中潜水的乐趣

团体游中的自由行

在游艇旅行中，在退潮时会看到无人岛Langford以及白色天堂海滩，这些都会给人带来无限的遐想。

在附近的虎克岛里有适合初学者的潜水景点，而前往蝴蝶湾的戏水行程则可近距离地观赏珊瑚礁及多种鱼群。详情请咨询海曼岛度假村。

典雅的海曼岛度假村的客房多用大理石砌造

住宿信息

海曼

☎ 07-4940-1234 FAX 07-4940-1567
A$ A$460~ 设 泳池、餐厅、医疗中心等
当地预约 ☎ 1800-075175

海曼岛的活动

不论是海里还是山中，都有适合的活动。可以在海上划船、潜水，也可以在山中漫步。需要注意的是计划不同，花费也不同。

小知识

珊瑚礁

珊瑚礁只能生活在温暖清澈的浅海，由珊瑚产生的石灰质骨骼堆积而成。大堡礁是世界上最大的珊瑚礁，被列入世界自然遗产。

金色的夕阳洒在海面上的景色是一天的压轴大戏

Lizard Island

可以欣赏蓝潟湖环绕下的美景

蜥蜴岛

地图p.129-A

有许多奇幻和潜水的地点

蜥蜴岛位于凯恩斯北部约250公里处，该岛因海上运动及海钓胜地而闻名遐尔。特别是从岛上乘船约1小时可到达鳕洞，在此可近距离观赏大型的马铃薯鲈鱼(鳕鱼的一种)，因此这里也成为绝佳潜水景点。此外，可享受竞技海钓乐趣的景点也不少。

蜥蜴岛的活动

海上运动和海钓十分流行。每年9~11月来自世界各地的钓鱼者因为立翅旗鱼而聚集于此。

蜥蜴岛提供一流的美食

住宿信息

Voyages Lizard Island

☎ 07-4043-1999
FAX 07-4060-3991
A$ A$1480~（标间）
设 餐厅等
当地预约处：
Voyages Hotel and resorts
☎ 02-8296-8010
FAX 02-9299-2103

Dunk Island 邓克岛

地图p.129-A

宝石蓝的蝴蝶，“尤利西斯”飞舞的热带乐园

邓克岛是1770年库克船长所发现的岛屿，之前一直被土著人称为“库南格雷吧”(自然的恩惠)。现在面积约有75%属国有林地，岛上除了固有品种尤里西斯蝴蝶(天堂凤蝶)之外，茂盛的热带植物，野鸟的鸣啭等都让人沉浸在大自然怀抱里。

与大自然融为一体的度假胜地

住宿信息

Voyages Dunk Island

☎ 07-4068-8199
FAX 02-4068-8528
A$ A$208~
设 餐厅等
当地预约处：
Voyages Hotel and resorts
☎ 02-8296-8010
FAX 02-9299-2103

邓克岛的活动

在邓克岛上可充分享受自然，不仅有水上运动，还有林间漫步、骑马、网球等丰富多彩的活动。

Fitzroy Island
菲茨罗伊岛

一天之内往返于凯恩斯，交通便捷的休闲岛屿

地图p.114-B

菲茨罗伊岛可谓是尽享大自然美景的原始度假胜地。从凯恩斯搭快艇约45分钟便可到达，交通相当方便，可轻松前往。被珊瑚碎片覆盖的美丽海滩相当适合呼吸管潜水，而被列为国家公园的热带雨林也非常适合健行。潜水景点则首推坐快艇约45分钟可到达的摩尔礁。

住宿信息

菲茨罗伊岛度假村

☎ 07-4044-6700
FAX 07-4044-6790
A$ A$195~
设 餐厅、户外游泳池等

菲茨罗伊岛的活动

希望游客能体验一下漫步于热带雨林的感觉。这里为游客准备了四条独特的路线。

透明而多彩的沙滩很值得一看

Long Island
长岛

地图p.129-D

与野生动物接触也是很有魅力的

距离沙特海港最近，充满绿色的度假村

长岛是平行漂浮在圣灵群岛海岸边的岛屿，因其细长的形状而得名。度假设施有三处，不管哪一处都洋溢着休闲气氛，尤其受年轻人喜爱，或在热带雨林中寻幽访胜，徒步旅行，或在风平浪静的海滩潜水，都十分有趣。

住宿信息

长岛度假村

☎ 07-4946-9400
FAX 07-4946-9555

peppers palm bay

☎ FAX 07-4946-9233
A$ A$340~
设 泳池、餐厅等

长岛的活动

位于岛屿东北方的鳄鱼度假及其南边1公里处的peppers Palm Bay设有热带雨林徒步旅行路线，且全程都在国家公园内。

Daydream Island
白日梦岛

地图p.129-D

儿童设施齐备

白日梦岛位于圣灵群岛的中心，是由火山及珊瑚礁所构成的小岛。儿童俱乐部设施及Spa项目相当完善，此外还提供16岁以下儿童食宿免费的优惠。

住宿信息

白日梦岛度假和Spa

☎ 07-4948-8426
FAX 07-4948-8479
A$ A$173~
设 餐厅、夜总会等

白日梦岛的活动

水上运动相当流行，除了水肺潜水及呼吸管潜水外，还有风帆及滑水等供游客尽情体验。

因为面积小，所以在哪里都能看到大海

Great Keppel Island

地图p.129-D

一个适合水上运动的休闲度假村

适合呼吸管潜水和帆板运动的海滩

大凯珀尔岛

拥有17处海滩的自然宝库，处处带给人动感。

大凯珀尔岛曾经被土著人称为“休憩之地”，是凯珀尔群岛中最大的岛，面积14平方公里。岛上有山，有水，有红树林，有沙丘等自然气息，海岸线上还有17处海滩。这里盛行水上运动，比如划水、潜水、帆板运动、划船等40多种运动项目。每年有许多游客纷至沓来。

住宿信息

大凯珀尔岛度假村

☎ 07-4939-8655 FAX 07-4939-8755

A$ A$85~（供两人使用）

设 大凯珀尔岛度假村拥有从帐篷到公寓房间的各种住宿设施。没有餐厅等设施。豪华酒店大凯珀尔岛度假村正在建设中。

大凯珀尔岛的活动

这里有租船垂钓、豪华游艇等丰富的活动。也可以在森林中观察小鸟。

喂鱼也很有乐趣

Heron Island

地图p.129-D

海伦岛

充满珊瑚礁的潜水胜地。与海洋生物亲密接触。

海伦岛位于大堡礁最南端。周围有16处潜水胜地，生活着1200多种热带鱼。

这里还因海龟在此产卵而闻名于世。在每年10月到次年2月的产卵期，海滩上的海龟卵随处可见。旅馆员工会带游客观光产卵的场所。

海龟在夜深人静的时候开始产卵

住宿信息

海伦岛度假村

VOYAGES

☎ 07-4972-9055

FAX 07-4972-0244

A$ A$185~（海龟小屋）

设 餐厅、泳池等

海伦岛的活动

这里有著名的潜水地点Bommie，据传是最早开始钓鱼地点。

小岛周围都是珊瑚礁，所以在海边随处可见珊瑚的碎片

小知识 海龟

海龟据说已经在地球上存在了1亿年。海龟大小不一，大堡礁几乎在任何地方都能看到它们的踪影。特别是产卵地鳕洞（Cod Hole）和弗林礁（Flynn Reef），都是著名的景点。

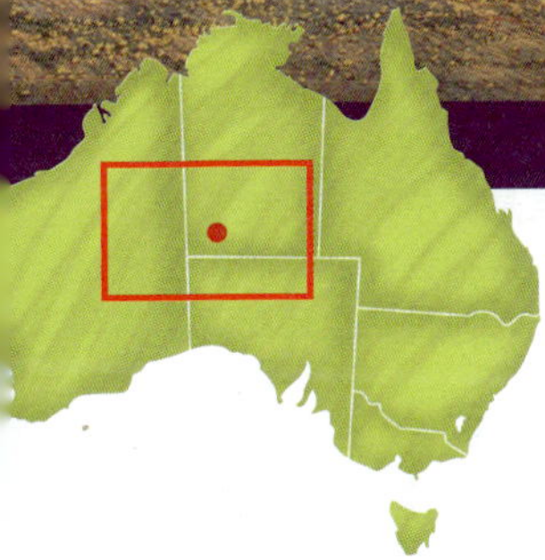

艾尔斯巨石（乌卢鲁）

AYERSROCK(Uluru)

交通

●从主要城市到艾尔斯巨石的交通

从艾利斯斯普林斯乘飞机需要55分钟，乘长途客车需要5小时30分钟

从悉尼乘飞机需要3小时20分钟

从凯恩斯乘飞机需要3小时10分钟

从珀斯乘飞机需要2小时40分钟

艾尔斯巨石(乌卢鲁)是个什么样的地方？

about AYERS ROCK 景点概况

艾丽斯斯普林斯西南约340千米的广大平原中，有一块被称为“地球的肚脐”的巨型岩石。面积约9.4平方千米，高348米，但这只是它露出地表的一部分，据说地下还有6000米。我们只能说它是一块难以估量的神秘之石。

“艾尔斯巨石”这一名称取自19世纪70年代在这里推行殖民政策的南澳大利亚总理亨利·艾尔斯。在土著人的语言里这座巨石被称为“乌卢鲁”，据说它作为土著人的圣地已有6亿年的历史，“乌卢鲁”一直都是它的名字。随着太阳的移动，岩石的颜色就像人的表情一样会发生变化，这可是最美妙的景观。

巨石往西35公里的地方，是由大大小小的岩石组成的奥尔加岩群（卡塔楚塔）。1958年，两者合并，成为了占地面积达1325平方公里的乌卢鲁–卡塔楚塔国家公园。虽然当时每年只有2000人来此观光，但是现在每年已增加到40多万人。它的巨大价值也被记录在了世界遗产当中。

Highlight 亮点

游览艾尔斯巨石（乌卢鲁）的乐趣就在于触摸它。在它的面前，会充分感受到人类的渺小和大地的广阔。太阳升起落下所带来的光线变化也使岩石的颜色发生变化，即使在远处眺望，也能充分领略其中的美妙。

观光的起点是艾尔斯巨石度假村。这里有各种各样的住宿设施。各种游览线路也都从这里出发，而且这里还配有购物和吃饭的场所。

艾尔斯巨石的气候▶年均降水量少。12月~次年2月的夏季平均气温在35℃以上，但是晚上很凉爽。因为是沙漠性气候，所以早晚温差大。

艾尔斯巨石的美食▶可以品尝用袋鼠肉和澳洲鸵鸟肉做成的烤肉。

艾尔斯巨石的特产▶除了各种手工艺品，还有艾尔斯巨石砂。

观光咨询处
艾尔斯巨石度假村游客中心

地图p.142 ✉ next to the Desert Gardens Hotel 营 9:00~17:00 休 无

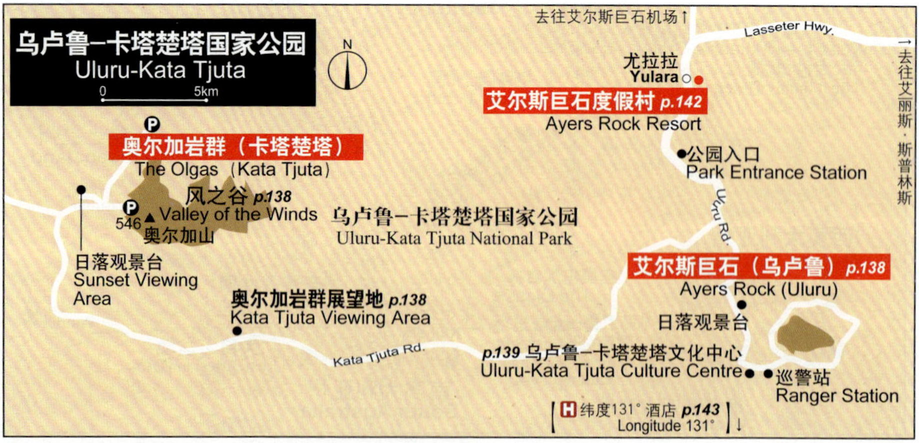

轻松之旅 Tour

在这里一定要体验各种独具风情的旅行路线。
根据季节和气候，选择合适的活动吧！

宁静晚餐的声音
Sound of Silence Dinner

在大自然中享受晚餐

听着迪吉里杜管的伴奏，享受着香槟和菜肴吐司。享用过澳式烤肉之后，仰望星空。

出发日期 每天
出发时间 18:10左右（日落40分钟之后）
所需时间 约4小时　费　用 A$155~
导　游 英语（星座的解释为收费项目）
集合地点 艾尔斯巨石度假村各停车场
咨询处 Voyages ☎ 02-8296-8010
HP www.voyages.com.au

卡塔楚塔风之谷烤肉
Kata Tjuta Valley of the Winds Walk and BBQ

太阳落山，进入奥尔加岩群（卡塔楚塔）的山谷后，开始烤肉、唱歌跳舞，享受袋鼠肉和香槟。

趣味十足的活动

出发日期 每天
出发时间 14:15（10月~3月为15:00）
所需时间 约4小时
费　用 A$177
导　游 英语
集合地点 艾尔斯巨石度假村各停车场
咨询处 Ayers Rock Office ☎ 08-8956-2171
HP www.aatkings.com.au

艾尔斯巨石飞行观光
Scenic Flights at Ayers Rock

乘坐直升飞机，从上空俯瞰乌卢鲁，会体验到与下方看完全不同的感觉。

出发日期 每天　出发时间 日出~日落）
所需时间 约1小时（飞机为30分钟）
费　用 A$130~　导　游 英语
集合地点 艾尔斯巨石度假村各停车场
咨询处 Professional Helicopter Services
☎ 08-8956-2003 HP www.phs.com.au

奥尔加岩群和艾尔斯巨石日落旅行
The Olgas & Ayers Rock Sunset Tour

日落前向奥尔加岩群（卡塔楚塔）出发。艾尔斯巨石（乌卢鲁）在日落后的景色可谓美轮美奂。

出发日期 每天
出发时间 14:30（10月30日~2月28日为15:30）
所需时间 约5小时
价　格 A$117
导　游 英语
集合地点 艾尔斯巨石度假村各停车场
咨询处 Ayers Rock Office ☎ 08-8956-2171
HP www.aatkings.com.au

星空秀
Night Sky Show

听着导游的解说，仰望星空。由于天气晴朗，星空清晰可见。您还可以用天文望远镜观察星空。

出发日期 每天
出发时间 20:20、21:15
所需时间 1小时15分钟　费　用 A$33~
导　游 英语
集合地点 艾尔斯巨石度假村各停车场
咨询处 Ayers Rock Observatory
☎ 08-8956-2563
HP www.discoveryecotours.com.au

骆驼之行
Camel Express

在沙漠中骑着骆驼一起旅行。骆驼性情温顺，所以初学者也会很快习惯的。

出发日期 每天
出发时间 10:30
费　用 A$65~
所需时间 约90分钟
导　游 英语
集合地点 各酒店停车场
咨询处 Uluru Camel Tours
☎ 08-8956-23030
HP www.ananguwaai.com.au

踏遍大漠的探险者

美景概观

乌卢鲁–卡塔楚塔国家公园

Uluru-Kata Tjuta National Park 地图p.136

艾尔斯巨石被土著人称为“乌卢鲁”，奥尔加岩群被称为“卡塔楚塔”，它们合并成了乌卢鲁–卡塔楚塔国家公园。这里也被列入联合国教科文组织世界遗产名录当中。

在阳光下岩石的颜色会发生变化

艾尔斯巨石（乌卢鲁）

Ayers Rock(Uluru) 地图 p.136

艾尔斯巨石是一块高约348米，面积约9.4平方公里的岩石。它处于广阔的平原上。这块被称为“地球的肚脐”的岩石据说已有6亿年的历史。傍晚和黎明的时候岩石的颜色会发生变化，样子十分神秘。这里自古以来就是土著人的圣地，洞穴内还有许多土著人留下的岩画。

耸立着许多形状独特的岩石

奥尔加岩群展望地

Kata Tjuta Viewing Area 地图 p.136

奥尔加岩群由36块圆顶状的、大小不一的岩石组成。其中最显眼的就是奥尔加山，高546米。当地土著人称它为“Kata Tjuta”，意思是“许多头”。这里也被土著人尊为男性的圣地，除了可以游览的场所以外，很多地方是禁止女性进入的。

风之谷

Valley of the Winds 地图 p.136

这里因可以听到从岩石缝隙中吹过的风声而得名风之谷。大约6公里的徒步旅行路线往返需要3个小时。折返点是风之谷的瞭望台，从瞭望台可以看到奇幻美妙的景色。有一部动画电影据说就是把这里的景色当成背景制作的。

穿着要适合徒步旅行

在土著人的圣地感受他们的文化

理解土著人的文化

从远古时代，艾尔斯巨石（乌卢鲁）对住在澳大利亚各地的土著部落来说就已经是一块圣地了。从岩石周围留有的土著人居住痕迹和他们绘制的岩画，我们可以了解一下他们独特的文化。

1985年，这片土地的所有权还给了土著人阿南格族。现在他们经营着国家公园内的乌卢鲁–卡塔楚塔文化中心和土著人纪念品店，通过这些我们可以接触到他们的历史文化和生活习惯。

了解土著人的文化 乌卢鲁–卡塔楚塔文化中心 Uluru-Kata Tjuta Culture Centre

乌卢鲁–卡塔楚塔文化中心通过阿南格族的生活照片和视频清晰再现了阿南格族与艾尔斯巨石和奥尔加岩群的关系。这里还展示了各种艺术品、工艺品和迪吉里杜管等土著人的商品。此外，这里还有餐厅。需要注意的是这里包括建筑物在内都是不可以拍照的，也不能攀登。因为对他们来说，乌卢鲁是神的创造，是不能冒犯的圣地。

岩画描绘了他们生活在伟大自然里的样子

体验 阿南格族旅行 p.137

通过阿南格族的导游，可以进行体会土著文化的旅行。可以学习在自然中找寻食物和狩猎的方法，也可以吹响用蓝桉树干掏空后做成的乐器迪吉里杜管。通过这些体验，相信多少能学到一些沙漠中的土著人的生活技能。此外，还可以欣赏到许多土著文化艺术作品，也可以听听他们唱歌，看看他们跳舞。

边学边做

欣赏艺术品 姆鲁加拉艺廊 Mulgara Gallary

艾尔斯巨石度假村内的沙漠风帆酒店的大厅中，有许多商店，比如：姆鲁加拉艺术廊、手工艺品店（p.143）、冈瓦纳艺术廊（p.146）。这些商店都出售土著人的艺术品。从T恤、明信片等小物品到高级的艺术作品应有尽有，这里最适合挑选特产和纪念品。在这里也可以买到有关土著人文化的书籍。

美术品琳琅满目

姆鲁加拉艺术廊
地图p.142
DATAp.143 沙漠风帆酒店

登顶观景

从艾尔斯巨石上进行360°的眺望

想领略壮丽的艾尔斯巨石吗？
赶快行动，去登上巨石顶端，眺望远方吧！

START ❶ 报名参加旅行

艾尔斯巨石度假村的信息中心设有有关旅行、大巴、汽车租赁的柜台，接受旅行预约和报名。

把垃圾带走

★登山必备

- ●登山背包
- ●舒适的运动鞋
- ●太阳镜、帽子
- ●防晒霜
- ●羊毛衫、外套
- ●手套
- ●水
- ●驱虫剂

❷ 前往艾尔斯巨石

从大本营艾尔斯巨石度假村出发前往20公里以外的艾尔斯巨石。在各个酒店门前，每隔15分钟发一趟车。

❸ 好，开始登山

到达山顶大约要花1小时30分钟。虽然没有什么特别装备，但是有些路面比较陡，千万不能大意。登山时要务必遵守注意事项，不要忘记补充水分。

★登山注意事项

- ●一定要按照有标记的道路行进
- ●不要单独行动
- ●即使东西掉落也不要去捡
- ●不要把石头带回去

在大自然里体验勇敢者的力量

❹ 艾尔斯巨石登顶

一开始是陡峭的大坡，之后则是平缓的山路。虽然会消耗一部分体力，但是登上山顶，欣赏到360°的美景时，疲劳便一扫而空。

能够体会到身处地球中心的感动

❺ 从艾尔斯巨石下山

按原路返回，大概花费将近1个小时。下山时要注意，切忌脚下打滑。由于太阳升起，山顶温度会随之升高，为安全考虑会禁止游者登山，所以趁凉快的时候及时下山。

GOAL ❻ 返回酒店

回来后要好好休息。如果还有时间和体力，还可以参加直升飞机的艾尔斯巨石观光游，或者参加和原住民散步等活动。

关于登顶证明

旅行信息中心和新闻办公室出售登顶证明书。让登顶的人在证书上签字，以留下美好的回忆。

艾尔斯巨石（乌卢鲁）观日游

艾尔斯巨石观日出
Ayers Rock Sunrise Tour

前往艾尔斯巨石的日出点，观赏日出，一直到慕提朱鲁水洞都有导游陪同。还可以观光到描绘土著人的岩画。

日出时壮丽的自然风景

出发日期 每天　出发时间 日出前75分钟
所需时间 约5小时　价　格 A$59~
导　游 英语
集合地点 艾尔斯巨石度假村各酒店
咨询处 AAT King's ☎ 08-8956-2021
HP www.aatkings.com

艾尔斯巨石观日落
Ayers Rock　Sunset Tour

在夕阳下一边品味气泡酒，一边眺望披上火红外衣的巨岩。

七彩的巨岩确实很神秘

出发日期 每天　出发时间 日落前90分钟
所需时间 约2小时　价　格 A$48~
导　游 英语
集合地点 艾尔斯巨石度假村各酒店
咨询处 AAT King's ☎ 08-8956-2021
HP www.aatkings.com

艾尔斯巨石日出登山游
Ayers Rock Sunrise & Climb Tour

这是一项很受欢迎的登山旅行项目。压轴大戏就是登顶后欣赏360°的美景。在回程中还会经过乌卢鲁–卡塔楚塔文化中心。

出发日期 每天　出发时间 日出前75分钟
所需时间 约10小时
价　格 A$99~
导　游 英语
集合地点 艾尔斯巨石度假村各酒店接送
咨询处 AAT King's ☎ 08-8956-2021
HP www.aatkings.com

卡塔楚塔艾尔斯巨石观日落
Kata Tjuta & Ayers Rock Sunset Tour

用半天的时间观看奇石耸立的奥尔加岩群和艾尔斯巨石的夕阳。早晨在奥尔加溪谷行走，一直到圆顶的巨大岩石。傍晚则前往被夕阳染红的艾尔斯巨石。

出发日期 每天　出发时间 14:30（11月30日~2月2日为15:30）
所需时间 约5小时
价　格 A$117~
导　游 英语
集合地点 艾尔斯巨石度假村各酒店接送
咨询处 AAT King's ☎ 08-8956-2021
HP www.aatkings.com

艾尔斯巨石山脚游
Uluru Base Tour

通过坐车和徒步的方式游览艾尔斯巨石的山脚。首先开车至艾尔斯巨石山脚下，然后步行至慕提朱鲁水洞，观光岩画。

出发日期 每天　出发时间 8:45
所需时间 约3小时15分钟
导　游 英语　价　格 A$59
集合地点 艾尔斯巨石度假村各酒店
咨询处 AAT King's ☎ 08-8956-2021
HP www.aatkings.com

俨然就像个城市
艾尔斯巨石度假村

位于乌卢鲁-卡塔楚塔国家公园入口，拥有完备的设施，足以和城市媲美。

艾尔斯巨石后的建筑物鳞次栉比

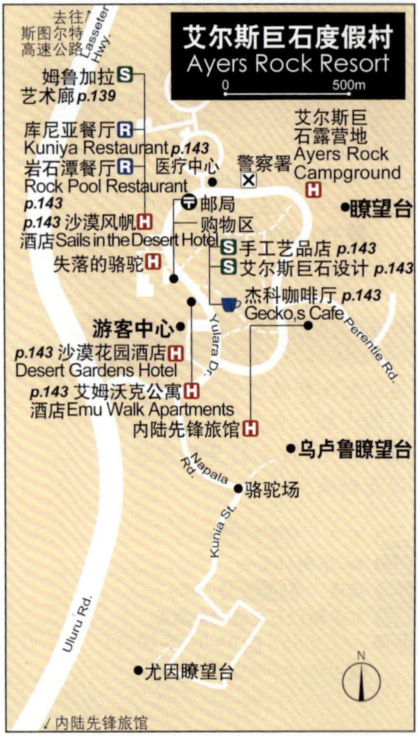

艾尔斯巨石度假村作为游览基地，距离艾尔斯巨石约20公里处。这里有5所住宿场所和1个露营地，每天可以容纳3000人，规模可见一斑。度假村内除了机场，还有购物中心可以买到纪念品和生活用品，也有很多世界风味的餐厅，品尝到各地美食。这里还有银行、警察署、诊所等，仿佛是沙漠中的绿洲，使旅行度假生活非常方便。往返于各酒店与购物中心的摆渡车每10~15分钟（夜间为20分钟）发车一趟，非常方便。早晨和傍晚可以参加旅行团的活动，白天则可以在度假村内好好休息。

度假村内的服务

度假村内有许多商店，基本可以买到所有东西。超市和餐厅都会开到很晚。周围还有银行、邮局和新闻办公室，令度假生活方便舒适。

商店

手工艺品店
Craftworks　地图p.142

店内整齐地陈列着各种物品

手工艺品店位于购物区中央，汇集了澳大利亚产的各种手工艺品。特别是当地艺人创作的手工艺品、礼品以及原住民制作的艺术品在这里都能找到。从多彩的绘画到飞去来器，购物非常方便。

艾尔斯巨石设计
Ayers Rock Designs　地图p.142

度假村里也有自己的商品品牌，主要有沙漠风帆酒店、沙漠花园酒店、内陆先锋旅馆和购物区四家店铺。穿着舒适的服装、设计新颖的物品都可以在这里找到。这些商品都是独一无二的，完全可以把它们作为纪念品。

餐厅和咖啡厅

库尼亚餐厅
Kuniya Restaurant　地图p.142

库尼亚餐厅是沙漠风帆酒店的主餐厅，包括现代澳大利亚菜品在内，可以品尝到各种美食。这里酒类品种也相当丰富。

优雅的餐厅

杰科咖啡厅
Gecko,s Cafe　地图p.142

杰科咖啡厅在购物区内。意大利面等地中海风味的美食和炭烤比萨都很受欢迎。这里还有饮料、甜点、冰激凌等。

随意的环境

岩石潭餐厅
Rock Pool Restaurant　地图p.142

岩石潭餐厅在沙漠风帆酒店内，专门烹制东南亚及民族风味的美食。

根据季节营业

酒店

沙漠风帆酒店
Sails in the Desert Hotel　地图p.142

高雅的五星级酒店

这是度假村内最高级的酒店。顾名思义，酒店的设计就像一张帆。客房豪华、舒适。

☎ 08-8957-7417 FAX 08-8957-7474
客房数 228间 A$ A$480~ 设 餐厅、酒吧、泳池等

馆内洋溢着休闲氛围

沙漠花园酒店
Desert Gardens Hotel　地图p.142

被绿色包围着的酒店

这里的花草让游客感觉不到自己身处沙漠。这里有能够看到艾尔斯巨石的客房、附带泳池的客房等。房间色调以茶色为主，带给人一种家一般的安心感。

☎ 08-8957-7714 FAX 08-8957-7716 客房数 160间 A$ A$390~ 设 餐厅、酒吧、泳池等

给人以安心的感觉

艾姆沃克公寓酒店
Emu Walk Apartments　地图p.142

公寓式的酒店

宽敞的房间内除了有厨房，还可以享受到同酒店客房一样的服务。有一居室和两居室可选择，适合长期居住的家庭游客。

良好的氛围

☎ 1300-139-889 FAX 02-9999-4332
客房数 56间 A$ A$390~ 设 酒吧、厨房、无烟室等

纬度131°酒店
Longitude 131°　地图p.136

度假村内的新贵

早餐、晚餐可以和朋友同席，也可以和员工交谈。住宿费已经包含了用餐费，除此以外，有些项目的旅行费也算在内了。

☎ 02-8957-7131 FAX 02-8957-7130
客房数 15间 A$ A$3262~ 设 酒吧等

外形如帐篷形状的酒店

被自然的力量所折服

艾丽斯·斯普林斯
ALICE SPRINGS

地图 p.7-G

殖民开拓时代的痕迹在这个城市中仍然依稀可见。在广大的沙漠中，它宛如绿洲一般静静地伫立着。

必去之地
- 澳大利亚中心博物馆 ⓪⓪⓪⓪
- 老“汗”铁路博物馆 ⓪⓪⓪
- 澳新军团山 ⓪⓪⓪

前往艾丽斯·斯普林斯

飞机▶→从悉尼乘飞机大约3小时20分钟，从凯恩斯乘飞机大约2小时45分钟。火车▶→从阿德莱德坐火车大约25小时45分钟。大巴▶→从阿德莱德坐大巴大约19小时。

观光咨询处

澳大利亚中部游客信息中心

从托德商场步行3分钟。60 Gregory Tce.

营 8:30~17:30 周六、周日及节假日9:00~16:00 休 全年无休

about ALICE SPRINGS

景点概况

艾丽斯·斯普林斯正好处在澳大利亚大陆的地理中心，它也是辽阔的中央红土沙漠中唯一的绿洲城市。

在殖民开拓时代的1871年，一位测量技术师在此发现了清澈的泉水，这在沙漠中简直是不可思议的奇迹。为此，将泉水以工程负责人的妻子艾丽斯的名字命名。之后，为铺设连接达尔文和阿德莱德之间的通信电缆，这里成为电信中继站发展起来，后逐渐发展成为城市，并命名为艾丽斯·斯普林斯。流经这座城市的河流就以工程负责人的名字命名，叫做托德河。

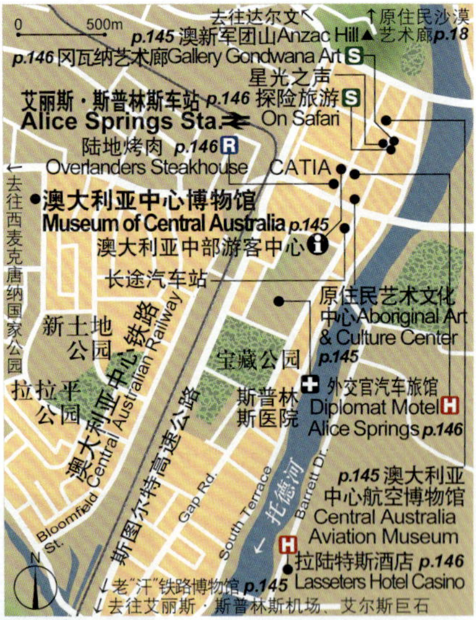

Highlight

亮点

市区本身并不大。土著人口占了总人口的一半以上，因此街区随处可见零散分布着的土著艺术品商店。在这里，可以身临其境地感受着浓郁的土著文化。

市区周围还有艾尔斯巨石、帝王谷等诸多观光景点，可尽情享受这充满生机和活力的大自然。

艾丽斯·斯普林斯的气候 ▶ 全年日平均气温为25℃，白天和早晚的温差较大。降雨天数较少，空气干燥。

艾丽斯·斯普林斯的美食 ▶ 这里汇集了澳大利亚及各国美食。

艾丽斯·斯普林斯的特产 ▶ 土著艺术品、玻璃工艺品及宝石等是其特色。

艾丽斯·斯普林斯的庆典活动 ▶ 7月会举办农业·园艺展览和骆驼竞赛等。

观光 Sightseeing

Museum of Central Australia
澳大利亚中心博物馆

地图p.144

●位于托德商场内 Top Floor Alice Plaza Cnr.Todd Mall&Parson St. ●☎ 08-8951-1121 10:00~17:00 耶稣受难日、12月24日~1月10日休息 门票：成人A$7 儿童A$4

澳大利亚中心博物馆位于艾丽斯广场购物中心的二层。这里简洁生动地介绍了澳大利亚中部的自然和文化，同时还展出了许多动植物、原住民艺术、恐龙化石，还有许多矿物标本。

陈列的恐龙化石

Aboriginal Art & Culture Center
原住民艺术文化中心

地图p.144

●从托德商场步行2分钟 86Todd St.
●☎ 08-8952-3048 9:00~17:00（周末8:00开始）全年无休 免费

除了展示、出售原住民的工艺品、民族乐器（迪吉里杜管）、飞去来器以外，还有迪吉里杜管的指导课程。体验1小时A$20。

也试着吹一吹迪吉里杜管

Anzac Hill
澳新军团山

地图p.144

●从托德商场开车2分钟。在Alice Wonder停车

澳新军团山是托德商场北部的小山丘，山上有一座纪念第一次世界大战期间牺牲的澳新军团战士的战争纪念碑，从这里可以看到艾丽斯·斯普林斯对面的麦克唐纳山脉。还可以看到日出、日落时山脉的壮丽景色。

巍然屹立的战争纪念碑

Old Ghan Heritage Railway & Museum
老“汗”铁路博物馆

地图p.144

●从托德商场开车2分钟。在Alice Wonder停车 Old Ghan Train Museum and Heritage Railway ●☎08-8955-5047 9:00~17:00 圣诞节、节礼日、受难节休息 门票：成人A$6，儿童A$2.5

艾丽斯·斯普林斯因为是长距离列车“汗”号列车的始发站而闻名，这个博物馆也是独一无二的。这里展出了老“汗”和各种老爷车。每周日11点开始，有一趟乘坐老“汗”前往埃尔提巴山的旅程，需要3小时30分钟，花费A$15。

曾经活跃在开拓时期的机车

Central Australia Aviation Museum
澳大利亚中心航空博物馆

地图p.144

●从托德商场开车5分钟 在Alice Wonder停车 MemorialDr. ●☎ 08-8951-5686 9:00~17:00（周末及节假日10:00~16:00）圣诞节、受难节休息 免费

在飞机库中展出了第二次世界大战时使用的飞机。同时还有许多平常见不到的飞机零部件，供参观者了解飞机的结构。这里还有和战争有关的资料。

历史的痕迹依稀可见

土著艺术

Gallery Gondwana Art

冈瓦纳艺术廊

地图p.144

交 艾丽斯·斯普林斯车站步行17分钟 ✉43 Todd Mall ☎ 08-8953-1577 营 9:30~18:00（周日10:00~17:00） 休 周日 支付卡 V M A 预算 版画设备A$40 HP www.gallerygondwana.com.au

精挑细选的土著文化作品

这里展出、出售近几年来很受欢迎的土著艺术作品。也可以买到手工艺品。

户外服装

On Safari

探险旅游

地图p.144

交 艾丽斯·斯普林斯车站步行15分钟 ✉75 Todd Mall ☎ 08-8952-2893 营 9:00-17:30（周日9:00~15:30） 休 全年无休 支付卡 V M A 预算 衬衫A$50~

不输给大自然的服装和商品

观光艾尔斯巨石和帝王谷等澳大利亚沙漠地带的时候，要有合适的服装，这些服装在这里都可以找到。从帽子到衬衫、裤子、靴子，应有尽有。此外，还有背包和太阳镜等小物品。

烤肉

Overlanders Steakhouse

陆地烤肉

地图 p.144

要预约（晚餐） （晚餐）

交 艾丽斯·斯普林斯车站步行12分钟 ✉72 Hartley St. ☎ 08-8952-2159 营 17:30~21:30 休 周日 支付卡 V M A 预算 A$30~ HP www.overlands.com.au

每种肉都有单独的酱汁

普通大小的澳大利亚牛排为500克，

加大的为700克。另外，鸸鹋、袋鼠、尖吻鲈、骆驼、鳄鱼等各种烤肉一应俱全，还有适合不同肉类的酱汁。

艾丽斯·斯普林斯 ★★★★

Lasseters Hotel Casino

地图p.144

拉陆特斯酒店

赌场和酒吧让夜生活更充实

这家顶级酒店的背后是雄伟的麦克唐纳山脉。客房明亮、舒适。还可以在宽敞的泳池边上烤肉。晚上也可以在赌场和传统的爱尔兰酒吧里度过。

交 艾丽斯·斯普林斯车站步行10分钟 A$ A$100~（双人标间） 客房数 150间 ☎ 08-8950-7777（8:30~17:00） FAX 08-8953-1680 ✉ 93 Barrett Dr. HP www.lasseters.com.au

门口的喷泉

艾丽斯·斯普林斯 ★★★

Diplomat Motel Alice Springs

地图p.144

外交官汽车旅馆

最适合当做购物和旅行的起点

外交官汽车旅馆在信息中心的对面，距离购物街和观光点很近。客房虽然简单，但是设备齐全。旅馆内有可以品尝到袋鼠肉、鸸鹋肉、野牛肉的餐厅，还有烤肉区和户外泳池等。

交 艾丽斯·斯普林斯车站步行15分钟 A$ A$150~ 客房数 81间 ☎ 08-8950-8977 FAX 08-8953-0225 ✉ Cnr.Hartley St.&Gregory Tec.

悠闲的泳池

墨尔本

MELBOURNE

交通

●从中国乘飞机去墨尔本

从上海浦东国际机场出发约10小时45分钟直达

从广州新白云国际机场出发约9小时40分钟直达

●主要城市到墨尔本的交通

从悉尼乘飞机需要1小时25分钟

从悉尼乘XPT列车需要10小时30分钟

从悉尼乘大巴需要14小时40分钟

从阿德莱德乘飞机需要1小时25分钟

从布里斯班乘飞机需要2小时25分钟

从凯恩斯乘飞机需要3小时20分钟

墨尔本是个什么样的地方？

about MELBOURNE

景点概况

墨尔本是维多利亚州的首府，是澳大利亚最有英国味的地方，是一座拥有迷你伦敦风情的城市。一方面，街道像棋盘一样整齐划一，维多利亚式的建筑随处可见，城市中充满了高雅与宁静。另一方面，城市中有许多公园，绿树成荫，所以也被称为花园城市。

开拓者陆续来到这里

在库克船长登陆后65年，1835年，开拓者约翰·巴特曼率领队伍从塔斯马尼亚乘船北上，在菲利普港湾登陆，开始了逆流（雅拉河）而上的拓荒。据说他们用物品与土著人交换，获得了大片土地。

1837年他将这里改名为墨尔本。这个名字取自当时英国首相墨尔本子爵的姓名。虽然当时墨尔本只有500人，但是那时就已经开始进行城市建设，并形成了现在墨尔本的雏形。1840年以后随着牧羊业的不断推进，渐渐形成了欧洲式的社会。

经济迅速崛起

1851年，墨尔本及附近地区作为一个州而独立。在同一时期，附近的巴拉腊特也发现了黄金，一时引发了淘金潮，来自欧洲、美国、中国的移民开始增多，人口也迅速增长。

1853年建造了墨尔本大学、1856年建造了州议事堂、1857年建造了菲茨罗伊花园、1862年建造了原财政部。圣帕特里克大教堂于1858年开始建造，于80年后的1940年完工。1958年，悉尼—墨尔本—阿德莱德通信网正式开通。1983年有轨电车开始运营。

从临时首都到独立的城市建设

1901年，澳大利亚联邦正式成立，墨尔本成了临时首都。直到堪培拉定为首都的1927年，州议事堂一直发挥着联邦议会的职能。

1910年弗林德斯街车站完工。至此，墨尔本交通设施也已完备。1956年，第16届奥林匹克运动会在这里举办。在建国200年的时候，墨尔本的人口已达到300万，其中多数是外国移民，并有超过200个民族生活于此。墨尔本也作为澳大利亚第二大城市发展起来。

现在的墨尔本保留着过去的文化和历史，同时还散发着运动和娱乐的氛围。市内有450多个公园。市政府在文化艺术的发展上下了很大力气，全市有许多博物馆和美术馆等文化设施。

在这座如棋盘一样整齐的城市中心，商业、购物、美食、娱乐都散发着无限的活力。

很受年轻人欢迎的伯克街

亮点

Highlight

流经城市的雅拉河的北侧是中心商业区，南侧是坐落着许多庭院的南墨尔本。在市中心购物，在南墨尔本逛庭院、博物馆，在异国风情的街上散步也是一种乐趣。

◆市中心周边

在市中心能感受到浓郁的英国风情。从弗林德斯街站向北，棋盘一样的街道不断延伸，在这里散步绝对不会迷路。乘坐环绕市中心的免费环形大巴也是一个不错的选择。这里有古朴的长廊，也有名牌一条街——柯林斯街，所以这里非常适合散步。

◆南墨尔本

南墨尔本位于市中心的南侧，跨过雅拉河就来到了象征现代墨尔本的地区。这里有购物“名胜”南门购物中心，也有维多利亚艺术中心、维多利亚国家美术馆等文化景点。

◆南亚拉

这里是高级住宅区。南北走向的小教堂街上，有许多澳大利亚知名品牌的精品店，也有典雅的咖啡厅和餐厅很适合来此休闲购物。

◆圣基尔达

从南亚拉再往南走，就是海滩了，这个休闲的场所不用说游客，就连当地人也流连忘返。在这里可以看到很多美丽的景致，还可以顺路去月神公园转一转。

◆充满异国风情的地区

●卡尔顿：在市中心北部。意大利裔多居住于此。●里士满：在市中心东部。这里有被称为“小胡志明市”的越南街。●唐人街：在市中心中部。

墨尔本的气候 ▶ 夏天的最高气温只有25℃左右，非常舒适。全年温差小，早晚和中午的温差也小。年平均降雨量约1200毫米。

墨尔本的美食 ▶ 由于移民多，因而这里会聚了来自世界各地的丰富多样的美食。各国移民都有自己的居住地，可以尝到地道的各国美食。

墨尔本的特产 ▶ 作为澳大利亚第二大城市，墨尔本物产丰饶，可谓“购物天堂”。有古朴的老店，也有豪华的购物中心；有名牌专卖店，也有随处可见的特产店。

墨尔本的节假日和活动 ▶ 墨尔本杯赛马比赛（11月）、澳大利亚网球公开赛（1月）和F1巡回赛（3月）等世界性的大型活动在这里举办。

观光咨询处
墨尔本游客中心
地图p.150-K
✉ Federation Square ☎ 03-9658-9658
营 9:00~18:00 休 受难节、圣诞节

Moonee Ponds Sta.
去往塔拉梅林国际机场
马里比诺公园
Maribyrnong Park
Maribyrnong Rd.
Dean St.
Dawson St.
Gilpin Park
Brunswick Sta.
Victoria St.
不伦瑞克
BRUNSWICK
Sydney Rd.
Ormond Rd.
费尔贝恩公园
Fairbairn Park
Epsom Rd.
Mt. Alexander Rd.
Ascot Vale Rd.
Ascot Vale Sta.
皇家公园高尔夫球场
Royal Park Golf Cource
Jewell Sta.
Brunswick Rd.
Tullamarine Fwy.
阿斯科特韦尔
ASCOT VALE
Flemington Showgrounds Platform Sta.
Royal Park Sta.
拉马达酒店
Ramada Inn
皇家墨尔本动物园 p.161
Royal Melbourne Zoological Gardens
普林塞斯公园
Princes Park
Flemington Racecourse Platform Sta.
New market Sta.
Flemington Bridge Sta.
Racecourse Rd.
帕克维尔
PARKVILLE
卡尔顿北
CARLTON NOR
弗莱明顿赛马场
Flemington Racecourse
弗莱明顿
FLEMINGTON
皇家南方公园
Royal South Park
p.169 吉米沃
Jimmy Watson's
Gorbon St.
富茨克雷公园
Footscray Park
Kensington Sta.
Flemington Bridge Sta.
Flemington Rd.
瑞吉斯北墨尔本酒店
Rydges North Melbourne
Ballarat Rd.
Geelong Rd.
Kensington Rd.
北墨尔本
NORTH MELBOURNE
墨尔本大学
p.168 艾斯波西多
Esposito
Arden St.
Grattan St.
富茨克雷
FOOTSCRAY
Hopkins St.
Footscray Sta.
South Kensington Sta.
Dynon Rd.
西墨尔本
WEST MELBOURNE
p.168 意大利咖啡馆
Cafe Italia
Middle Footscray Sta.
中心部 p.152~153
p.12 卡尔顿园林
Carlton Garden
市中心
City
Victoria Rd.
Melbourne Sta.
Footscray Rd.
Seddon Sta.
King St.
Spencer St.
Latrobe St.
墨尔本博物馆 p.1
Melbourne Museu
Whitehall St.
墨尔本蔬菜果品批发市场
Melbourne Wholesale Fruit & Vegetable Market
特尔斯特拉体育场
Telstra Dome
雅拉维尔
YARRAVILLE
南克罗斯站
Southern Cross
雅拉河 Yarra River
Flinders St.
弗林德斯街
Flinders St. S
Lorimer St.
维多利亚国家美术馆 p.160
National Gallery of Victoria
Salmon St.
渔夫港
FISHERMENS BEND
Ingles St.
南墨尔本
SOUTH MELBOURNE
波利伍德塞德海事博物馆
Polly Woodside Melbourne Maritime Museum
City Rd.
西门公园
West Gate Park
West Gate Fwy
Graham St.
J.L.墨菲公园
J.L. Murphy Reserve
South Melbourne Stn
Todd Rd.
Williamstown Rd.
Bay St.
Pickles St.
Ferrars St.
艾伯特公园
ALBERT PAR
怀特公园
White Reserve
Albert Park Stn.
艾伯特公园湖
Albert Park La
Douglas Pde.
Kerferd Rd.
Middle Park Stn.
中央公园
MIDDLE PAR
霍布森斯湾
Hobsons Bay
铁道博物馆
Railway Museum
Beaconsfield Pde.
Canterbury Rd.
Williamstown Beach Sta.
Ferguson St.
威廉斯敦
WILLIAMSTOWN
海事博物馆
Maritime Museum
Williamstown Sta.
菲利普港湾
Port Phillip Bay
Williamstown Sta.
圣基尔达
St. Kilda Be
威廉斯敦板球场
Williamstown Cricket Ground

墨尔本
Melbourne
0
1km
N
Croxton Sta.
Arthurton Rd.
Northcote Sta.
Livingstone St.
不伦瑞克东
RUNSWICK EAST
Separation St.
罗克比尔公园
Rockbeare Park
诺斯科特
NORTHCOTE
费尔菲尔德
FAIRFIELD
Darebin Sta.
Merri Sta.
Fairfield Sta.
Dennis Sta.
Georges Rd.
Westgarth Sta.
Alphington Sta.
Ivanhoe Public G. C.
Westgarth St.
Rd.
Yarra R.
Heidelberg
Rushall Sta.
C
D
菲茨罗伊北
ITZROY NORTH
Clifton Hill Sta.
Latrobe G. C.
Kew G. C.
帕特里克大教堂 p.158
Patrick's Cathedral
费尔菲尔德医院
Fairfield Hospital
克利夫顿高地
CLIFTON HILL
Eastern Fwy.
Kilby Rd.
菲茨罗伊苗圃店 p.167
Fitzroy Nursery
雅拉河公园
Yarra Bend Park
Earl St.
不伦瑞克街 p.165
Brunswick St.
雅拉河公共高尔夫球场
Yarra Bend Public G. C.
基尤东
KEW EAST
约翰斯顿街
Victoria Park Sta.
Harp Rd.
格罗特 p.167
The Grotto
阿布茨福德
ABBOTSFORD
雅拉河
YARRA BEND
Hoddle St.
菲茨罗伊
FITZROY
Collingwood Sta.
Studley Park Rd.
High St.
Princess St.
柯灵伍德
COLLING WOOD
明新酒家 p.169
Minh Tan
South
Cotham Rd.
North Richmond Sta.
东墨尔本
AST MELBOURNE
希尔顿墨尔本公园酒店 p.171
Hilton on the Park Melbourne
基尤
KEW
West Richmond Sta.
里士满
RICHMOND
纽曼斯巧克力店 p.167
Newmans Chocolate Shop
Barkers Rd.
Wellington Pde.
High St.
olimont Stn.
杰奥尔吉安港食宿店
Georgian Court Bed And Breakfast
H
Glenferrie Sta.
Brunton Ave.
墨尔本板球场
Bridge Rd.
Hawthorn Sta.
Auburn Sta.
Richmond Sta.
Burwood Rd.
斯旺街
菲茨罗伊花园 p.158
Fitzroy Gardens
霍森
HAWTHORN
王领地公园
ings Domain
Swan St.
Burnley Sta.
East Richmond Sta.
Camberwell Sta.
皇家植物园 p.161
yal Botanic Gardens
Riversdale Rd.
Church St.
South Eastern Arterial
Camberwell Rd.
68 斯夸尔斯阁楼牛排
Squires Loft Steak
Como Park
Heyington Sta.
斯科奇大学
Scotch College
Auburn Rd.
南亚拉站
outh Yarra Sta.
哥摩大宅 p.161
Como House
Kooyong Sta.
Fawkner Park
墨尔本哥摩酒店 p.172
The Como Helbourne
图拉克大街
图拉克
TOORAK
Tooronga Rd.
南亚拉
SOUTH YARRA
Hawksburn Sta.
Toorak Rd.
Commercial Rd.
布里迪奥雷利爱尔兰酒馆 p.169
Bridie O'Reilly's Irish Pub
Prahran Sta.
查普尔街 p.165
Chapel St.
Toorak Sta.
Tooronga Sta.
Malvern Rd.
普拉恩
PRAHRAN
阿玛代尔
ARMADALE
Gardiner Sta.
Punt Rd.
海伊街
Kooyong Rd.
Glenferrie Rd.
去往丹德农、普芬比利号
Queens Way
Windsor Sta.
High St.
Armadale Sta.
K
L
t. Kilda Stn.
Orrong Rd.
Dandenong Rd.
莫尔文顿
MALVERN
Glen Iris Sta.
圣基尔达
ST. KILDA
Burke St.
月神公园 p.161
una Park
Alma Rd.
Wattletree Rd.
Tooronga Rd.
圣基尔达东
ST.KILDA EAST
克拉默斯炸鱼快餐
Clamms Fast Fish
Inkerman Rd.
Malvern Sta.
艾蓝蛋糕 p.167
Acland Cakes
Balaclava Sta.
去往菲利普岛
去往里彭利
Balaclava Rd.

墨尔本中心地区
Melbourne Central
0 200m
N
库里连接 p.166
Koorie Connections
维多利亚街 Victoria St.
New Site of Carlton United Breweries
繁华区酒店
Down Towner
约翰科廷酒店
John Curtin
维多利亚女王市场 p.160
Queen Victoria Market
宜必思墨尔本酒店 p.171
Hotel Ibis Melbourne
斯托克
Stork
p.159 旧墨尔本监狱
The Old Melbourne Gaol
Therry
Rosslyn St.
William St.
Walsh St.
Peel St.
A
B
牛津学术酒店
Oxford Scholar
Franklin St.
西墨尔本
WEST MELBOURNE
墨尔本工科大学
Royal Melbourne Institute of Technology
Dudley St.
保龄球场
Melbourne Auto Auctions
A'Beckett St.
墨尔本中心
Melbourne Centural
州立图
State Library
圣詹姆斯教会
St. James Anglican Church
Batman St.
威廉街
弗拉格斯塔大庭园
Fragstaff Gardens
拉特罗布街
Latrobe St.
伊丽莎白街
斯旺斯顿街
圣弗朗西斯教会
St. Francis Catholic Church
墨尔本中心 p.159
Melbourne Central
会议中心
Meeting Place
Jeffcott St.
弗拉格斯塔夫站
Fragstaff Sta.
前造币局
Old Royal Mint
皇后街
Little Lonsdale St.
澳大利亚地理商店
Australian Geographic Shops
p.166
R.M. 威廉姆斯 R.M. Williams
p.166
p.167 专业冲浪用品商店
Rip Curl Pro Store
弗朗西斯
Francis
环城电车路线
观光巴士路线
国王街
小朗斯代尔街
威廉大都会酒店
Metropolitan on William
中央邮政局
G. P. O.
摩尔
Mall
黄金时代酒店
Golden Age
邮政酒馆
Post Office Tavern
四季酒店
All Seasons Swanston
公交总站
时代新闻社
"The Age" Newspaper
E
朗斯代尔街
Lonsdale
法院
Law Courts
Bourke
p.166 牛头人
Minotaur
市中心
CITY
F
Queen
Elizabeth St.
皇家拱廊
Royal Arcade
基尔根尼旅馆
Kilkenny Inn
加勒里亚广场
Galleria Plaza
斯潘塞街
MCCES Power Station
Bourke St.
p.166 泰迪熊商店
The Teddy Bear Shop
布罗克拱廊
Block Arcade
Collins
伯克街 p.164
柯林斯威尔士住宅
Collins Wales House
Little Collins
柯林斯街 p.165
King St.
William St.
p.171 墨尔本柯林斯诺富特酒店
Novotel Melbourne on Collins
Flinders
Australia Stock Exchange
Spencer St.
墨尔本塞拜酒店
Sebel of Melbourne
里亚尔托艾美酒店
Le Meridien at Rialto
福克斯&豪恩斯
Fox & Hounds
南克罗斯站
Southern Cross Sta.
里亚尔托塔
Rialto Towers
Market St.
墨尔本观景台 p.159
Melbourne Observation Deck
弗林德斯街
科内尔
Connells
Tavern
p.172 克莱伦套房门户酒店
Clarion Suites Gateway
贵宾大酒店
Grand Hotel
皇后桥
Queens Bridge
I
移民博物馆 p.156
The Immigration Museum
南门购物中心
Southgate Plaz
DMR大楼
DMR Bldg.
希腊考古学博物馆 p.156
The Hellenic Antiqulties Museum
p.160 墨尔本水族馆
Melbourne Aquarium
雅拉河
Yarra River
p.170 墨尔本朗廷酒店
Langham Hotel Melbourne
p.171 皇冠假日酒店
Crown Plaza Melbourne
Flinders St.
皇后桥
Queensbridge
沃尔特斯酒吧
国王桥
Kings Bridge
p.169
P.J. 奥布莱恩
P.J.O'brien's
Siddeley St.
p.172 皇冠大厦酒店
Crown Towers Melbourne
国际邮件中心
International Mail Centre
世贸中心
World Trade Centre
皇冠娱乐中心
Crown Entertainment Complex
City Rd.
Southb
斯潘塞街桥
Spencer St. Bridge
澳大利亚全明星
All Star Australia

p.12 皇家展览馆
The Royal Exhibition Building
卡尔顿园林 p.12
Carlton Gardens
Rathdowne St.
Nicholson St.
Gertrude St.
菲茨罗伊
FITZROY
不伦瑞克街 p.165
Brunswick St.
Fitzroy St.
贾斯珀咖啡馆 p.168
Jasper Coffee
Young St.
Napier St.
George St.
圣文森特医院
St. Vincent Hospital
沙维勒公园套房酒店
Saville Park Suites Melbourne
C
D
维多利亚街
Victoria Parade
拉克希比申街
埃尔姆斯家庭旅馆
Elms Family
斯普林街
洛克曼酒店
Rockmans Regency
消防博物馆
Fire Museum
Gisborne St.
中国博物馆
Chinese Museum
亚伯街
Albert St.
Parliament Gardens
p.158 公主剧院
Princess Theatre
美特罗夜店
Metro Night Club
圣帕特里克大教堂 p.158
St. Patrick's Cathedral
p.169 东方饭店
Oriental Bistro
墨尔本瑞吉斯酒店 p.172
Rydges Melbourne
Cathedral Pl.
州议事堂 p.158
Parliament House
东墨尔本
EAST MELBOURNE
唐人街
Chinatown
硬石咖啡
Hard Rock Cafe
帕拉门特站
Parliament Sta.
墨尔本柏悦公园酒店 p.170
Park Hyatt Melbourne
Bourke St.
查尔顿斯
Charlton's
Exhibition St.
Spring St.
p.172 温莎酒店
Windsor
Macarthur St.
St. Andrew Pl.
State Government Offices
菲茨罗伊花园 p.158
Fitzroy Gardens
Russell St.
Treasury Place
Lansdowne St.
旧财政部大楼 p.158
Old Treasury Bldg.
迷你帝舵镇
斯坦福广场酒店 p.171
Stamford Plaza Melbourne
墨尔本索菲特大酒店 p.170
Hotel Sofitel Melbourne
财政花园
Treasury Gardens
双塔
Twin Tower
Collins Pl.
库克船长的小屋
H
肯瑟韦特里
p.159 库克船长的小屋
Captain Cook's Cottage
维多利亚酒店 p.172
Victoria Hotel
G
谢尔顿豪华酒店
Sheraton Motor
政府
Town Hall
澳大利亚新闻社
MCC Nursery
KI
君悦大酒店 p.170
Grand Hyatt Melbourne
惠灵顿路
Wellington Parade
城市广场
The City Square
惠灵顿公爵酒店
Duke of Wellington
Wellington Parade South
曼彻斯特小道
Manchester Lane
圣保罗教会
St. Pauls Anglican Cathedral
Jolimont Rd.
扬&杰克逊
Young & Jacksons
联邦广场 p.156
Federation Square
维多利亚游客服务中心
Victoria Visitor Information Centre
弗林德斯街站
Flinders St. Sta.
加纳比餐厅 p.168
Tjanabi
王子桥
Princes Bridge
Brunton Ave.
墨尔本音乐会场
Melbourne Concert Hall
亚历山大庭园
Alexandra Gardens
K
L
Alexandra Ave.
圣基尔达路
St. Kilda Rd.
维多利亚女王花园
Queen Victoria Gardens
国家网球中心
National Tennis Centre
州立剧场
State Theatre
中心广场
Centre Court
维多利亚艺术中心 p.156,160
Victorian Arts Centre
悉尼麦尔野外音乐会场
Sidney Myer Music Bowl
鲜花时钟
Floral Clock
Linlithgow Ave.
旧斯科奇会场
Old Scotch Oval
维多利亚国家美术馆 p.160
National Gallery of Victoria
斯旺街桥
Swan St. Bridge

熟练驾驭！

市内交通

浏览市区景点的好帮手

市内环线电车
City Circle Tram

DATA

免费

这是环绕市中心的免费有轨电车，红色的车身带给您一种复古的气息。售票员还能给您提供旅游向导服务。

●路线

围绕弗林德斯街、斯普林街、拉特罗布街、斯潘塞街等，分为内环和外环。环行一周大约需要30分钟。市中心几乎所有的景点都可以转到。

●乘车方法

在车站招手示意停车，从前后门上车。下车时，提前拉动车内的一根铃绳告知售票员要下车。

运行时间 10:00~18:00
运行间隔 5~10分钟
休息日 受难节、圣诞节
咨询 Metropolitan Transit
☎13-1638（仅限市内）

穿梭于城市内

有轨电车 Tram

DATA

售票

这是穿梭于市内的有轨电车。路线图和时刻表可以在游客信息中心或者梅特商场Met Shop(103 Elizabeth St.)索取。

●路线

有轨电车在市中心有两条路线，一条是东西走向，从斯普林街到斯潘塞街；另一条是南北走向，从弗林德斯街到维多利亚街。

●购票方法

告诉售票员目的地然后购票。可以使用有轨电车、公共汽车和火车的通票，有2小时内或者1天内有效的车票可供选择。

●乘车方法

停靠车站大都设在十字路口。向线路合适的车辆招手示意停车。快到站的时候，用蜂鸣器提示售票员要下车。然后按下门口的按钮，车门就会自动打开。

运行时间 根据路线不同而不同
咨询 Metropolitan Transit
☎ 13-1638（仅限市内）

去郊外十分方便

火车（市区环线）*Train(City Loop)*

DATA

售票

墨尔本市域内的火车网络以环绕市中心的City Loop环线为中心，向市郊呈发散状分布。

●路线

市区环线City Loop共有五个车站，分别为弗林德斯街、州议事堂、墨尔本中心、弗拉格斯塔夫和南克罗斯。

●购票方法

车站内有售票处，可以使用“The Met”（公共汽车和有轨电车的通票）。

●乘车方法

下车时按下门口按钮，车门会自动打开。

运行时间 5:00~深夜（周日7:30~23:00）

咨　询 Metropolitan Transit

☎ 13-1638（仅限市内）

来往于市内主要景点

游客摆渡车 *Tourist Shuttle*

DATA

免费

这是来往于墨尔本市内13个主要旅游景点的淡蓝色大巴。

●路线

游客摆渡车途经世界遗产卡尔顿园林、墨尔本博物馆、维多利亚女王市场、公主剧院和皇家植物园等市内景点。全程约50分钟。

●乘车方法

在浅蓝色的站牌下挥手示意停车。用蜂鸣器提示售票员要下车。

运行时间 9:30~16:30

运行间隔 大约15~20分钟

咨　询 City of Melbourne Hotline

☎ 03-9658-9658

自由之行 enjoy freetime

所需时间 约 **4**小时

以弗林德斯街站为起点，步行前往博物馆和美术馆。车站对面的联邦广场设计新颖，还能在那里看到伊恩波特中心和澳大利亚影像博物馆。跨过雅拉河，墨尔本的文化中心维多利亚艺术中心就展现在面前。过了皇后桥，返回市中心就是移民博物馆和希腊考古学博物馆。最后还可以去弗林德斯小巷散步。

这里不仅是墨尔本市郊铁路的枢纽，更是墨尔本的标志性建筑。

START

弗林德斯街站

▼步行10分钟

联邦广场

伊恩波特中心

澳大利亚影像博物馆

▼步行10分钟

维多利亚艺术中心

维多利亚国家美术馆

▼步行10分钟

旧海关

移民博物馆

希腊考古学博物馆

▼步行3分钟

弗林德斯小巷

这里收藏了约2万件的澳大利亚艺术品。

博物馆展品以影像为主，收藏了初期的电影、电子媒体等。

这是澳大利亚历史最悠久、也是最大的美术馆，有7万件以上的藏品。

展示了从殖民时期到现在移民的发展历史。

这条街上有许多画廊，不禁让人想起纽约的索霍区（SOHU）。

高耸的白色尖塔外形格外突出。

POINT

因为有很多艺术圣地，所以时间的分配非常关键。如果看到喜欢的展品，日程可以顺延下去。维多利亚国家美术馆里有咖啡厅，也可以去那里歇一歇。最后穿过的弗林德斯小巷是一条很精致的巷子，马路两旁有许多画廊。徜徉于这里也是件快乐的事。

OP 自选路线

墨尔本有许多不同的面孔，演绎出丰富多彩的发展方式。您可以回溯拓荒时代的历史、看看殖民地时期的建筑，也可以在450个公园中散步。不管哪里都能让人心情舒畅。作为移民发展起来的城市，不论走在意大利街、越南街或者唐人街都能体会到异国风情。另外，如果去了雅拉河南边的圣基尔达，还可以领略到海风拂面的海滩景致。

轻松之旅 Tour

墨尔本的近郊有丰富的自然资源，温和的气候所眷顾的酿酒厂或者野生动物保护区都是著名的景点，赶快出发吧！

企鹅天堂
The Penguin Parade

企鹅天堂在袋熊和树袋熊野生动物园的对面。在这里还能亲自给袋鼠喂食。日落时分，看着匆匆而行、准备休息的企鹅，一天开心的游玩也该结束了。

出发日期 每天　出发时间 14:00
所需时间 约8小时
费　用 A$130~（根据出发时间而不同）
集合地点 主要酒店停车场

企鹅家族

大洋路
Great Ocean Road

大自然创造了风景优美的海岸线，伦敦桥和十二使徒岩等名胜则是压轴大戏。途中还能看到野生树袋熊和袋鼠，还可以在奥特韦温带雨林散步。

出发日期 每天　出发时间 8:00
所需时间 约12小时　费　用 A$140
集合地点 主要酒店停车场

大自然塑造的艺术品在夕阳下熠熠生辉

缓缓地行驶在自然中的蒸汽小火车

丹德农之行
Paffing Billy,Yarra Winery & Healesville

乘坐观光蒸汽小火车“帕芬比利”号，从丹德农山出发。在终点站的国家公园里可以喂养鹦哥，下午可以长时间享用桉树茶。从山顶还能一览墨尔本市区。

出发日期 每天　出发时间 8:40
所需时间 约9小时　费　用 A$128
集合地点 主要酒店停车场

酒庄之行
Winery Tour

在雅拉谷享受品美酒、赏风光的乐趣。在这里一共要去4家酒庄，您可以在现场观光、品尝，谁都无法抵挡这种诱惑。您还可以简单地吃到一些奶酪。

恬静的田园风光

出发日期 每天　出发时间 9:15
所需时间 约5小时　费　用 A$125
集合地点 主要酒店停车场

St. Patrick's Cathedral
圣帕特里克大教堂

地图p.153-D

●有轨电车的吉斯伯恩街站附近，或者从游客摆渡车的唐人街步行8分钟 Albert St. East Melbourne ●☎ 03-9662-2233 7:00~17:00 免费

塔斯马尼亚的殖民者来到墨尔本20年之后，从1858年开始，花了近80年时间完成了这座天主教堂。这是澳大利亚最大的哥特式建筑，103米的高塔是其象征。教堂不仅外观好看，内部的彩绘玻璃窗户也值得观赏。

用砂岩建成的大教堂

Parliament House
州议事堂

地图p.153-C

●在有轨电车斯普林街站附近 Spring&Burke Sts. ☎ 03-9651-9811 议会期以外月份每周五 免费

这是1856年建造的科林斯柱式建筑。1901年澳大利亚联邦成立后曾作为联邦议会所在地，1927年首都迁至堪培拉之后，这里重新作为州议事堂。

很有历史的剧院

自由行 议会期以外的时间可以进行免费观光。现在仍作为议会所在地发挥着作用。

文化一点通

墨尔本曾经是澳大利亚首都

1901年，澳大利亚从英国的统治下独立出来，正式成立联邦政府。悉尼和墨尔本之间出现了激烈的首都争夺战，那时，墨尔本已经成为了临时的首都。但是，政府最终决定将堪培拉定为首都。1927年，联邦议会从墨尔本迁至堪培拉，墨尔本持续27年的临时首都身份也到此结束。

Old Treasury Building
旧财政部大楼

地图p.153-H

●在有轨电车斯普林街站附近，或者从游客摆渡车的唐人街步行6分钟 Spring St. ●☎ 03-9651-2233 9:00-17:00（周末10:00~16:00） 受难节、圣诞节休息 票价：成人A$8.50，儿童A$5

这里由墨尔本特有的蓝石和砖头建造而成，被称为市内最漂亮的新古典主义建筑，在1862年淘金潮时期，花了5年时间建造而成。现在作为墨尔本历史资料馆向公众开放。

能感到深厚的历史积淀

Fitzroy Gardens
菲茨罗伊花园

地图p.153-H

●在有轨电车惠灵顿路站附近，或者从游客摆渡车的运动区步行10分钟 Wellington Parade, East Melbourne ☎03-9419-5766 全年无休 免费

这座花园于1857年建成。园内的林荫小路正好构成一幅巨大的英国国旗图案。庭院内不乏花坛、树木、雕像、喷泉等。此外，这里还可以看到温室花房（夏季9:00~17:30、冬季9:00~17:00）、微缩英吉利都铎村。

满眼绿色让人心情舒畅

Princess Theatre
公主剧院

地图p.153-C

●在有轨电车斯普林街站附近，或者在游客摆渡车的唐人街附近 163 Spring St. ☎ 03-9299-9800 全年无休 根据座位决定票价

这个传统剧院于1854年建成，这里曾

上演《歌剧魅影》《美女与野兽》《悲惨世界》等很受欢迎的百老汇歌剧。这个剧场长期以来一直是墨尔本的主要剧场，建筑本身也很有特色。您还可以穿着戏服观光整个剧院。

很有历史的剧院

Captain Cook's Cottage
库克船长的小屋

地图p.153-H

●菲茨罗伊花园内 WellingtonParade、East Melbourne ●☎03-9419-4677 9:00~17:00（夏季7:30~17:00） 全年无休 票价：成人A$4.50 儿童A$2.20

在1934年墨尔本建市100周年大庆的时候，库克船长儿时居住过的小屋从英国迁至此处。这是一座砖头砌成的典型英国小屋。房屋内展示了库克船长相关资料以及他的衣柜、床等物品。院子里还种着香草和花，展示了一个英式花园。推荐来这里散散步。

菲茨罗伊花园内

Melbourne Observation Deck
墨尔本观景台

地图p.152-I

●在有轨电车科林斯站的附近，或者从游客摆渡车的运动区步行4分钟 525 Collins St.
●☎03-9629-8222 10:00~21:00（周六10:00~22:00 周日10:00~18:30） 全年无休 票价：成人A$15.50，儿童A$8.50，学生A$10.50

这座南半球最高的写字楼有66层，253米高。其中，第55层是观景台，可以360°眺望墨尔本全景。因为一直到晚上10点都在营业，所以还能欣赏到浪漫的夜景。租用播放市内观光信息的语音导览器只需A$1。

富有活力的城市

Melbourne Central
墨尔本中心

地图p.152-F

●从环城电车的拉特罗布街站附近，环城线的博物馆站附近 300 Lonsdale St. ●☎03-9665-0000 10:00~18:00（周日、周一 根据店铺不同而不同） 元旦、受难节、澳新军团日、圣诞节休息

这里与地铁博物馆站相连，有专卖店、特产店、餐厅等300家以上的店铺，同时还有电影院等娱乐设施。这里的大怀表是标志性的物品。

令人印象深刻的钟表

The Old Melbourne Gaol
旧墨尔本监狱

地图p.152-B

●从环城电车的拉特罗布街站步行1分钟、或者从游客摆渡车的墨尔本博物馆站或者卡尔顿园林步行3分钟 Russell St. ●☎ 03-9663-7228 9:30~17:00 受难节、圣诞节休息 票价：成人A$20、儿童A$10

这座监狱于1851年建成，一直使用到1929年。如今，这里只有一部分区域公开供游客参观，能看到单人牢房、绞刑台、刑具等。这里还因处决了澳大利亚版的神偷卡门——内德凯利而闻名，馆内展示了他与警察最后斗争所用的铠甲、面具等物品。**自由行** 有夜间观光（周末19:00~21:00，费用：A$15 需要预约），是很受欢迎的恐怖之旅。

馆内散发着严肃的气氛

Queen Victoria Market

维多利亚女王市场

地图p.152-A

●在有轨电车维多利亚站附近，或者在游客摆渡车的维多利亚女王市场站附近 Victoria & Queen Sts.
●☎03-9320-5822 周四、周六6:00~14:00（周五6:00~18:00、周六6:00~15:00）、周日9:00~16:00 周三、元旦、受难节、节礼日休息

这里是拥有140年历史并且也是墨尔本最大的市场。从食品到日常生活用品一应俱全。市民、游客都来这里采购。周日还有跳蚤市场，十分热闹。**自由行** 还可以在这里（Food Touries周二、四、五、六10:00开始 A$30 需要电话预约）品尝美食，看遍市场内的著名景点。

出售当地新鲜的蔬菜和水果

Melbourne Aquarium

墨尔本水族馆

地图p.152-I

●在有轨电车弗林德斯街附近，或者在有轨电车国王街附近 Cnr.QueenWharfRd.&KingSt.Melborne
●☎ 03-9620-0999 9:30~18:00（1月9:00~21:00）全年无休 票价：成人A$25，儿童A$15

水族馆坐落在雅拉河畔，馆内有约500余种、6000多只海洋生物。最显眼的当属鲨鱼了，在透明玻璃做成的通道内，可以在7米深的水底世界里看到鲨鱼和鳐等生物，还可以与鲨鱼一起游泳（需要预约，初学者A$349），每天4次的玻璃底旅行（A$13.50，需要45分钟）能更近距离地观察各种鱼类。

可以看到珍奇海洋生物

Melbourne Museum

墨尔本博物馆

地图p.150-F

●在有轨电车博物馆站附近，游客摆渡车的墨尔本博物馆或者卡尔顿园林附近 CarltonGardens
●☎ 03-8341-7777 10:00~17:00 受难节、圣诞节休息 票价：成人A$8，儿童免费

博物馆坐落在卡尔顿园林内，于2000年秋季正式对外开放。有自然科学、历史文化等6个常设展馆。进化长廊展示着和人一样大小的恐龙化石，森林长廊真实还原了维多利亚州的森林。还有IMAX-3D设备。

建在绿树成荫的公园里

Victorian Arts Centre

维多利亚艺术中心

地图p.153-K

●有轨电车的圣基尔达站附近，游客摆渡车的艺术区附近 100 St. Kilda Rd. ●☎03-9281-8000 9:00~17:30 受难节休息 票价根据设备而不同

艺术中心由大剧院、墨尔本音乐厅等3座建筑物构成，是墨尔本文化和艺术的中心。大剧院设有3个大小不同的剧场，供歌剧、芭蕾舞及大型音乐会演出之用。音乐厅1982年投入使用，世界许多著名的音乐团体都曾在这里演出过。

浓缩了墨尔本的文化

National Gallery of Victotia

维多利亚国家美术馆

地图p.153-K

●有轨电车的圣基尔达站附近，游客摆渡车的艺术区附近 295 St. Kilda Rd. ●☎03-9208-0220 10:00~17:00（周三10:00~20:30） 受难节、节礼日、圣诞节的上午休息 免费（特别展览收费）

这是澳大利亚最大的美术馆，于1861年开馆。入口正面的原物体艺术品造型新颖独特。这里拥有土著艺术和欧洲绘画等

入口正面的原物体艺术

7万件馆藏作品。此外，还有亚洲风情的藏品。馆内设有餐厅。

Royal Botanic Gardens
皇家植物园

地图p.151-G

●有轨电车的多明站附近，游客摆渡车纪念圣地或皇家植物园附近 Birdwood Ave.，South Yarra
●☎03-9252-2300 7:30~17:30 全年无休 免费

皇家植物园建于19世纪后半期，是园林设计师米勒设计的英式园林。这里与国王领地公园相连，占地40万平方米。置身于市中心附近的这个宁静植物园里，时间会不知不觉流走。

市中心附近的休息场所

Royal Melbourne Zoological Gardens
皇家墨尔本动物园

地图p.150-B

●从有轨电车伊丽莎白站55号线步行5分钟， Elloott Ave.Parkville ●☎ 03-9285-9300 9:00~17:00 全年无休 票价：成人A$22.40，儿童A$12.10

动物园与皇家公园相邻，是澳大利亚最古老、也是世界第三古老的动物园。有350种、3000多只以上的澳大利亚及世界各地的动物，它们都被饲养在接近自然的环境中。

拥有深厚历史的动物园

Como House
哥摩大宅

地图p.151-K

●从有轨电车的小教堂站步行7分钟 Cnr. Williams Rd.，& Lechlada Ave.，South Yarra
●☎ 03-9827-2500 10:00~16:00 受难节、圣诞节休息 票价：成人A$12， 儿童A$6.50

白色的墙壁是它的象征

这里是殖民时期一个富商的豪华住宅。宅邸位于亚拉区，于1847年建成，主建筑是一栋白色的两层建筑，经过几代墨尔本上层人物之手后，现在向公众开放。宅邸内部的舞蹈间、客厅、卧室等都保留着过去的装饰，豪华的家具向人诉说着昔日的辉煌。

Luna Park
月神公园

地图p.151-K

●从有轨电车的卡利斯站步行15分钟 Lower Esplanade，St.Kilda ●☎ 03-9525-5033 19:00~23:00（周六11:00~17:00和19:00~23:00、周日和学校假期11:00~18:00） 周一~周四休息（学校假期不休息） 免费

休闲的游乐场

月神公园位于海滩度假胜地圣基尔达。入口处的一个大大的人脸是它的标志。入园免费，还可以购买车票（一次乘坐A$8.50、通票A$35.95）乘坐车或船。

文化一点通

墨尔本杯赛马赛和F1巡回赛

墨尔本杯是每年11月第1个星期二在弗莱明顿赛马场举行的世界三大赛马赛事之一。观众穿着华丽，让人想起英国上流阶层的社交氛围。F1（Formula One）是转战世界各地的赛车盛典，澳大利亚大奖赛是F1比赛的第二站。每年3月在艾伯特公园举行。

冲击力十足的速度

一定要来看看企鹅中体型最小、走路摇摇晃晃的小企鹅。

拜访可爱的小企鹅
菲利普岛
Phillip Island

地图p.149

从观景台能够看到岸边的小企鹅

什么是小企鹅?

生活在澳大利亚南部和新西兰一带，也被称为神仙企鹅。高40~45厘米，体重约1公斤，是18种企鹅中最小的一种。背部被青灰色毛皮覆盖，腹部呈白色。其特点是身体前倾，这和它们的祖先很像。吃的食物是鱼、章鱼、乌贼等。它们白天在海里，夜晚返回到陆地。除了在地上挖洞，也有许多在洞穴中或者岩石上挖洞。

菲利普岛距离墨尔本东南大约140公里，是维多利亚州南部西港湾口的岛屿。这里生活着许多野生动物，其中最有名的是只生活在南半球一部分地区的小企鹅。岛内2万只中的1500只生活在岛屿西南部的夏陆海滩。因为日落后它们都要回到巢穴，所以夏季晚上八点、冬季晚上五点左右都能看到岸边成群结队的企鹅。它们排队列就像行军一般，十分可爱。

●菲利普岛信息中心 ☎ 03-5956-7447
开9:00~17:00

前往菲利普岛

坐车：从墨尔本出发大约需要1小时30分钟。可以换乘电车和公共汽车。

礁石是海豹的栖息地

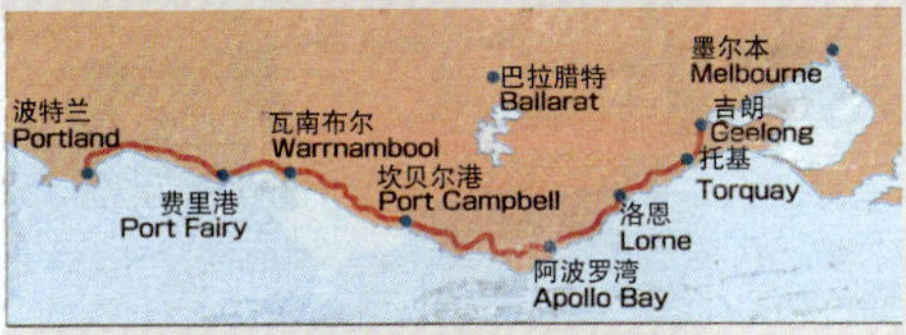

大洋路

The Great Ocean Road

地图p.149

耸立在海中的奇石堪称大自然的艺术品。这里到处是壮美的绝景，让思绪随意驰骋吧！

从墨尔本南部的托基到巴斯海峡沿岸的瓦南布尔有长达214公里的滨海公路。可以租一辆车，行驶在这里，欣赏壮丽的景色。

这里最大的看点莫过于坎贝尔国家公园的奇石——“12使徒岩”了。每块石头形态各异，犹如人的面孔，有50米高。在附近还可以欣赏到大自然的杰作——洛克阿德大峡谷和伦敦桥。

被称为伦敦桥的经典

前往洛克阿德大峡谷

坐车→从墨尔本出发，到达托基需要1个小时。终点是瓦南布尔，全长214公里。

相机中看风景

“12使徒岩”

“12使徒岩”被称为不得不照的风景。耸立在湛蓝海洋中的12块断壁岩石形态各异，是再好不过的拍照景点了。

下午虽然逆光，但是地平线上的夕阳是最好的景致，此时是最好的拍照时机。不妨多留一些披上多彩外衣的岩石风采。

经常用于明信片上的美景

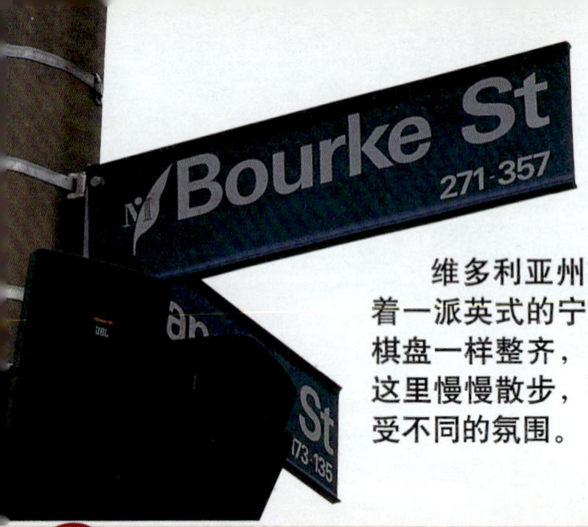

维多利亚州首府墨尔本弥漫着一派英式的宁静氛围，街道如棋盘一样整齐，可以手拿地图在这里慢慢散步，在不同的街区感受不同的氛围。

宁静、整齐、个性

街道漫步

墨尔本的几条街道各有不同的特色。

主道是伯克街，街道两旁的商店、咖啡店鳞次栉比，休闲感十足。而柯林斯街两旁欧式风格的建筑给人一种高雅的氛围。布伦兹维克大街上的店铺极具个性，小教堂街有许多小店。只是随意走走也会感受到其中的乐趣。

充满活力的中心地带

伯克街

Bourke St. 地图p.152-E

这是墨尔本的主道。各种专卖店、精品店、大型商场、电影院鳞次栉比，购物娱乐都不缺少。这里还有很多露天咖啡厅，供休息、用餐。

前往伯克街：
步行→在帕拉门特站附近

↑皇家拱廊的大钟
→斯旺斯顿街的原物体艺术

↑乘坐环市电车非常方便
→街上随处可见英式建筑

体验英伦风情

柯林斯街

Collins St. 地图p.152-F

在斯旺斯顿街和斯普林街之间的科林斯街，被称为“巴黎之端”，两旁栽种着整齐的法国梧桐，排列着各式各样的商场和饰品店，衬托出一种非常优雅的氛围。此外，这里还有许多欧洲高级时装商铺、有露天席座的饭店、伦敦风格的公寓和酒店等。

前往柯林斯街

步行→从帕拉门特站步行2分钟

伯克街附近，到处都会看到不可思议的艺术品

会聚各种独特的展览

不伦瑞克街

Brunswick St. 地图p.153-D

乐器店的招牌

热情的大叔

这里是艺术家和学生聚集的地方，也是新生文化的发源地。室内装修让人眼前一亮的个性化店铺很多，只是随意走走也会感受到其中乐趣。

前往不伦瑞克街

步行→从帕拉门特站步行15分钟

享受街边房屋的色彩

查普尔街

Chapel St. 地图p.151-K

这里位于市区东南大约4公里处，是贯穿南亚拉地区南北的一条街。这里离高级住宅区很近，最时尚的服装店和咖啡馆以及古董店分布其中。英式的建筑和古典建筑也为数不少。

↑各式各样的店铺列于街边

←将果酱工厂改装成的商店

前往查普尔

步行→从斯潘塞街站步行15分钟 到南亚拉站步行3分钟

泰迪熊

The Teddy Bear Shop

泰迪熊商店

地图 p.152-F

交 从弗林德斯街站步行10分钟 ✉ Galleria Shopping Plaza,385 Bourke St. ☎ 03-9670-7382
营 9:00~17:30（周五～21:00）周六10:00～17:00
休 周日 支付卡 V M A 预算 布偶A$20~

种类丰富的泰迪熊让人眼花缭乱

这家专卖店汇集了各式各样的泰迪熊。列成一排的熊熊们，有各种不同尺寸和种类，还穿着各种衣服，非常有趣。可以作为旅游纪念，也可以作为送给女士和孩子的礼物。除了泰迪熊外，还有兔子和小狗等布偶玩具。

原住民商品

Koorie Connections

库里连接

地图p.152-A

交 有轨电车的维多利亚街下车即到 ✉ 155 Victoria St ☎ 03-9326-9824 营 9:00~16:00
休 周一、周三 支付卡 V M A 预算 飞去来器A$10~

汇集了各式各样的原住民艺术商品

这里出售原住民的手工制品以及印有原住民艺术图案的T恤等原创商品。老板也是原住民，因此商品的质量有所保障。店内还挂有原住民照片，营造出一种非常独特的气氛。

自然派商品

Australian Geographic Shops

澳大利亚地理商店

地图 p.152-F

交 墨尔本中心内 ✉ Shop 253,Level 2,Melbourne Central,300 Latrobe St. ☎ 03-8616-6726
营 10:00~21:00（周六～18:00、周日～17:00）
休 全年无休 支付卡 V M A 预算 T恤A$19.95~
HP australiangeographic.com.au

环保健康的自然派商品

这家商店是《澳大利亚地理》杂志的实体店。户外用品、修剪庭院的用品、生活杂货等自创商品非常丰富。这里还有供孩子看的玩具和绘画书。

户外 时尚

R.M.Williams

R.M.威廉姆斯

地图 p.152-F

交 墨尔本中心内 ✉ Shop 253,Lever 2,Melbourne Central,300 Lonsdale St. ☎ 03-9663-7126
营 10:00~18:00（周五～21:00、周日11:00～17:00）休 全年无休 支付卡 V M A 预算 靴子A$290~ HP www.rmwilliams.com

真皮制品是其魅力点

这是以皮制品为主的休闲时尚品牌，有着70多年的传统历史，品质超群。

人物角色商品

Minotaur

牛头人

地图 p.152-F

交 从弗林德斯街站步行10分钟 ✉ 121 Elizabeth St. ☎ 03-9670-5414 营 9:00~18:00（周四～19:00、周五～21:00、周日11:00～17:00）
休 全年无休 支付卡 V M A 预算 人物角色商品A$13~ HP www.minotaur.com.au

从这里可以淘到好东西

这是一家与电影、电视节目、摇滚乐、流行文化相关的商品专卖店。《星球大战》、《蜘蛛人》、《辛普森一家》等影视作品的DVD和漫画，在这里都可以找到。

巧克力

Newmans Chocolate Shop

纽曼斯巧克力店

地图 p.151-G

交 从北里士满站步行10分钟 ✉ 87 church St.Richmond ☎ 03-9428-5068 营 9:00~17:00 休 周日 预算 巧克力A$1~

大家喜爱的巧克力比市场价还要便宜

这是在当地广受好评的巧克力专卖店。因为是工厂直销店，所以价格比免税店的半价还要便宜。店内多种巧克力堆积如山，可以边试吃边选择需要购买的巧克力。

冲浪用品

Rip Curl Pro Store

专业冲浪用品商店

地图 p.152-F

交 墨尔本中心站步行7分钟 ✉ 219~225 Swansten St. ☎ 03-9654-5678 营 9:00~18:00（周五~21:00，周六、日10:00~） 休 全年无休 支付卡 V M A 预算 T恤A$25~

HP www.ripcurl.com

冲浪用品制造业的先驱者

作为橡皮潜水服和冲浪板的制造商，这家澳大利亚品牌30年来一直得到用户的大力支持。冲浪用手表以及墨镜、泳衣等均有销售。

香薰用品

The Grotto

格罗特

地图 p.151-G

交 从维多利亚公园站步行20分钟 ✉ 295 Brunswick St.,Fitzroy ☎ 03-9417-5563 营 10:00~19:00 休 全年无休 预算 蜡烛A$7.95~

治愈平日疲劳的用品种类繁多

这是一家以经营、治愈疲劳的商品为特色的店铺，店内燃着的薰香充满了异国情调，这里还有各种芳香蜡烛、精油等让人放松的产品。

庭院用品

Fitzroy Nursery

菲茨罗伊苗圃店

地图 p.151-C

交 从维多利亚公园站步行25分钟 ✉ 390 Brunswick St.,Fitzroy ☎ 03-9417-3272 营 9:00~17:30（周六、日9:30~） 休 全年无休 预算 观赏植物A$10~

享受被红花绿草围绕的生活

这是家花卉和庭院用品专卖店。店内以澳大利亚的年轻艺术家所做的流行用品为主，这里还可以买到独特的商品，让修建庭院成为一种乐趣。店中摆放着各种植物，根据季节还会有不同的花卉和观赏植物出售。

糕点

Acland Cakes

艾蓝蛋糕

地图 p.151-K

交 从月神公园站步行5分钟 ✉ 97 Acland St.,St Kilda ☎ 03-9534-3785 营 8:00~20:00 休 全年无休 预算 蛋糕A$ 4.5~

1956年开业的传统糕点店

这家传统糕点店因欧洲移民的支持而日渐发展起来。在氛围优雅的店内，每天早晨都会有店里人自己亲手做的50多种糕点出售。草莓和果冻点缀其上的水果奶酪蛋糕很受欢迎。

澳大利亚

Tjanabi

加纳比餐厅

地图p.153-K

英

交 佛林德斯街站口 ✉ Atrium Federation Square,Flinders St. ☎ 03-9662-2155 营 12:00~22:00（周一～16:00）休 全年无休 支付卡 V M A 预算 A$25~ HP www.tjanabi.com.au

精于原住民的传统风味

餐厅老板为原住民。在这里可以品尝到新式原住民菜肴。比如袋鼠汉堡、炸鳄鱼肉等各种珍奇菜品。店内装饰着原住民艺术品，充满宁静的气氛。

泰国料理

Cookie

小饼干

地图p.152-F

英

交 从墨尔本中心站步行7分钟 ✉ 252 Swanston St ☎ 03-9663-7660 营 12:00~翌日3:00 ）休 全年无休 支付卡 V M A 预算 A$25~

广受好评的泰国料理酒吧&饭馆

这里有泰式咖喱、面类，以及西式料理和海鲜料理等丰富菜式供选择。饮品超过千种，可试饮做一下比较。

咖啡馆

Jasper Coffee

贾斯珀咖啡馆

地图p.153-D

英

交 从帕拉门特站步行12分钟 ✉ 267 Brunswick St.,Fitzroy ☎ 03-9416-0921 营 10:00~18:00（周六9:00～）休 全年无休 支付卡 V M 预算 A$2～5

咖啡和红茶种类丰富

从澳大利亚、巴西、非洲各地的咖啡豆中精选出的45种咖啡是其常备品，红茶也有超过30种可供选择。

牛排

Squires Loft Steak

斯夸尔斯阁楼牛排

地图p.151-G

英

交 从南亚拉站步行2分钟 ✉ 166 Toorak Rd.,South Yarra ☎ 03-9824-0999 营 12:00~15:00,18:00~22:00（周六、日只有晚上营业）休 全年无休 支付卡 V M A 预算 A$15～40

现场炭火烧烤老澳洲牛排

在这里可以品尝到牛背肉和牛腰肉等老澳洲牛排。牛肉、牛排A$17起。沙拉和红酒也一应俱全。

意大利

Cafe Italia

意大利咖啡馆

地图p.150-F

英

交 从墨尔本博物馆步行5分钟 ✉ 55-66University St.,Carlton ☎ 03-9347-0638 营 12:00~23:00（周五、六～24:00、周日11:00～）休 全年无休 支付卡 V M A 预算 A$15~

氛围轻松的意大利店

这家咖啡馆的欧式庭院给人以深刻印象，气氛轻松。这里意大利面标价A$8.5，还有其他菜肴。

海鲜

Esposito

艾斯波西多

地图p.150-B

英

交 从墨尔本博物馆步行10分钟 ✉ 162 Elgin St. ☎ 03-9347-9838 营 12:00~15:00、18:00~22:00 休 周日、周一 支付卡 V M 预算 A$40~

享受极为新鲜的海鲜菜肴

这是墨尔本最有名的海鲜饭店，可以尝到新鲜的鱼贝类美食。用料丰富的意大利面配海员沙司售价A$38。

中国

Oriental Bistro
东方饭店

地图p.153-C

英

交 从帕拉门特站步行30分钟 ✉ 195 Exhibition St. ☎ 03-9663-9080 营 12:00~翌日2:00 休 全年无休 支付卡 V M A 预算 A$10～28

味道正宗 价格合理

这家饭店位于唐人街，在这里可以品尝到正宗的中国菜肴。面类A$8起，配料非常丰富，汤的味道也十分可口。如果点A$14.8蒸菜的话，就可以自己挑选活鱼让厨师来做。

越南

Minh Tan
明新酒家

地图p.151-G

英

交 从北里士满站驾车5分钟 ✉ 190 Victoria St.,Richmond ☎ 03-9427-7131 营 11:00~15:00、17:00~23:00 休 全年无休 支付卡 V M 预算 A$10～40

丰富健康是其魅力所在

这家越南餐厅位于维多利亚大街。大量使用新鲜的海产品和蔬菜，对维持身体营养平衡很有帮助。4～6人用餐的话，推荐尝试一下越式薄饼和春卷等经典菜式，价位在A$25左右。

夜生活 Night

酒吧

Jimmy Watson's
吉米沃森

地图p.150-B

英

交 从墨尔本博物馆步行7分钟 ✉ 333 Lygon St.,Carlton ☎ 03-9347-3985 营 12:00~15:00、18:00~22:00（周一除外） 休 周日 支付卡 V M A 预算 A$10～30

红酒品种丰富

这家酒吧的白墙很容易让人联想到酒窖。告诉调酒师喜好，他会为客人选酒。

酒馆

P.J.O'brien's
P.J.奥布莱恩

地图p.152-J

英

交 从弗林达斯街站步行3分钟 ✉ Ground Fl14 Southgate Arts & Leisure Precinct,Southbank ☎ 03-9686-5011 营 11:30~翌日3:00（周四～周日～翌日2:00后） 休 全年无休 支付卡 V M A 预算 A$5～40

陶醉在正统的气息之中

这里是位于南门购物中心的正宗爱尔兰酒吧。吉尼斯一品脱（中瓶大小）售价A$7。可以在此悠闲休憩品酒。

酒馆

Bridie O'Reilly's Irish Pub
布里迪奥雷利爱尔兰酒馆

地图p.151-K

英

交 从霍克斯本站步行7分钟 ✉ 462 Chapel St.,South Yarra ☎ 03-9827-7788 营 11:00~翌日1:00（周五、六～翌日3:00） 休 全年无休 支付卡 V M A 预算 A$5～15

现场乐队演奏烘托气氛

每晚9点左右会有现场乐队演奏。可以边欣赏演奏边品味啤酒。有15种生啤酒，比萨售价A$13.9。

市中心 ★★★★★

Park Hyatt Melbourne 地图p.153-H

柏悦公园酒店

高水准的设施和服务

酒店位于市中心，适合观光购物。客房装饰让人感觉温暖。饭店、游泳池等店内设施装饰豪华。服务信息周到，可以在此得到充分休息。

交 从帕拉门特站步行5分钟
A$ A$270~
客房数 240间
☎ 03-9224-1234
FAX 03-9224-1200
✉ 1 Parliament Square,Melbourne
HP melbourne.park.hyatt.com

崭新的设计引人注目

市中心 ★★★★★

Grand Hyatt Melbourne 地图p.153-G

墨尔本君悦大酒店

内有服装店的大型酒店

酒店位于墨尔本的最佳地段——巴黎之端。酒店高33层，有548间客房，1层和2层是服装店和饭店。酒吧、游泳池、网球场、迪厅等设施齐备。

交 从弗林德斯街站步行5分钟 A$ A$215~ 客房数 548间
☎ 03-9657-1234 FAX 03-9650-3491 ✉ 123 Collins St.
HP www.melbourne.grandhyatt.com

便于观光

南墨尔本 ★★★★★

Langham Hotel Melbourne 地图p.152-J

墨尔本朗廷酒店

俯瞰雅拉河和街道的高层酒店

酒店位于南门购物中心的上层，在这里可以欣赏雅拉河和街区的风景。维多利亚式的雅致客房内，有各种新式设施，让人感觉快捷舒适。视野最好的最上层法式餐厅非常受欢迎，健身房和Spa等设施也很完善。

交 从弗林德斯街站步行5分钟
A$ A$520~
客房数 387间
☎ 03-8696-8888
FAX 03-9690-5899
✉ One Southgate Ave.,Southbank
HP www.langhamhotels.com

简练的欧式风格

市中心 ★★★★★

Hotel Sofitel Melbourne 地图p.153-G

墨尔本索菲特大酒店

在市中心的高塔上眺望风景

由两幢高层大楼建成的柯林斯商业大楼的35～50层为酒店主体。店内有各种现代化的设备，从任意一间客房都能看到墨尔本街景。店内的法国餐厅也广受好评。

交 从帕拉门特大街步行3分钟
A$ A$220~
客房数 363间
☎ 03-9653-0000
FAX 03-9650-4261
✉ 25 Collins St.
HP www.softitel-melbourne.com.au

35层以上是客房

市中心 ★★★★★

Stamford Plaza Melbourne 地图p.153-G

斯坦福广场酒店

设计奢华的套间

这家高级酒店位于巴黎之端。客房全部都是1～2张床位的套间。统一使用沉稳的配色，KTV、Spa、餐厅、厨房等一应俱全。最适合度过一个惬意的假日。温水泳池和桑拿、餐厅等设施齐备。

交 从帕拉门特站步行5分钟 A$ A$210~ 客房数 283间
☎ 03-9659-1000 FAX 03-9659-0999 ✉ 111 Little Collins St.
HP www.stamford.com.au

外观是沉稳的老式英国风格

市中心 ★★★★

Novotel Melbourne on Collins 地图p.152-F

墨尔本柯林斯诺富特酒店

地利位置优越 适合短期居住

大楼中有70多家服装店和饭店，十分便利。黑白灰色的客房朴实大方，让人心情放松。有游泳池、Spa、健身房等设施。

简单优雅的建筑设计

交 从弗林德斯街站步行2分钟
A$ A$315~
客房数 324间
☎ 03-9650-5800
FAX 03-9650-5805
✉ 270 Collins St.
HP www.novotel.melbourne.com.au

东墨尔本 ★★★★★

Hilton On The Park Melbourne 地图p.151-G

希尔顿墨尔本公园酒店

可享受酒店周到的服务

酒店临近菲茨罗伊公园，周围被绿色环绕。室内由黑白两色构成，时尚而漂亮。店内有会讲多种语言的工作人员，所以可以放心居住。

被绿色环绕的时尚建筑

交 从西里士满站步行10分钟 A$ A$255~ 客房数 404间
☎ 03-9419-2000 FAX 03-9419-2001 ✉ 192 Wellington Parade,East Melbourne HP www.hillton.com

市中心 ★★★★

Crown Plaza Melbourne 地图p.152-I

皇冠假日酒店

雅拉河畔的现代化酒店

酒店位于雅拉河畔，从窗口可以眺望到墨尔本街景和菲利普港的船舶。此外，在这里的龙舟餐厅可以享受到真正的中国美味，还可轻松俯瞰雅拉河。

交 从斯潘塞街站步行7分钟
A$ A$260~ 客房数 385间
☎03-9648-2777 FAX 03-9629-5624
✉ 1-5 Spencer St.
HP www.crowneplaza.com.au

圆柱形的外观引人注目

市中心 ★★★

Hotel Ibis Melbourne 地图p.152-B

宜必思墨尔本酒店

购物休闲的好去处

酒店位于墨尔本市中心，临近维多利亚女王市场和大型购物商场，各种商品琳琅满目，在这里购物会非常便捷。

优越的地理位置

交 从墨尔本中心站步行7分钟
A$ A$109~ 客房数 250间
☎ 03-9639-2399
FAX 03-9639-1988
✉ 515-21 Therry St.
HP www.hotelibis.com.au

市中心 ★★★★

Rydges Melbourne　地图p.153-C

墨尔本瑞吉斯酒店

居家的感觉让人愉悦

精致客房给人简洁印象

酒店位于墨尔本中心商业区的一角。改装后的客房采用现代设计装点空间，简洁的设计给人居家的感觉。不经意间的细节服务给客人留下非常好的印象。

交 从帕拉门特站步行5分钟 A$ A$180~ 客房数 363间
☎ 03-9662-0511 FAX 03-9663-6988 ✉ 186 Exhibition St.
HP www.rydges.com.au

南墨尔本 ★★★

Clarion Suites Gateway　地图p.152-J

克莱伦套房门户酒店

可观赏河景和带厨房的客房广受好评

几乎所有客房都可以俯瞰雅拉河，跟国王公园、多曼公园、奥林匹克公园等景点相距不远。所有房间均配有厨房、微波炉、迷你吧台等设施。

交 从弗林德斯街站步行10分钟 A$ A$185~
客房数 120间
☎ 03-9296-8888
FAX 03-9296-8880
✉ 1 William St.
HP www.clarionsuites-gateway.com.au

俯瞰雅拉河

南班克 ★★★★★

Crown Towers Melbourne　地图p.152-J

皇冠大厦酒店

设备齐全的豪华酒店

这家顶级豪华酒店拥有486间客房，豪华门厅、饭店、奢侈品店等，一应俱全。服务质量也颇得好评，有标准的赌场设施。

交 从斯潘塞街站步行5分钟 A$ A$299~ 客房数 465间
☎ 03-9292-6868 FAX 03-9292-6299 ✉ 8 Whiteman St.
HP www.crowntowers.com.au

市中心 ★★★★★

The Windsor　地图p.153-G

温莎酒店

厚重感十足 独具风格

这是一家1883年开业的老牌古典风格酒店。上档次的色调将客房装点得优雅非凡。还有饭店、酒吧、咖啡馆等。下午茶有种类丰富的红茶和手制蛋糕等，品尝的人络绎不绝。

交 从帕拉门特站步行1分钟 A$ A$290~ 客房数 180间
☎ 03-9633-6000 FAX 03-9633-6001 ✉ 103-115 Spring St.
HP www.thewindsor.com.au

南亚拉 ★★★★★

The Como Melbourne　地图p.151-K

墨尔本哥摩酒店

让人拥有宾至如归的感觉

位于南亚拉高级住宅街，因为有很多名人在这里长住而闻名。黑白灰色的基调的客房朴素大方，空间充足，所有客房都带厨房，因此适于长期居住。

交 从南亚拉站步行5分钟 A$ A$210~ 客房数 107间
☎ 03-9825-2222 FAX 03-9824-1263 ✉ 630 Chapel Street,South Yarra HP www.mirvachotels.com/como-melbourne

市中心 ★★★

Victoria Hotel　地图p.153-G

维多利亚酒店

价格便宜 便于观光

酒店离墨尔本市中心、购物中心、剧院、商业街都很近，地理位置十分好。低价格是其魅力所在，476间客房虽然简朴，但是功能很强，饭店、酒吧、干洗店、娱乐室等一应俱全。

交 从弗林德斯街站步行10分钟
A$ A$110~
客房数 464间
☎ 03-9696-0000
FAX 03-9669-0000
✉ 215 Little Collins St.
HP www.victoriahotel.com.au

室内设计也独具匠心

阿德莱德

A D E L A I D E

交通

●从中国坐飞机到阿德莱德

从香港国际机场约8小时40分钟直达，也可以由悉尼、墨尔本、布里斯班换乘前往

●主要城市到阿德莱德的交通

从悉尼乘飞机需要2小时
从悉尼乘火车需要24小时10分钟
从悉尼乘远程大巴需要24小时
从墨尔本乘飞机需要1小时15分钟
从墨尔本乘火车需要11小时
从布里斯班乘飞机需要2小时35分钟

阿德莱德是个什么样的地方？

about ADELAIDE

景点概况

阿德莱德是南澳大利亚州的首府，也是澳大利亚继悉尼之后的第二古老的城市。170年前，来自欧洲大陆的人们到此，将这里建设成一个新天地。街道整齐有致的阿德莱德散发着古典宁静的英国气息。

1836年殖民者来到这里，成为澳大利亚的一个自由殖民地。阿德莱德是为纪念英国国王威廉四世的王后阿德莱德命名的。这里有别于悉尼、墨尔本等城市，不是由囚犯流放地发展起来的，而是由来到这里的移民们自己建设起来的城市。最初选择这块土地的是负责测量工作的威廉·莱特上校，选择这里的原因是阿德莱德的托伦斯河可保证这里的水源丰富、土地肥沃，有助于以后水利设施的建设。

1840年当时这里已经有人口6557名，1870年起，城市开始快速发展，历经数十年，建筑物拔地而起，街道错落有致。20世纪20年代，城市进一步发展完善。第二次世界大战结束后，以意大利为主的欧洲移民不断增加，欧洲文化对这里的影响越来越深。这里的石料房屋建筑无不透出一股历史的厚重感。

Highlight

亮点

托伦斯河贯穿北边的北阿德莱德区和南边的市区。这两部分由威廉王街连接在一起，可以徒步来回。市中心是威廉广场。两个地区的规划都清晰明了，不会迷路。

阿德莱德的东北郊是举世闻名的葡萄酒之乡——巴罗莎谷。南部是野生海獭和鸸鹋栖息的袋鼠岛。到处都是贴近自然的风景。

阿德莱德的气候▶ 典型的地中海式气候。夏冬季白天的气温差很大，夏天的12月~2月平均30摄氏度左右，冬天的6月~8月是15摄氏度左右。夏天降雨量小，基本属于干燥性气候。5月~9月降雨量较多。

阿德莱德的美食▶ 这里有时尚的咖啡馆和当地特色菜等，种类丰富多样。

阿德莱德的特产▶ 伦德购物中心是整个购物街的亮点。水果、珠宝饰品、化妆品等特产琳琅满目。

阿德莱德的节日和活动▶ 每年9月举办皇家阿德莱德展览会。偶数年的2月末～3月举行阿德莱德艺术节，吸引着世界各国游客来访。

观光咨询处
南澳大利亚州政府旅游中心

地图p.176-C
✉ 18 King William St.
☎ 08-8303-2033
营 8:45~17:00（周六日、节假日9:00~14:00）
休 全年无休

熟练驾驭！

市　内　交　通

市内免费乘车环城巴士

蜜蜂线 *Bee Line*

DATA

免费

这条线路网罗了市中心南部的主要观光景点，对游客来说，是非常实用的乘车线路。

●路线

从维多利亚广场出发，穿过威廉王街，依次到达北台街、乔治街、欣德利街、西台街、东台街。

●乘车方法

车站印有蜜蜂标志。乘车口设计得很宽敞，考虑得也很周到，轮椅和婴儿车也可顺利上下车。

运行时间 7:30~18:00（周五～21:20）、周六8:30～17:30、周日和节假日10:00～17:30
运行间隔 约5分钟（周六、周日和节假日为15分钟）

像电车一样的观光巴士

“阿德莱德探索”号 *Adelaide Explorer*

DATA

全天任意乘A$30（只在市内为A$25）

这是配有导游的阿德莱德旅游巴士。出发地在威廉王街和伦德购物中心交叉点的旅游中心前面。途经市内和海岸26个车站，全程2小时30分。

●路线

市内巡回路线途经威廉王街、东台街、北阿德莱德、动物园、圣彼得斯教堂等18站。海岸巡回路线途经凯西克站、格莱内尔格海滩、阿德莱德机场、北台区等8站。

●购票方法

在旅游中心的服务窗口以及上车直接向司机买票都可以。

●乘车方法

在车站看到巴士来后招手示意上车。可随意上下车，这样能在喜欢的地方好好游玩，如果想继续前行再重新上车。

出发时间 市内路线9:05、10:30、13:30
海岸路线10:30、12:00、15:00
咨　询 “阿德莱德探索”号 ☎08-8293-2966

通用车票 *Metro Ticket*

在阿德莱德乘车，可以使用非常便利的通用车票，公交车、火车、有轨电车等交通工具都可以任意乘坐，方便快捷。根据您使用的频率、时间和距离等不同条件，有3类9种车票可选择。

费用举例（9:00~15:00）

●简单游

A$2.60（只限乘坐一次）

●多次游

A$15.30（不限次数乘坐）

●一日游

A$8（1日内不限次数乘坐）

拿到路线图后高效率旅游

公交车 *Bus*

DATA

一次A$2.60~

约150条公交路线网罗市内外各个地点。可使用通用车票。

葡萄色车身 悠闲穿越住宅街区

环城巴士 *Tram*

DATA

一次A$4.40

从市区的威廉广场到格莱内尔格海滩观光区大约需要30分钟。运行时间为6:00～23:50。

六条路线向各个方向延伸

铁路 *Train*

DATA

一次A$2.60~

北台区的阿德莱德站通往郊区。此外，“印度洋—太平洋”号列车与“汗”号列车等长距离车的始发站为凯西克站。

阿德莱德
Adelaide
0 400m
N
Wilderness School
Robe Terrace
Walkerville Tce.
Northcote Tce.
Gilbert St.
Main North Rd.
富豪公园汽车旅馆
Regal Park Motor Inn
阿德莱德古韵酒店
The Old Adelaide Inn
奥康奈尔街
Barton Tce. West
Childers St.
Gover
Tynte St.
Mills Hill St.
北阿德莱德
North Adelaide
惠灵顿广场
Wellington Sq.
Molesworth St.
Archer
Barnard St
Ward St.
Jeffcott St.
O'Connell St.
Lefevre Tce.
p.185 蒙特祖玛餐厅
Montezma's
Kingston Terrace
Stanley St.
Mann Rd
Park Rd
戴瑞贝尔冰激凌咖啡厅
Dairy Bell Ice Cream
Melborne St.
阿德莱德迈利迪恩四季酒店
All Seasons Adelaide Meridien Hotel
Bundeys Rd.
Brougham Pl.
阿德莱德南区公园酒店
Adelaide South Park
墨尔本路
斯金斯辛斯商店
Skins & Things
北阿德莱德老狮子公寓
North Adelaide Old Lion Apartment
Finniss St.
War Memorial Dr.
p.179 莱特瞭望台
Light's Vision
p.184 蛋白石珠宝店
Opal Field Gems
圣彼得斯教堂
St. Peters Cathedral
Torrens R.
阿德莱德动物园
Adelaide ZoologicalGardens
阿德莱德市营高尔夫球场
City of Adelaide Golf Links
South Course
阿德莱德运动场
Adelaide Obal
节日庆典中心
南澳大利亚州政府旅游中心 p.177
South Australian Government Travel Centre
达莱尔·李巧克力店 p.184
Darrell Lea Chocolate Shop
哈克
HACK
Hackney Rd.
红赭土餐厅 p.185
Red Ochre
阿德莱德赌场
茱莉蔻专柜 Jurlique p.19
Plane Tree Dr.
伦德购物中心 Rundle Mall
国家葡萄酒博物馆
蒙特菲奥里路
Montefiore Rd.
阿德莱德洲际酒店Inter Continental Adelaide p.186
Victoria Dr.
阿德莱德大学
Univ. of Adelaide
阿德莱德植物园 p.178
Adelaide Botanic Gardens
Torrens Lake
Exhibition Centre
Kintore Ave.
南澳大利亚博物馆p.178
South Australian Museum
p.186 格罗夫那美居酒店
Mercure Grosvenor Hotel
州立图书馆
威廉王街
巴伦城镇酒店
The Barron Town House
Adelaid Sta.
南澳大利亚美术馆 p.178
Art Gallery of South Australia
肯特郭
KENT TO
北台街
North Terrace
p.184 果酱工厂
Jam Factory
迪达斯 Ditters
p.184 Rundle St.
艾尔斯屋博物馆 p.178
Ayers House Museum
Hindley St.
p.186 阿德莱德欣德利街大臣酒店
Grand Chancellor Adelaide on Hindley
p.184 斯科特户外中心
Scout Outdoor Centre
联合红酒吧 p.185
Universal Wine Bar
克利路
Currie St.
帕林格莫尔酒店
Grenfell St.
坦达尼亚原住民文化研究所 p.179
Tandanya
Rym Park
West Terrace
莱特广场
Light Sq.
斯坦福广场酒店
Stamford Plaza Adelaide p.186
皮里街
Pirie St.
韦茅斯街
Waymouth St.
中央邮局
Post Office
市政厅
Town Hall
欣德马什广场
Hindmarsh Sq.
阿马尔菲比萨餐厅 p.185
Amalfi Pizzeria Restau
Bartells
富兰克林街
Franklin St.
弗林德斯街
Flinders St.
p.186 希尔顿酒店
Hilton Adelaide
维多利亚广场
Victoria Sq.
圣斯蒂芬教堂
豪斯奥夫餐厅
格罗特街
Grote St.
格莱内尔托勒姆车站
维克菲尔德街
Wakefield St.
p.179 中央市场
Central Market
消防署
Fire Brigade
吉杰街
Gouger St.
圣安德鲁大学
St. Aloysius College
Angus St.
Frome St.
Hutt St.
维多利亚公园赛
Victoria Racec
唐人街
Chinatown
Morphett St.
卡林顿路
Carrington St.
莱特路
Wright St.
惠特莫尔广场
Whitmore Sq.
William St.
赫特尔广场
Hurtle Square
Halifax St.
东台医院
East Tce. Hospita
斯特尔特街
Sturt St.
哈利法克斯街
Pulteney St.
弗林德罗治莫特尔酒店
Flinders Lodge Motel
尤斯霍斯特尔
赫特街
Gilbert St.
King William St.
吉尔伯特街
Gilles St.
圣安德鲁医院
St. Andrews Hospital
普尔特尼文法学校
Pulteney Grammar School
安利路
南台街
South Terrace
South Terrace
208酒店
Hotel 208
奥斯蒙德庭园
Osmond Garden
玫瑰花园
Rose Garden
Glen Osmond Rd.
姬路庭园
Himeji Garden
阿德莱德切尔西公寓
Chelsea Apartments Adelaide
陆地公园
Park Lands
Peacock Rd.
克里基特场
Goodwood Rd.
Sir Lewis Cohen Ave.
Unley Rd.
格莱内尔格方向↓
←阿德莱德机场方向
A
B
E
F

自由之行 enjoy freetime

所需时间 约2小时

漫步阿德莱德街区，边感受历史气息，边悠闲地散步。从市区南段的旅游中心出发，去往北台街的南澳大利亚博物馆、阿德莱德植物园，然后再跨过托伦斯河，到达莱特瞭望台，一路好风景，一路好心情。

START

南澳大利亚州政府旅游中心

▼徒步5分钟

南澳大利亚博物馆

▼徒步1分钟

南澳大利亚美术馆

▼徒步5分钟

艾尔斯屋博物馆

▼徒步5分钟

阿德莱德植物园

▼徒步20分钟

莱特瞭望台

石质博物馆前有广阔的草坪，馆内藏有丰富的原住民资料。

这里的藏品涵盖各个领域，甚至还有许多亚洲的美术品。

广阔的草坪可供市民休息。这里的玻璃温室是南半球最大的。

还可以在这里好好休息一下。

这是建在山丘上的瞭望台，用于放置建城元勋威廉·莱特上校的铜像。

POINT

在穿过北台街的威廉王街东侧散步最为惬意，主要的观光景点大都集中于此，可以随走随停随欣赏。阿德莱德大学也在此处，会和当地的大学生擦肩而过。散步于此，可多角度领略阿德莱德风情。

轻松之旅 Tour

巴罗莎谷一日游
Barossa Valley Wineries

巴罗莎谷拥有几家澳大利亚屈指可数的葡萄酒酿造厂。探访3所酒庄，体会品酒之乐。在当地的饭店吃饭，也会一起送上葡萄酒。此外，还可以在酿酒庄留宿一晚。

出发日期 每天　出发时间 9点30分
所需时间 约8小时　费　用 A$123~
导游语言 英语
集合地点 主要酒店的门口
咨　询 Gray Line Australia
☎ 1300-858-687 HP www.grayline.com.au

连绵的葡萄园果实累累

市内观光
City Highlights Tour

乘坐巴士游览市内风景。可以观赏格莱内尔格和中央市场以及北阿德莱德的砂岩建筑等。

出发日期 每天　出发时间 9点30分
所需时间 约2小时30分　费　用 A$59
导游语言 英语
集合地点 主要酒店的门口
咨　询 Adelaide Sightseeing ☎ 08-8231-4144
HP www.adelaidesightseeing.com.au

德国风情小镇汉多夫
Hahndorf, Bavarian Village

来到汉多夫，可观赏德式风格的乡村建筑和风土民情。这里有古董店和珠宝店，吃香肠喝啤酒，过一个人的休假。

出发日期 每天　出发时间 13点30分
所需时间 约4小时　费　用 A$59
导游语言 英语
集合地点 主要酒店的门口
咨　询 Adelaide Sightseeing ☎ 08-8231-4144
HP www.adelaidesightseeing.com.au

注意 自由时间主要景点在“观光”部分有详细介绍。

South Australian Museum
南澳大利亚博物馆

地图p.176-D

●从旅游中心(Travel Center)步行5分钟
●☎ 08-8207-7500 10:00~17:00（澳新军团日13:00～）耶稣受难节、圣诞节休息 免费观光

博物馆位于阿德莱德一处安静的地区。入口处有一个98.8米高的巨大蓝鲸骨骼标本。这里展示了从前在澳大利亚栖息的恐龙的骨骼标本、奇珍异兽的皮毛标本以及太平洋诸岛和古埃及的文化展品。其中，收藏的原住民艺术品尤为丰富，堪称世界第一。独特的点画具有很高的艺术价值。

在广阔的庭院中栖息

Art Gallery of South Australia
南澳大利亚美术馆

地图p.176-D

●从旅游中心(Travel Center)步行6分钟
●☎ 08-8207-7000 10:00~17:00 圣诞节休息 免费观光（特别企划展另行收费）

美术馆与南澳大利亚博物馆相邻，收藏有澳大利亚、欧洲、亚洲等地的绘画、雕刻、工艺品、服饰等相关展品。这里不仅有非常珍贵的陶瓷、玻璃制品、家具等收藏品,还有数量可观的16世纪以来的英国美术品、东南亚艺术品。20世纪70年代以来的澳大利亚原住民艺术品也都集中在这里。

这里会定期举办主题展览

Ayers House Museum
艾尔斯屋博物馆

地图p.176-D

●从旅游中心(Travel Center)步行10分钟 ●☎ 08-8223-1234 10:00~16:00 （周末、节假日13:00～）周一、耶稣受难节、圣诞节休息 费用：成人A$8、12～17岁A$4、12岁以下免费

很有品位的青石建筑

这间屋子的主人亨利·艾尔斯靠经营铜矿发家，1857年至1893年曾担任南澳大利亚州的总理，在他的大力资助下，探险家发现了艾尔斯巨石，艾尔斯巨石因此而得名。室内陈列的的家具和用品都是当时维多利亚时期主人的原物，可以领略当时大富豪的优雅生活。现在建筑物的一部分是饭店。

Adelaide Botanic Gardens
阿德莱德植物园

地图p.176-D

●从旅游中心步行15分钟 North Terrace
●☎ 08-8222-9311 8:00~17:30（每月均有小幅变动）免费入园（温室区成人A$4.50）

植物园建于1855年，历史悠久。总面积16万平方米的植物园内，不仅有澳大利亚原产植物，世界各地的植物也在这里栽培着，供游客观赏。这里还有种类丰富的野生鸟类。园内来自世界各地的鲜花在8～10月绽放得最为鲜艳。在建国200周年纪念时的1989年，植物园又建造了大温室，被命名为热带雨林观察园，将热带雨林的风貌原封不动地呈现给大家，椰子、蕨类等植物都很有观赏价值。10:30～12:00还有免费的志愿者导游解说。

南半球最大规模的温室

Glenelg Beach
格莱内尔格海滩

地图p.174

●乘有轨电车从维多利亚广场出发25分钟，在终点下车

充满英国风情的宁静海滩

这是阿德莱德郊外宁静的海岸观光区，可以在白色沙滩上欣赏美丽的落日。主干道上有各种咖啡馆和饭店，每到周末就坐满了来此休假的市民。这里是英国殖民者最先登陆的场所，在有轨电车车站广场上也立有开拓者的纪念碑，记录这里曾经有过的殖民统治时代。近处的栈桥，有去往素有“野生动物乐园”之称的袋鼠岛的客船。

Central Market
中央市场

地图p.176-E

●从旅游中心步行15分钟 格罗特街 ●☎ 08-8203-7494 周二7:00~17:30（周三、四9:00~、周五~21:00、周六~15:00）周一、周日、节假日休息

中央市场已有120多年的历史。鳞次栉比的店铺内，摆满了各类新鲜蔬菜、水果、鱼肉和乳制品等，价格也非常便宜，被称作阿德莱德市民的厨房。这里还有生活杂货、医药品、特产店等，非常丰富。市场中也有中国、中东国家等地的商店，可以领略各个地区的生活氛围。此外，也有东南亚国家的饭店和咖啡馆，购物累了就来这里休息吧。

市民们常去光顾的市场

Light's Vision
莱特瞭望台

地图p.176-A

●从威廉王街出发，乘182、222路公交车在贝宁顿街下车步行5分钟 Montefiore Hill,North Adelaide

美国《纽约客》杂志盛赞阿德莱德市是城市建设的典范。站在这个位于城市北部的公园里，可以俯瞰到城市全貌。当年指挥城市建设的威廉·莱特上校的铜像就伫立于此。莱特上校奉命从英国来到南澳大利亚时还是一名测量师，而后他领导市区建设与规划，城市设计融入了维多利亚风格和爱德华风格。铜像的底座上刻有“吾选此为州都，闻评价于后世”字样。

指向街区的上校铜像

Tandanya
坦达尼亚原住民文化研究所

地图p.176-D

●从旅游中心步行13分钟 253 Grenfell St. ●☎ 08-8224-3200 10:00~17:00 全年无休 费用：成人A$5、学生A$3、儿童（12岁以下）免费

这里由澳大利亚的原住民管理运营，可以接触到原住民独特的绘画和文化传统。这里原名Tandanya，在原住民语言中是“红色的袋鼠之国”。周二到周日12点开始会有民俗乐器迪吉里杜管的表演和原住民的舞蹈表演。旁边的商店里出售带有原住民文化特色的装饰品和时尚用品。

保存和介绍原住民独特文化的博物馆

一步之遥
from Adelaide

葡萄遍野酒飘香
巴罗莎谷
Barossa Valley

地图p.174

巴罗莎谷是世界著名的葡萄酒产地。聚集在这里的50多家的葡萄酒酿造工厂，有着各自不同的规模和特点，可以在这里观光和品尝。

肥沃的土地培育出的优质葡萄，是酿造美味葡萄酒所不可缺少的。经过严格工序酿造出的葡萄酒，有机会一定要品尝一下

南澳大利亚盛产葡萄酒，其葡萄酒产量占澳大利亚葡萄酒产量的60%，其中心地区便是巴罗莎谷。巴罗莎谷位于阿德莱德东北约60公里处，当年有许多德国移民来到这里，以此为中心，大力发展葡萄酒业。

广大丘陵地带全都是葡萄园，直径大约30公里的地区中有超过50家葡萄酒酿造厂。每家酒庄都可以进行观光和品酒，如果喜欢的话还可以买下来。

葡萄酒被放置在凉爽的酒窖中

前往巴罗莎谷

公交车→从阿德莱德车站出发，乘公交车到达坦达车站大约1小时15分钟。周一到周五一天三班，周六一天两班，周日一天一班。

追求顶级葡萄酒

每个酿酒庄都有自己的特色，每个酒庄都有独此一家、别无觅处的个性葡萄酒，因此一定要找到对应你个人喜好的酒哦！

体会历史厚重感

亚尔伦巴酒庄

Yalumba Winery

品尝推荐款

这是一家1849年创业的老牌酒庄。蓝色大理石所建的钟楼给人深刻印象，可以感受到酒庄的悠久历史。这家家族经营的酒庄规模不断扩大，广阔的厂区内设立有很多品酒室。

古董家具和庭院也是看点之一

亚达拉花园城堡酒庄

Chateau Yaldara Estate

采用巴洛克式城堡作为酒庄。华丽的外观和建筑内，有古董家具和收藏品，还有精心修剪的庭园。起泡酒很受欢迎，还制造白兰地和果酱。

附导游解说

聚集了巴罗莎葡萄酒的珍品

奥兰多酒庄

Orlando Wines

饮酒比赛

这是1847建立的巴罗莎谷最早的酒庄之一。用可以接受的价格买到优质的葡萄酒，是巴罗莎葡萄酒的突出特点之一。这里的葡萄酒荣获杰卡斯奖等多项大奖。

进一步了解巴罗莎葡萄酒

巴罗莎葡萄酒游客中心

Barossa Wine&Visitor Center

游客中心位于坦达公交车站旁边。巴罗莎谷的酒庄地址都写在游客指南上，对酒庄巡游很有帮助。所有的酒庄都附有收葡萄、酿葡萄、葡萄酒出货等行程的观光指南，可以事先决定要去的酒庄。

营 9:00~17:00（周六、日10:00~16:00）

☎ 08-8563-0600

推荐的可选择性行程

从阿德莱德市开始的可选择性行程以酒庄巡游为主，除酒庄的观光、品尝外，还可以去门格勒山眺望葡萄园美景，到巴罗莎水库的回音墙倾听奇妙的回音。

购买美味的葡萄酒后……

既然去葡萄酒产地，就一定会买很多特产回来。但是随身行李太重，可能不得不扔下一部分……您是否会为此而担心呢？现在，大多数酒庄都有送货服务，无须多虑。根据重量，1箱（约10瓶）送到中国，大约需要A$184（不含税），所需时间为两周，服务十分周到。

文化一点通

国家葡萄酒博物馆 National Wine Centre of Australia

2001年10月，世界级的葡萄酒博物馆在阿德莱德植物园内正式开馆。博物馆和阿德莱德大学的一部分历史建筑和近代建筑完美融合在一起，展示了澳大利亚葡萄酒的产地和历史介绍等。通过画廊的展品和多媒体演示，游客可以了解相关的详情。

品酒走廊中，可以品尝到澳大利亚国内50处以上产地的葡萄酒。同时还有餐厅等设施。

国家葡萄酒博物馆 地图p.176-D

✉Corner of Hackney Rd.and Botanic Rd.

☎08-8303-3355　9:00~17:00（周六、周日、节假日10:00~）免费入馆

大自然的宝库

袋鼠岛

Kangaroo Island

地图 p.7-K

袋鼠岛上栖息着大量野生动物栖息，可以见到原生态的风景。生机勃勃的奇石异草种类丰富，可以从各方面享受旅游的乐趣。

趴在桉树枝上幸福酣睡的树袋熊

澳大利亚特有的动植物栖息地

弗林德斯蔡斯国家公园

Frinders Chase National Park

袋鼠岛位于阿德莱德南边大约110公里处，是澳大利亚的第三大岛。岛上有袋鼠、树袋熊、海狮、鸭

高达30米的卓越岩，在波浪拍打和风吹日晒下形成。奇特的形态让人惊叹不已

→不怕人的海狮自由地展示它独特的身姿

↓看着海豹在湛蓝的大海中惬意地游来游去，游客也不由得平静下来

嘴兽、企鹅、鹈鹕等多种动物和鸟类在此栖息。此外从春季到夏季，会有超过750种花卉在此盛开，宛如陆上乐园。不止如此，还有卓越岩等大自然的杰作，让人叹为观止。这就是让游客可以尽情享受自然风光的弗林德斯蔡斯国家公园。

海岸沿线会有海狗、海狮等动物。公园里面有袋鼠、树袋熊等。

●DATA… ☎ 08-8559-7235 营 9:00~17:00
休 圣诞节 A$ 入场A$8

从战舰拱门中窥探美丽的海岸线

跟野生海狮面对面

海豹湾自然保护区

Seal Bay Conservation

这里是世界上唯一可以近距离观察野生海狮的宝贵景点。因为海狮被指定为保护动物，因此没有公园工作人员的陪同，是不能进入海岸的。1天约有10次45分钟长的导游带队旅行（9:00~16:15）。参加这个项目，可以一边听导游讲解海狮生态等知识，一边接近享受日光浴的海狮。

在这里栖息的主要是澳大利亚海狮，这是一种很老实的动物，为了不吓到它，规定6米以内不能接近它。夜晚还会碰到从海中归来的企鹅。

●DATA… ☎ 08-8559-4207 营 9:00~16:15（夏季时段～19:00）休 圣诞节 A$ 远距票A$12.50、海滩票A$27.50（只有海滩票可以到海岸）

前往袋鼠岛

●小型飞机→阿德莱德机场出发 约30分钟。每日运行（往返费用A$150～550）

●渡轮→阿德莱德中心公交总站出发到海岸线乘公交车和渡轮 每天运行。共需4小时（单程A$43）

●DATA… ☎08-8553-4500

HP www.kangarooisland.sa.gov.au

干果

Ditters

迪达斯

地图p.176-D

交 从旅游中心步行5分钟 ✉ 26 Gawler Pl. ☎ 08-8232-0915 营 9:30~17:30（周五~20:30，周六~17:00） 休 复活节的周六、日 支付卡 V M A 预算 杏仁干果一斤A$16.50

卖干果和坚果的店铺

这里的干果由阳光充足的南澳大利亚所产水果，经过自然晾晒制作而成，共有140余种。坚果类食品如咸花生100克95澳分，还有各种水果蛋糕。

蛋白石

Opal Field Gems

蛋白石珠宝店

地图p.176-C

交 从旅游中心步行3分钟 ✉ 33 King William St. ☎ 08-8212-5300 营 9:00~18:00（周五~19:00、周六~17:00）、周日10:00~17:00 休 复活节、圣诞节 支付卡 V M A 预算 项链A$60~

由蛋白石制作的珠宝商品琳琅满目

在阿德莱德郊外采掘的蛋白石所制作的项链、戒指、耳环等各种商品在这里均有销售。店内还有播放制作过程的录像，还有现场演示。其中一定要看的就是嵌有化石的展品。便宜的小饰品A$10就可以买到。

艺术品

Jam Factory

果酱工厂

地图p.176-C

交 从阿德莱德站步行7分钟 ✉ 19 Morphett St. ☎ 03-8410-0727 营 9:00~17:00（周五~17:30、周六10:00~17:00、周日13:00~17:00） 休 耶稣受难节、圣诞节 支付卡 V M A 预算 花瓶A$20~

高品位的现代艺术品会聚一堂

手工制作的玻璃制品、陶器、革制品、家具以及南澳大利亚的艺术家们所做的作品都在这里进行展示和销售。

巧克力

Darrell Lea Chocolate Shop

达莱尔·李巧克力店

地图p.176-D

交 从旅游中心步行2分钟 ✉ 42 King William St. ☎ 08-8231-3828 营 9:00~17:30（周六~17:00）、周日11:00~17:00 休 全年无休 支付卡 V M A 预算 巧克力A$3~

当地人熟知的甜蜜味道

这是一家创业75年的老牌巧克力店。店内五颜六色的巧克力堆积如山，让人购买欲望甚浓。味道香浓的巧克力棉花糖塔最低A$4.5起。适合送礼的各种套装也很多样。

户外用品

Scout Outdoor Centre

斯科特户外中心

地图p.176-D

交 从旅游中心步行10分钟 ✉ 192 Rundle St. ☎ 08-8223-5544 营 9:00~17:30（周五~21:00、周六~17:00、周日11:00~17:00） 休 圣诞节 支付卡 V M A 预算 A$10~

户外用品一应俱全

帐篷、睡袋、做饭用品、独木舟等原创户外用品在这里均可找到，户外相关的图书和地图也在这里销售。店里收益的一部分会捐给男童军和女童军。

饮食 Eating

酒吧

Universal Wine Bar

联合红酒吧

地图p.176-D

英 要预约

交 从旅游中心步行8分钟 ✉ 285 Rundle St.
☎ 08-8232-5000 营 12:00~15:00、18:00~22:30
休 周日 支付卡 V M A 预算 A$20~

种类丰富的红酒和澳洲美食广受好评

这里酒品以澳大利亚原产红酒为主，种类有100种以上，单酒杯就有18种可供选择。约克半岛产的牡蛎约A$15.5，其他菜肴也均采用澳大利亚原产原料，广受好评。每周日晚，会有爵士乐的现场演出。

意大利

Amalfi Pizzeria Restaurant

阿马尔菲比萨餐厅

地图p.176-D

英

交 从旅游中心步行10分钟 ✉ 20 Frome Rd.
☎ 08-8223-1948 营 12:00~14:30、17:30~22:30（仅周五、周六晚上~23:30）休 周日 支付卡 V M A
预算 A$20~30

轻松品尝丰盛的海鲜

店内气氛轻松，提供正宗的意大利美食。菜单中很多菜都大量使用海鲜食品，海鲜味道浓厚。推荐菜蒜味蚌类为A$15，装满海鲜的海员式沙司意大利面为A$20.8。南澳大利亚博物馆和阿德莱德植物园就在附近，散步途中来这家餐厅也是不错的选择。

澳大利亚

Windy Point Restaurant

温迪餐厅

地图p.174

英 要预约

交 从阿德莱德站驾车20分钟 ✉ Belair Rd.,Belair
☎ 08-8278-8255 营 18:00~23:00 休 周日、圣诞节、复活节、耶稣受难节 支付卡 V M A
预算 A$22~30

在夜景和星空下用餐

餐厅位于贝莱尔国家公园附近。街区全貌尽收眼底，从玻璃窗还可以眺望星空。袋鼠岛产的蚌类、袋鼠和鸵鸟肉等都可以在这里品尝到。

澳大利亚

Red Ochre

红赭土餐厅

地图p.176-C

英 要预约

交 从阿德莱德站步行15分钟 ✉ War Memorial Drive, North Adelaide ☎ 08-8211-8555
营 18:00~22:30 休 周日、节假日 支付卡 V M A
预算 A$15~40

视野很好的河边餐厅

餐厅在托伦斯河畔。庭院中也有座位，适合观景。袋鼠肉和鸸鹋做成的烤肉非常美味。

墨西哥

Montezma's

蒙特祖玛餐厅

地图p.176-B

英

交 从旅游中心驾车15分钟 ✉ 134 Melbourne St.,North Adelaide ☎ 08-8239-0949
营 12:00~14:15、17:00~21:00（周六、日~22:00） 休 全年无休 支付卡 V M A
预算 A$10~20 HP www.montezumas.com.au

精于辣味的墨西哥菜

这里A$8.95的浇有番茄酱的辣椒肉馅玉米饼，A$7.5的玉米片广受欢迎。

市中心 ★★★★★

Stamford Plaza Adelaide 地图p.176-C

斯坦福广场酒店

将北阿德莱德一览无余的高级酒店

酒店位于阿德莱德的繁华街区北台街，适合购物和市内观光。从所有的客房都可以看到托伦斯河和埃尔德公园、节日庆典中心等地。客房的样式很多，可以选择自己喜欢的房间。顶层有泳池等设施，非常充实。

交 从阿德莱德站步行3分钟
A$ A$195~（双人房不指定房间）
客房数 36间
☎ 08-8461-1111
FAX 08-8231-7572
✉ 150 North Tce.
HP www.stamford.com.au

宽敞的客房

市中心 ★★★★★

Inter Continental Adelaide 地图p.176-C

阿德莱德洲际酒店

从128米处眺望风景

这是紧邻阿德莱德站和阿德莱德赌场、会议中心的高层酒店。从宽敞的客房可以眺望被绿色围绕的街区和托伦斯河。室内有很多功能性设施，可以自由使用。餐厅、酒吧、用吃、桑拿、健身房等非常齐全。附近还有便利店，十分方便。

有威严之感的高级酒店

交 从阿德莱德站步行1分钟 A$ A$200~ 客房数 367间 ☎ 08-8238-2400
FAX 08-8231-1120
✉ North Tce.1
HP www.ichotelsgroup.com

市中心 ★★★★★

Hilton Adelaide 地图p.176-E

希尔顿酒店

地点、设备和服务都让人满意

这家18层酒店位于维多利亚广场的正对面。酒店内有两层饭店，此外还有温水泳池和健身房、网球场、美容沙龙等设施。也可以享受南澳大利亚风味的美食。

明快的气氛

交 从阿德莱德站步行12分钟 A$ A$195~ 客房数 379间
☎ 08-8217-2000 FAX 08-8217-2001 ✉ 233 Victoria Sq.
HP www.hilton.com

市中心 ★★★★

Grand Chancellor Adelaide on Hindley 地图p.176-C

阿德莱德欣德利街大臣酒店

重视长期居住的功能性

这里是位于闹市区的15层时尚酒店。客房灯光明亮，气氛时尚。还提供带厨房的双人客房。此外还有室外的温水泳池。

夜晚的景象很特别

交 从阿德莱德站步行4分钟 A$ A$135~ 客房数 180间 ☎ 08-8231-5552 FAX 08-8237-3800 ✉ 65 Hindlley St. HP www.ghihotels.com

市中心 ★★★

Mercure Grosvenor Hotel 地图p.176-C

格罗夫那美居酒店

娱乐厅的现场乐队表演非常受欢迎

这是位于阿德莱德市中心的古典酒店。距离购物街、赌场和剧场都很近，便于市内观光。娱乐厅每周五、六的晚上都有现场演出。

交 从阿德莱德站步行3分钟
A$ A$99~（双人标间）
客房数 290间
☎ 08-8407-8888
FAX 08-8407-8866
✉ 125 North Tce.
HP www.accorhotels.com.au

距离伦德购物中心很近

珀斯

PERTH

交通

●从中国乘飞机前往珀斯

从北京首都国际机场经广州约需12小时50分钟

●主要城市到珀斯的交通

从悉尼乘飞机5小时
乘火车66小时15分钟
长途巴士72小时
从凯恩斯乘飞机6小时5分钟
远途巴士103小时
从布里斯班乘飞机5小时20分钟
从墨尔本乘飞机4小时

珀斯是个什么样的地方？

about PERTH

景点概况

在广阔的澳大利亚大陆，西部与东部给人的感觉截然不同，这里没有那种大都市的喧嚣和匆忙，而给人一种沉静的感觉。美丽的斯旺河两岸高楼林立，现代化的街区和遍布周围的绿色自然融为一体。

早在欧洲移民到来之前，土著居民已在斯旺河两岸定居很久了。1829年，詹姆斯·斯特林船长率领移民来到这里，此后，英国移民陆续到来。19世纪70年代，随着淘金潮的到来，大批移民来此，这个城市开始迅速发展，如今，珀斯已成为西澳大利亚州最大的城市。

Highlight

亮点

从珀斯市中心穿流而过的斯旺河（也译作天鹅河）。因为有很多黑天鹅（swan）在此栖息而得名。珀斯街区非常宽阔。河北侧是市区，南侧是南珀斯地区。

珀斯站南侧有海伊街购物中心和默里街购物中心，以及平民风情的伦敦街。珀斯站的北侧有老式酒吧、各国风味的餐厅和咖啡馆。

珀斯的西郊，濒临印度洋的地区是非常受欢迎的旅游观光地。港域弗里曼特尔还保留着100年前的风貌。弗里曼特尔往西19公里处是罗特内斯特岛。

珀斯的气候 ▶ 一天平均日照时间是8小时，相对较短，算是澳大利亚最好的天气了。夏天平均气温29℃、冬天18℃。

珀斯的美食 ▶ 世界各国的料理和民族餐厅都为数不少，也可以在咖啡店惬意用餐。

珀斯的特产 ▶ 有各种当地品牌特产，以及天然素材的化妆品和杂货等。

珀斯的节日活动 ▶ 7月～11月会举办以花卉为主题的世界花卉展销节。

观光咨询处
西澳大利亚州政府旅游局
地图p.190-I
✉ Murray Street Mall
营 9:30~16:30（周五~20:00、周日12:00~）
休 周日

熟练驾驭！

市内交通

巡游市内的免费巴士

猫巴士 *Cat*

DATA

免费

巡游珀斯中心区域的免费巴士，被称为CAT（The Central Area Transit，中央区域交通运输）俗称“猫巴士”。车辆数很多，是市民出行重要的交通工具。巴士车身上画有猫的图案。根据猫图案颜色的不同，共分3种不同路线。

●路线

红猫巴士沿东西方向行驶，连接惠灵顿街和马勒街；蓝猫巴士沿南北方向行驶，以珀斯站为中心贯穿惠灵顿街和巴拉克街；黄猫巴士从市中心向东边行驶。

●乘车方法

红、蓝、黄三种巴士都有它们各自的车站，下车时按车内下车按钮提示司机即可。车门处平台设计得很低，可方便轮椅和婴儿车上下。

运行时间 根据车种类不同而异（红：6:50~18:20，周六、周日10:00~18:15）
运行间隔 约5分钟（周六、日约25分钟）。蓝车周五、六运行至翌日1:00
咨　询 Transperth ☎ 13-6213（限市内）

带有怀旧风情的观光电车

珀斯环城电车 *Perth Tram*

DATA

全天通票 A$30

这是一种葡萄色的路面电车，周游珀斯市内景点大约需要1.5小时。1天共发7趟车。A$30的全天通票在两天内有效。该票也可以乘坐双层观光巴士，可尽情享受。

●路线

电车从海伊路565号开始，经过国王公园、马勒街、巴拉克街栈桥，最后返回海伊路565号，然后按照希尔大街、巴兹伍德区的顺序前进。

●购票方法

在车内向司机购买。

●乘车方法

看到电车来时举手示意，快要到目的地时按按钮通知司机要下车。

运行时间 9:30~17:00
运行间隔 约90分钟
咨　询 Perth Tram Company ☎ 08-9322-2006

珀斯交通局 *Transperth*

珀斯交通局是运营公交车和火车、渡轮系统的公共交通机构。这三种交通工具可以通用一种车票。费用根据地区而定。按距离和时间共分8种，据移动的地区数来收费。

咨　询 Transperth Information Centre ☎ 13-6213（限市内）

市内和郊外之间自由行走

公交车 *Bus*

DATA

一次A$1.70~

在同一地区乘坐需A$2.40。车票2小时内有效，可重复使用。

东西南北方向共5条线

火车 *Train*

DATA

一次A$1.70~

珀斯、市西站、麦基弗、克莱斯布鲁克四个车站间车票免费使用。

5条路线向各个方向延伸

渡轮 *Ferry*

DATA

单次单程A$1.30

渡轮横穿斯旺河，连接巴拉克大街的栈桥和南珀斯的主干道栈桥。

运行时间 6:45~19:15（周五、六~21:45）
运行间隔 约15分钟

珀斯
Perth
0 300m
N
梦泽湖 p.195
Lake Monger
Lake Monger Dr.
A
B
E
F
I
Ruislip St.
利德维尔
LEEDERVILLE
Woolwich St.
Leonards Ave.
Kimberley St.
Harborre St.
Cambridge St.
利德维尔站
Leederville Stn.
米切尔高速公路
Mitchell Freeway
Leederville Oval
比特利公园
Beatly Park
Vincent St.
Bourke St.
Oxford St.
Loftus St.
Charles St.
Carr St.
纽卡斯尔街
Aberdeen St.
利德维尔西站
West Leederville Stn.
Salvado Rd.
Railway Pde.
苏比亚科站
Subiaco Stn.
Subiaco Oval
珀斯莫德尔高中
Perth Modern High School
Roberts Rd.
市西站
City West Stn.
科技发现中心
Scitech Discovery Ce
拉塞尔广
Russell
普林塞斯玛格丽特儿童医院
Hay St.
苏比亚科
SUBIACO
Barker Rd.
p.22 迷兹鱼餐厅
Mead's Fish House
Bagot Rd.
珀斯阿罗德庭园
Harold Boas Gardens
Perth Entertainment Centre
惠灵顿街
西珀斯
WEST PERTH
p.202 珀斯城门酒店
Citigate Perth
Thomas St.
Outram St.
Colin St.
Havelock St.
州议事堂
Parliament Hse.
圣乔治街
Form
Kings Park Rd.
花园剧院
Theatre Gardens
Hamersley Rd.
Rokeby Rd.
Townshend Rd.
Heytesbury Rd.
托马斯街
Forrest Centre
国王公园 p.194
Kings Park
p.202 珀斯帕米利希尔顿大酒店
Parmeria Hilton Perth
p.199 澳大利亚地理商店
The Australia Geografic Shop
皇家
His Majesty's The
伊莱扎山水库
Mt. Eliza Reservoir
Fraser Ave.
Mounts Bay Rd.
p.200 弗雷泽餐厅
Fraser's Restaurant
海峡立体交叉道
Narrows Interchange
路易斯角
Pt. Lewls
纳罗斯桥
Narrows Bridge
米尔角
Mill Pt.
蒙特湾路
奎纳纳高速公路
旧磨坊 p.194
The Old Mill
Mill Point Rd.
South Perth
渡船码头
四季畅行酒店
All Seasons Freeway Hotel
Labouchere Rd.
Melville Pde.
p.194 珀斯动物园
Perth Zoo
罗特内斯特岛方向 p.197
珀斯市中心
Perth, Central
0 200m
阿勒克桑德图书馆
西澳大利亚博物馆
James St.
珀斯当代艺术中心
西澳大利亚美术馆 p.195
The Art Gallery of Western Australia
周末时光
Roe St.
珀斯站
Perth Stn.
西澳大利亚州政府旅游局
惠灵顿路 Welington St.
中央邮局
GPO
皇家珀斯医院
原创特色商店 p.199
Creative Native
Forest Chase
默里街
Murray St.
莫德小姐瑞典餐厅 p.200
p.199 为我而制
Miss Mouds Swedish Restaurant
Tea For Me
海伊街
Hay St.
William St.
伦敦街 p.192
London Court
市政厅
珀斯美居酒店 p.201
Mercure Hotel Perth
圣乔治街
St. Georges Tce
p.199 约翰沃克巧克力店
John Walker Chocolatier
Government House
Council House
新艾斯普拉奈德酒店
音乐厅
奥路德海岸住宅
Barrack St.
最高法院
p.195 圣乔治大教堂
St. Georges Cathedral
巴拉克街
最高法院庭园
漫步公园
p.199 G.A.M澳大利亚
G.A.M.Australia
穆棱咖啡厅 p.200
Moorings Cafe on the Jetty
渡船码头方向

北珀斯
NORTH PERTH
梅兰兹
MAYLANDS
芒特劳利亚
Mt. Lawley Stn.
巴登公园
Bardon Park
海德公园
Hyde Park
福里斯特公园
Forest Park
伯逊公园
obertsoon Park
海伊盖特
HIGHGATE
班克斯公园
Banks Reserve
斯当代艺术中心
rth Institute of Contemporary Arts
东珀斯站
East Perth Stn.
贝尔蒙特公园赛马场
Belmont Park Racecouse
珀斯足球场
Perth Football Oval
戈尔登印度料理店
Golden Tandori Indian Cuisine
克莱斯布鲁克站
Claisebrook Stn.
诺斯布里奇
NORTHBRIDGE
贝尔蒙特公园站
Belmont Park Stn.
西澳大利亚博物馆
Western Australian Museum
Advanced Manufacturing
Technologies Centre
博斯伍德
BURSWOOD
西澳大利亚美术馆 p.195
The Art Gallery of Western Australia
珀斯站
erth Stn.
麦基弗站
McIver Stn.
海格公园
Haig Park
惠灵顿广场
Wellington Sq.
博斯伍德公园高尔夫球场
Burswood Park Golf Course
珀斯皇家医院
Royal Perth
Hospital
东珀斯
EAST PERTH
珀斯造币局 p.195
Perth Mint
Glouester
Park
Trotting
Ground
最高法院庭园
Supreme
Court
Gardens
珀斯国宾酒店 p.202
Perth Ambassador Hotel
皇后庭园
Queens Gardens
珀斯市中心
假日公园酒店
Holiday Inn Park
珀斯凯悦大酒店 p.201
Hyatt Regency Perth
p.201 珀斯博斯伍德洲际大酒店
Intern Continental Perth Burswood
贝尔咖啡厅
p.200
Bells Cafe
And Function
里弗赛德车道
珀斯皇冠假日酒店 p.202
Crowne Plaza Hotel Perth
兰利公园
Langley Park
巴拉克广场
Barrack Sq.
珀斯喜来登酒店 p.201
Sheraton Perth Hotel
埃利森岛
Heirisson Island
钟楼 p.195
The Bell Tower
珀斯诺富特兰利酒店 p.202
Novotel Langley Perth
珀斯国际机场
巴拉克街码头
Barrack St. Jetty
城市水景酒店
City Waters Lodge
渡船码头
p.195 圣乔治大教堂
St. George's Cathedral
斯旺河 Swan River
伦敦街 p.192
London Court
维多利亚公园
VICTORIA PARK
拉斐尔公园
Raphael Park
梅特罗
Metro Hotel Perth
姆斯米切尔公园
Sir James Mitchell Park
梅特罗
南珀斯
SOUTH PERTH

自由之行 enjoy Freetime

所需时间 约 **2**小时

珀斯市中心不是很大，从一头到另一头有2公里左右，是一个轻松散步即可完成的距离。从珀斯站北侧开始出发吧。西澳大利亚美术馆和珀斯当代艺术中心就在车站附近。向南是皇家剧场，然后就可以去伦敦街，边进行购物边散步。接着再欣赏历史悠久的圣乔治大教堂，最后前往国王公园。

这里主要展出年轻艺术家创作的当代美术作品。展品每月都有更新，崭新的作品让人百看不厌。

从19世纪后半期到20世纪的前半期活跃的现代画家的作品在这里均有展出。原住民艺术品也有不少。

START

珀斯站

▼步行1分钟

西澳大利亚美术馆

▼步行1分钟

珀斯当代艺术中心

▼步行1分钟

皇家剧场

▼步行5分钟

伦敦街

▼步行3分钟

圣乔治大教堂

▼步行10分钟

国王公园

这是一个爱德华王朝风格的白色建筑。这里可以进行歌剧和舞蹈、音乐等表演。可以来此参观。

这是一条充满浓厚英国特色的小街，街道两旁遍布时尚的店铺。街入口处有一座颇似伦敦大本钟的大钟。

这个广阔的公园内有庭院、植物园和动物园等。还有山地车的租借处，推荐租车骑乘游玩。

珀斯有很多教堂，散发出历史气息。这座维多利亚风格的哥特式建筑流露出一种独特的品质。

POINT

经过热闹的中心街区，来到安静的公园，就可以在小路上悠闲地度过时光。途中可以进入购物中心看一看，也可以在回程途中仔细挑选。在国王公园有很多原始树木和野生花草。也可以骑租赁自行车来游览。

OP 自选路线

可以徒步游览各个景点，或者乘猫巴士观光也不错。搭巡回的红色巴士去往市内中心的购物商场等也很方便。蓝色巴士去往珀斯站北侧的诺斯布里奇地区、威廉王街和巴拉克街。此外要去购物中心的话，推荐去与马勒街和海伊街平行的两个商场。购物中心用拱廊把很多家商店连在一起。即使不喜欢购物，在这里逛一天也不会觉得腻烦。而且有行人专用道，可以悠闲地游玩。

轻松之旅 Tour

从珀斯出发可以去郊外，或前往西澳大利亚州濒临印度洋的海边景点以及高原地区。想要好好游览，还真要多花一番心思。

罗特内斯特岛VIP畅游
Rottnest Island Omakase VIP Tour

坐客船渡过斯旺河，去往印度洋上的罗特内斯特岛。可以在小岛上乘坐巡游巴士和享用自助午餐等。

出发日期 每日
出发时间 8:45（从珀斯出发）
9:30（从弗里曼特尔出发）
所需时间 约9小时
费　用 A$195（从弗里曼特尔出发A$175）
集合地点 主要酒店停车场（珀斯市内）
咨　询 Boat Torque Cruise & Rottnest Express
☎ 08-9421-5888
HP www.boattorque.com.au

悠闲度假是这个岛的魅力所在

波浪岩&原住民洞穴壁画一日游
1 Day Wave Rock & Aboriginal Cave Paintings

像波浪一般的奇岩

波浪岩位于珀斯东南约360公里处，可以坐车前往，欣赏倾斜平滑、酷似巨浪的奇岩。还可到附近的洞窟欣赏古代原住民的壁画。提供野餐式午饭。

出发日期 每日　出发时间 8:00
所需时间 约12小时30分
费　用 A$91~　导游语言 英语
集合地点 主要酒店停车场
咨　询 Australian Pinnacle Tours
☎ 08-9221-5411
HP www.pinnacletours.com.au

猴滩、卡尔巴里、尖峰石阵三日旅行
3 Days Monkey Mia,Kalbarri,Pinnacles

从珀斯北上。在猴滩海豚区住宿一晚。翌日早上就可以去看野生海豚和奇岩群。

出发日期 周五　出发时间 8:00
所需时间 2夜3日
费　用 A$999（含三餐、住宿）
导游语言 英语
集合地点 主要酒店停车场
咨　询 Australian Pinnacle Tours
☎ 08-9221-5411
HP www.pinnacletours.com.au

在鲨鱼湾可以和野生海豚面对面

玛格丽特河一日游
Margaret River 1 Day Tour

从珀斯南下，沿海岸线来到葡萄酒的产地——玛格丽特河。可以观看鹫的表演，以及参加品酒等活动。

出发日期 每日　出发时间 8:00
所需时间 约13小时30分　费　用 A$169~
导游语言 英语
集合地点 主要酒店停车场
咨　询 Australian Pinnacle Tours
☎ 08-9221-5411
HP www.pinnacletours.com.au

因当地酿酒厂而闻名的高原区

Aquarium of Western Australia

西澳大利亚水族馆

地图p.188-A

●从沃威克站乘坐423路公交车约15分钟，在希拉里港下车 Hillarye Boat Harbour,West Coast Dr. ●☎ 08-9447-7500 10:00~17:00 全年无休 成人A$26.50，儿童A$15

头上鲨鱼和鳐鱼在畅游

这是位于希拉里港的水族馆。在巨大的水槽所围成的透明隧道里，可以看到各种海洋生物自然活动的状态。全长3米的鲨鱼和鳐鱼的泳姿非常壮观。只有在西澳大利亚才栖息的海草状海马和叶海龙也一定不要错过。此外，还有一天三次的海豚表演。

Cohunu Koala Park

库胡努树袋熊公园

地图p.188-B

●从阿玛代尔站驾车约10分钟 103 Nettleton Rd., Byford ●☎08-9526-2966 10:00~17:00 全年无休 票价：成人A$15，儿童A$5

这里是以澳大利亚特有的动物为主的动物园。园内袋鼠、小袋鼠、鸸鹋等动物在贴近大自然的环境中长大，可以直接给它们喂食。与树袋熊合影的服务十分受欢迎（10:00~16:00、A$25）。这里环境优美、气氛悠闲，可以充分体验澳大利亚的特色。

可以亲密接触动物们

Perth Zoo

珀斯动物园

地图p.190-J

●从珀斯站驾车5分钟 Labouchere Rd,South Perth ●☎ 08-9474-0444 9:00~17:00 全年无休 成人A$20，儿童A$10

广阔的园内有280种、1600只以上的动物，分布在澳大利亚森林、非洲大草原等区域内。尤其是夜行动物馆，非常有名，可以近距离观察这些澳大利亚特有的夜行动物。园内还有乘坐游览车导游服务（A$3.5）和原住民舞蹈表演等。

Kings Park

国王公园

地图p.190-F

●从珀斯站驾车5分钟 Kings Park.West Perth ●☎ 08-9480-3600 免费入园

公园坐落在斯旺河畔的伊莱扎山上，面积达400万平方米。这里有令珀斯市民自豪的观光景点，包括观景台、战争纪念馆、植物园、动物园等。从园内的弗雷泽餐厅可以眺望珀斯街区和斯旺河的风景。推荐在鲜花盛开的7月中旬至11月前去旅游。

战争纪念碑在这里伫立着

The Old Mill

旧磨坊

地图p.190-J

●从珀斯站驾车5分钟 Mill Point Rd.，South Perth ●☎ 08-9367-5788 10:00~16:00全年无休 免费

这里位于斯旺河边上，在国王公园的对岸，紧邻纳罗斯桥。它建于1835年殖民时期，是西澳大利亚州最古老的房屋，也是南珀斯的代表性建筑，可以进入内部参观。

跟以前一样的风车

Lake Monger
梦泽湖

地图p.190-A

●从珀斯站乘车15分钟，在利德维尔站下车步行10分钟 Lake Monger Drive,Leederville

梦泽湖位于珀斯西北部的郊外。湖水清澈，微波涟漪，是西澳大利亚州鸟类黑天鹅栖息的地方。湖面上随处可见数十只野生黑天鹅，一年中都可以看到。

珀斯市民休憩的场所

The Bell Tower
钟楼

地图p.191-G

●乘蓝猫巴士在巴拉克广场下车 Barrack Square
●☎08-6210-0444 10:00~16:00 全年无休 成人A$11、儿童A$8

钟楼位于斯旺河畔的巴拉克广场内，玻璃制的尖塔高约80米，作为珀斯的新地标备受游客欢迎。钟楼内部有在1988年澳大利亚200周年纪念庆典时，由伦敦马丁教会向西澳大利亚州政府赠送的天鹅钟，周三、周五11:30~12:30和周一、二、四、六、日12:00~13:00会鸣钟。

崭新设计的钟楼

The Art Gallery of Western Australia
西澳大利亚美术馆

地图p.190-E

●从珀斯站步行1分钟 Perth Cultural Centre James St. ☎08-9492-6622 10:00~17:00（13:00~） 周二、耶稣受难节、圣诞节休息 免费入馆（特别展收费）

这是1979年耗资1000万澳元建立的西澳大利亚规模最大的美术馆，地处珀斯北侧的珀斯文化中心的一角。馆内收藏有澳大利亚艺术家所创作的现代绘画、雕刻、原住民艺术品，还有毕加索等世界名家的作品。

附近还有博物馆

St. George's Cathedral
圣乔治大教堂

地图p.190-I

●从珀斯站步行5分钟 38 St.Georges Tce.（Between Barrack&Pier Sts.） ☎ 08-9325-5766 7:00~18:00

这是位于珀斯市中心的英国国教大教堂。这座美丽的哥特式建筑于1880年由悉尼建筑师埃德蒙德·布拉克特设计，历经8年竣工。与它相邻的旧首席祭司馆是由珀斯第一位首席祭司乔治·波纳尔住所改建而成的。周一至周五7:00~18:00向普通游客开放。

有品位的美丽外观

Perth Mint
珀斯造币局

地图p.191-G

●从珀斯站步行10分钟 310 Hay St.
●☎08-9421-7223 9:00~17:00（周六、日~13:00）圣诞节休息 成人A$15，儿童A$5

造币局设立于淘金潮时期的1899年，是澳大利亚国内最古老的造币局。现在澳大利亚国内的60%货币都由此制作，游人可以参观黄金制作过程，还可以触摸到金条，也能以当日汇率购买金块和硬币等。

从淘金潮时代延续至今

1887年，为纪念维多利亚女王登基而建的政府钟楼

Fremantle

现代与历史的交融

弗里曼特尔

地图p.188

古色古香的街道，高雅的殖民时期石质建筑，在这里悠闲散步再适合不过了。

弗里曼特尔在珀斯西南约19公里处，是濒临印度洋的重要港口。1829年，从英国来的殖民者在斯旺河沿岸建立殖民地，这也成为西澳大利亚最初的殖民地。街区保存着不少19世纪前期建造的建筑物，给人一种时光倒流的感觉。

整个街区步行就可以走遍，有1879年起就一直存在的弗里曼特尔集市、港口停泊的旧式帆船、酒吧等。

这座监狱使用了136年，直至1991年才停用，一看就给人以历史感

市场上熙熙攘攘的市民和游客，只是随便走走、看看也会觉得很有趣

前往弗里曼特尔

从珀斯出发乘客船→约1小时
电车→约25分钟、公交车→约40分钟、出租车→约30分钟
时间充足的话，可以步行游览，也可以乘坐从旅游观光处出发，间隔1小时（每天10:00~16:00）的环城巴士。

集市抢购

在周末会有弗里曼特尔市场。衣服、饰品、工艺品等各类商品均在此出售，人们争先恐后地抢购。蔬菜、水果、鱼类等食品也非常丰富。

新鲜的蔬菜和精致的手工艺术品，可以称得上物美价廉

祖母石般的绿色海湾非常适合进行海上运动

Rottnest Island

地图p.188

可以遇见野生短尾小袋鼠的观光岛屿

罗特内斯特岛

位于弗里曼特尔海上约19公里处的这一岛屿，是大自然的宝库。因作为可以见到野生短尾矮袋鼠的地方而闻名。

罗特内斯特岛是一个从一端到另一端只有11公里的小岛。当年荷兰的探险家，错把这个岛独有的动物——短尾小袋鼠当做老鼠，而将该岛命名为罗特内斯特，这便是岛名的由来。岛上有住宿设施和野营，很多人都来此度假。垂钓、潜水等海上运动及高尔夫球等活动极为丰富。

为了保护岛上环境，从岛外进入的汽车数量是被控制的，所以可看到很多人带自行车上船

乘租借自行车用4～5小时就可以绕岛一圈

A级保护区的规定

岛上可以近距离看到野生短尾小袋鼠。不过，该岛被指定为A级保护区，因此抓捕动物和采摘植物都被明令禁止，也不允许给动物投食。

跟兔子差不多大小的短尾小袋鼠十分惹人喜爱

前往罗特内斯特岛

客船→从珀斯出发经过弗里曼特尔（A$60）约1小时30分钟
飞机→从珀斯出发的空中出租（A$180~）约15分钟

一步之遥~
from Perth

The Pinnacles
奇岩林立
尖峰石阵

在广阔沙地上立起的无数大型岩石，不由得让人感叹自然的伟大。

尖峰石阵位于珀斯北面250公里处的林博国家公园，是一个壮观的原始森林化石群。在沙漠一角突然出现的无数石柱，被认为是原始森林变为石灰岩层后被风化的结果。这里也被形容为“荒野的墓碑”。

前往尖峰石阵

乘车→从珀斯出发约3小时

地图p.6-E、p.188

驾驶4WD观赏这历经悠久岁月的神秘景观

岁月雕琢的自然奇迹

一步之遥~
from Perth

Wave Rock
似有巨浪袭来
波浪岩

一大片岩石如同卷起的拍天巨浪，在浪头最高处瞬间凝固住，其景让人感觉不可思议。

波浪岩位于珀斯东南360公里处，高15米，长100米，其形状像一排巨大的席卷而来又被冻结了的波浪。究其形成的原因，原来是垂直的岩石经过一定方向的风吹日晒，最终形成了现在的形状。

前往波浪岩

乘车→从珀斯出发约4小时

地图p.6-I、p.188

岩石表面断层非常美丽，大自然创造的造型美真是让人叹为观止

巧克力

John Walker Chocolatier

约翰沃克巧克力店

地图p.190-I

交从珀斯站步行13分钟 ✉Shop 40 London Court
☎08-9221-2704 营9:00~17:30（周六~17:00）
休周日 支付卡V M A 预算巧克力A$1.95~

动物形状的巧克力非常可爱

树袋熊、袋鼠、澳大利亚地形等形状奇特的巧克力广受欢迎。以牛奶巧克力和白巧克力为主，种类不同，价格也不同。

红茶

Tea For Me

为我而制

地图p.190-I

交从珀斯站步行10分钟 ✉Shop 40A,Hay St. Level,Carillion Arcade ☎08-9481-8111
营9:00~17:00 休周六、周日 支付卡不能使用
预算 红茶A$10~ HP www.teaforme.com.au

一定能找到适合你的红茶

店内四壁的架子上，摆满约120种红茶。代表性的有在原产地精选出的锡兰红茶，此外还有很多美味的红茶、中国茶和绿茶等。茶叶都放在印有图案的木箱里，最适合送给亲友或买作特产纪念。

原住民艺术

Creative Native

原创特色商店

地图p.190-I

交 从珀斯站步行1分钟 ✉Shop 58,Forrest Chase
☎ 08-9221-5800 营 9:00~17:30（周六~17:00、周日11:00~17:00） 休全年无休 支付卡 V M A
预算 飞去来器A$23.50~
HP www.creativenative.com.au

亲手绘制的魅力艺术品

店内有很多原住民艺术家的作品。风格独特的艺术品，哪怕只是看看也很有乐趣。此外，这里还销售其他杂货。

革制品

G.A.M.Australia

G.A.M澳大利亚

地图p.190-I

交 从珀斯站步行8分钟 ✉37-39 London Court
☎ 08-9225-5512 营 9:00~17:30 休 全年无休
支付卡 V M A 预算 A$15~

澳大利亚特有的革制品

这里用袋鼠和鸵鸟以及鳄鱼等皮革所制作的原生革制品得到很好的评价。旅行包、钱包、皮带、饰品等种类繁多的商品均能在这里找到。迪吉里杜管和飞去来器等特产也有销售。

户外用品、杂货

The Australian Geographic Shop

澳大利亚地理商店

交 从珀斯站步行3分钟 ✉Shop H1-2,Carillon City ☎08-9322-8026 营9:00~17:30（周五~21:00，周六、周日~17:00） 休全年无休
支付卡 V M 预算T恤A$19.95~
HP www.australiangeographic.com.au

丰富的天然原材料商品是其亮点

商店出售以澳大利亚动植物为主题的各种商品。西澳大利亚州的标志黑天鹅的动物模型也在此有售，仅卖A$8。

咖啡

Bells Cafe and Function

贝尔咖啡厅

地图p.191-G

英

交 从珀斯站步行15分钟 ✉ Eastern Pavillion, Barrack St.,Jetty ☎ 08-9221-2344
营 8:00~15:00 休 全年无休 支付卡 V M A
预算 A$3~20

可眺望斯旺河的悠闲咖啡店

这家咖啡馆地处斯旺河畔，视野非常开阔。有着A$3左右的咖啡饮品及三明治等小食品。早饭套餐为A$34。中午，天鹅钟清澈的钟声会传到这里来。

澳大利亚风味

Moorings Cafe on the jetty

穆棱咖啡厅

地图p.190-I

要预约

交从珀斯站步行15分钟 ✉Barrack St.,Jetty
☎08-9325-4575 营 7:00~14:00、18:00~22:00
休 周日 支付卡 V M A 预算 A$15~30

很想试吃一次鸸鹋汉堡

这家咖啡厅紧邻斯旺河。A$10.9的鸸鹋汉堡是其招牌菜。其他还有炸鱼薯条、酪梨沙拉等多种轻松小食，红酒也有20种左右。

咖啡&餐厅

Miss Mauds Swedish Restaurant

莫德小姐瑞典餐厅

地图p.190-I

要预约

交从珀斯站步行6分钟 ✉97 Murray St.
☎ 08-9325-3900 营 6:40~22:00 休 全年无休
支付卡 V M A 预算 A$14.50~

可以自由选择、种类丰富的自助餐

这里有自选的菜单，早饭自助18澳元，午饭自助24澳元，来用餐的客人络绎不绝。前菜、主菜、汤、沙拉、水果等，喜欢吃的东西都可以尽情吃，满意度百分之百。

澳大利亚风味

Fraser's Restaurant

弗雷泽餐厅

地图p.190-F

英 要预约

交 从珀斯站乘车5分钟 ✉ Fraser Ave., Kings Park ☎ 08-9481-7100 营 12:00~23:00 休全年无休 支付卡 V M A 预算 A$30~

一览珀斯市区风景的高级餐厅

餐厅位于国王公园的小山丘上，是珀斯市首屈一指的时尚澳大利亚餐厅。海鲜食品的评价很高，代表菜有A$19.5的炸蟹等。全套餐共有5道菜（包括饮品），跟种类丰富的红酒配在一起味道更佳。餐厅适宜眺望市区景色，经常举行婚礼和聚会等，是成人的社交场所。

住宿 Stay

市中心 ★★★★★

Inter Continental Perth Burswood 地图p.191-H

珀斯博斯伍德洲际大酒店

可打高尔夫球的大型酒店

在这里可通宵享乐

除了跟24小时营业的赌场相邻，这里的18洞高尔夫球场也广受好评。宽敞的客房内，有日式屏风等独特的设计。牛排、日本料理、中国菜等15家餐厅和酒吧都有其各自的特色。

交 从珀斯站乘车10分钟
A$ A$208
客房数 413间
☎ 08-9362-7777
FAX 08-9470-2553
✉ Great Eastern Hwy., Burswood
HP www.burswood.com.au

随时都可挥杆打网球

市中心 ★★★★★

Sheraton Perth Hotel 地图p.191-G

珀斯喜来登酒店

全客房可见水景的高级酒店

在市区中心，从任意一间客房都可以看到斯旺河，这种设计让游客可以开心入住。18层以下都是标准酒店设计，从19层以上，为高级大理石的浴室。现代澳大利亚菜的餐厅和酒吧、迪厅等设施齐备。

窗外是静静流淌的斯旺河

交 从珀斯站乘车5分钟
A$ A$325~
客房数 390间
☎ 08-9224-7777
FAX 08-9224-7788
✉ 207 Adelaide Tce.
HP www.starwoodhotels.com/sheraton

市中心 ★★★★★

Hyatt Regency Perth 地图p.191-G

珀斯凯悦大酒店

可眺望斯旺河的豪华酒店

这家古罗马建筑风格的豪华酒店位于市中心的东侧。客房的装饰给人时尚感，可以眺望到斯旺河、达令丘陵、珀斯市区等地方。离公园和购物中心等都很近，步行就可以走到市中心。泳池、网球场、健身房、桑拿等活动设施齐全。

高级豪华酒店

交 从珀斯站驾车5分钟
A$ A$285~
客房数 367间
☎ 08-9225-1234
FAX 08-9325-8899
✉ 99 Adelaide Terrace
HP perth.regency.hyatt.com

市中心 ★★★★

Mercure Hotel Perth 地图p.190-I

珀斯美居酒店

设备齐全、宽敞舒适的酒店

这座位于市中心的酒店距离海伊大街购物中心只有500米的距离。对面是最高法院，一层是邮局和购物街。客房非常宽敞，可以舒适的居住。健身房、泳池、Spa、桑拿等设施齐备，还有餐厅和会议室等。此外屋顶的泳池还提供送餐等服务。

功能性强是酒店的魅力所在

交 从珀斯站步行10分钟
A$ A$140~
客房数 229间
☎ 08-9326-7000
FAX 08-9221-3344
✉ 10 Irwin St.
HP www.mercure.com.au

市中心 ★★★★

Parmelia Hilton Perth 地图p.190-F

珀斯帕米利希尔顿大酒店

洋溢着古典气息的豪华酒店

酒店前面便是静静流淌的斯旺河，地理位置优越，距离商业街和购物街都很近。酒店内洋溢着古典气息，配备了各种现代化设施。高档客房干净舒适，令人心情舒畅。此外，这里还有餐厅、泳池、桑拿、健身房等设施。

酒店提供周到的服务

交 从珀斯站步行12分钟
A$ A$157~
客房数 273间
☎ 08-9215-2000
FAX 08-9215-2001
✉ 14 Mill St.
HP www.hilton.com

市中心 ★★★★

Crowne Plaza Hotel Perth 地图p.191-G

珀斯皇冠假日酒店

能欣赏绝妙美景的酒店

酒店距市中心仅2千米，交通非常便捷，从这里可以俯瞰斯旺河美景。从带阳台的河景客房眺望出去，被夕阳染红的斯旺河让人感动。市区的夜景也很美丽。客房多是双人间，浴室很宽敞，并配有花洒淋浴。此外餐厅、酒吧，以及24小时客房服务都很方便。

交 从珀斯站乘车5分钟
A$ A$200~
客房数 189间
☎ 08-9325-3811
FAX 08-9221-1564
✉ 54 Terrace Rd.
HP www.ichotelsgroup.com

傍晚的景色十分迷人

市中心 ★★★★

Novotel Langley Perth 地图p.191-G

珀斯诺富特兰利酒店

服务、设施、景色俱佳的酒店

酒店位于市中心，客房内可以看到珀斯市区和斯旺河，有公寓的感觉，适合长住或全家人一起居住。

宽敞明亮的客厅

交 从珀斯站步行10分钟
A$ A$270~ 客房数 253间
☎ 08-9221-1200
FAX 08-9221-2830
✉ Cnr.Adelaide Terrace Hill & Stret
HP www.novotelper-thlangley.com.au

市中心 ★★★

Citigate Perth 地图p.190-F

珀斯城门酒店

装饰优雅的酒店

酒店内整体气氛优雅。客房宽敞，功能齐全，顶层有餐厅和泳池等。

交 从珀斯站步行13分钟
A$ A$150~
客房数 273间
☎ 08-9327-7000
FAX 08-9327-7017
✉ 1707 Wellington St.
HP www.mirvachotels.com

沉稳大方的外观

市中心 ★★★

Perth Ambassador Hotel 地图p.191-G

珀斯国宾酒店

洁净的时尚酒店

到市区中心只需步行10分钟，去哪里都很方便，室内整体设计采用白色基调，客房三分之一是套间，品质上乘。

交 从珀斯站乘车5分钟
A$ A$150~
客房数 171间
☎ 08-9325-1455
FAX 08-9325-6317
✉ 1196 Adelaide Terrace
HP www.ambassa-dorhotel.com.au

交通便利的地理位置

旅行信息

Travel Information

出发前的行李检查清单

	检查	物品	重要度	备注
随身携带的行李	□	护照	◎	p.208
	□	境外旅行意外伤害保险合同	◎	p.209
	□	机票（登机牌）	◎	
	□	旅游团参加证／机场登机牌	◎	
	□	现金（人民币）	◎	p.210
	□	现金（目的国货币）	○	
	□	支付卡	○	
	□	旅行支票	△	
	□	导游书／旅行会话集	◎	
	□	洗漱用品／毛巾／手纸	◎	
	□	化妆品／生理用品	◎	
	□	护照复印件／证件照（两张）	○	p.208
	□	计算器／纸笔	○	
	□	雨具	○	如果是去多雨地区的话一定要携带
	□	糖	○	为了对付干燥的气候
	□	墨镜	○	日照非常强烈
	□	国外驾照	△	
	□	手机	△	p.211
	□	数码相机／电池／充电器	△	不要忘带记忆卡
	□	常备药	◎	p.211
	□	英文诊断书	△	p.209
托运的行李	□	换洗衣物	◎	
	□	内衣裤、袜子	○	可以在旅行用品店购买一次性内衣裤
	□	手绢／手纸	○	
	□	洗发液、护发素	○	
	□	吹风机／剃须刀	○	
	□	变压器／适配器	△	
	□	洗漱用品	○	
	□	塑料袋	○	
	□	挖耳勺／棉签	△	
	□	毛巾	△	
	□	拖鞋	△	除了高级旅店外一般没有
	□	方便食品	△	在怀念家乡美味时……
	□	水果刀	△	绝对不能放在随身行李里带上飞机
	□	闹钟	△	
	□	针线	△	

◎ ＝绝对必要　○ ＝最好带　△ ＝可以不带，但带上了很方便

国内准备篇[出发日期的确定]

月	1月	2月	3月	4月	5月	6月
季节	夏	夏	秋	秋	秋	

上旬　中旬　下旬

旅游费用的变动曲线（万人民币）

●**旅游费用的内容概要**

以在悉尼、艾尔斯岩、凯恩斯各停留5天，并配备当地导游，有一部分自由活动时间、不包括餐饮费、酒店标准间费为标准推算。

在悉尼全年都有各种各样的大型活动

最低
5月中旬
7000元左右

节假日（日期以二〇一〇年为准）

节假日	日期
新年	1月1日
澳大利亚日	1月26日／全州
劳动节	3月1日／WA
劳动节	3月8日／VIC
劳动节	3月8日／SA
阿德莱德赛马日	3月8日／SA
八小时工作日	3月8日／TAS
堪培拉日	3月8日／ACT
受难节	4月2日／全州
复活节星期一	4月5日／全州
澳新军团日	4月26日／全州
劳动节	5月3日／QLD
五一国际劳动节	5月3日／NT
国庆日	6月7日／WA
女王诞生日	6月14日／WA以外的州

观光热门景点

- ▶悉尼嘉年华
- ▶悉尼朝圣
- ▶澳网（墨尔本）
- 买 ▶夏季降价
- ▶皇家复活节表演（悉尼）
- ▶国际戏剧节（墨尔本）
- ▶F1澳大利亚站比赛（墨尔本）
- 食
- ▼悉尼电影节

需要注意的地方

●**旅行准备**　和国内的季节正好相反，这时的澳大利亚正值盛夏。不过因为澳大利亚地域广袤，各地气候差异也很大。在昼夜温差较大的地方，需要准备比较轻便的长袖衣服。去海边的一定不要忘记带墨镜和防晒霜。北部地区此时正值雨季，需要携带雨具。

●**街景**　由于昼长夜短，一直到晚上7~8点天仍然很亮。这里有很多来自世界各地的游客，注意不要睡得太晚。

●**旅行准备**　在国内，气温开始回暖，而在澳大利亚则是渐渐变凉。可以说这个季节非常宜人，但是需要准备雨具。北部地区在这一时期天气多变，这一点要多加注意。

●**街景**　可以去黄金海岸游泳，这时的艾尔斯岩也不是那么炎热了，可以试着爬一爬。

●**旅行准备**　整个澳大利亚始降温，此时晚很凉，要注保暖。

●**街景**　阳明媚的地方可以到很多人在晒阳。

气候（℃）

	1月	2月	3月	4月	5月	6月
艾丽斯·斯普林斯最高气温	36.0	34.9	32.5	27.8	22.8	19
悉尼最高气温	25.0	25.2	24.5	22.5	19.9	17.
艾丽斯·斯普林斯最低气温	21.2	20.7	17.4	12.6	8.3	5.2
悉尼最低气温	19.2	19.6	18.5	15.8	12.9	10

日出时间／日落时间

1月	2月	3月	4月	5月	6月
5:59/20:09	6:29/19:48	6:54/19:12	6:18/17:31	6:40/17:02	6:58/16:5

冬					春									夏		
7月		8月			9月			10月			11月			12月		
中旬	下旬	上旬	中旬	下旬	上旬	中旬	下旬	上旬	中旬	下旬	上旬	中旬	下旬	上旬	中旬	下旬

和中国上市时期完全相反的牡蛎

最高
12月上旬
2万元左右

野营日—（8月2日/NT）

郊游日—（8月2日/NSW）

女王诞生日（9月27日/WA）

银行假日—（10月4日/NSW、SA、ACT）

墨尔本赛马日—（11月2日/VIC）

圣诞节—（12月25日/全州）

节礼日—（12月27日/全州）

▶墨尔本旅游季（墨尔本）

▶皇家阿德莱德展览会

▶墨尔本国际影展（墨尔本）

▶墨尔本杯赛马（墨尔本）

▶黄金海岸马拉松赛

新年音乐会（悉尼）▲

▶牡蛎上市

▲悉尼马拉松

▼圣诞节

食 ▶龙虾上市

观

旅行准备　严冬到来。这个季节是在黄金海岸也不能游泳。澳大亚不会下雪，但是还是要做好防措施。

街景　中国在这时进入暑假，来澳游人数增加。各观光景点都变得很闹。相反澳大利亚本地人则出发前温暖的国家度假。

●**旅行准备**　进入温暖的季节。悉尼的气温也逐渐回升，春天来了。这段时期降水量也比较少，是最适合旅游的季节。

●**街景**　这个时期在悉尼会举办国际花卉展，是赏花的绝好机会。除此以外在各地都会举办花卉展览。11月是凌霄花盛开的季节，走在街上有种很悠闲自得的感觉。

●**旅行准备**　临近夏季，北部地区开始进入雨季。凯恩斯的降水量也开始增多，一定不要忘记携带雨具。

●**街景**　初夏，圣诞节期间一派节日气氛。

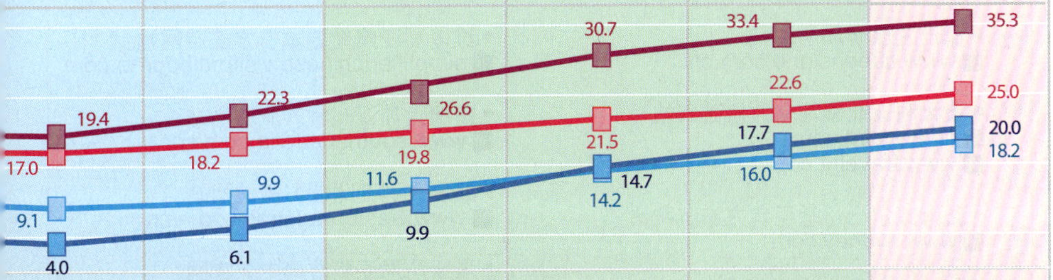

:58/17:04	6:33/17:54	5:54/17:47	5:13/18:09	5:43/19:37	5:38/20:02

出发前的信息收集

收集当地信息

为了在有限的时间里，能够玩得开心和有意义，出发前的信息收集工作是非常重要的。现在，很多国家的旅游局在自己的网址上登载了丰富的内容，用电脑待在家中就可以轻松收集大量有用的信息。

此外，在出发前读一些和澳大利亚有关的书籍，欣赏一些当地的音乐、电影等都可以加深对旅游目的地的认识，增加旅行的乐趣。

澳大利亚旅游局

澳大利亚旅游局的官方网站内容丰富，如果有机会的话请大家一定要去浏览一下。除列有气候、景点等基本消息外，还登载了一些在限定时间内可自由安排的旅行项目。在这个网站上还可以订阅旅游电子杂志。

澳大利亚旅游局

资料申请中心（24小时语音服务）
☎ 70120-37-1902
HP www.australia.com

澳大利亚驻中国大使馆及总领事馆

也可以向澳大利亚驻中国使领馆咨询旅游的相关问题，他们的联系方式是：

澳大利亚驻中国大使馆
✉北京市朝阳区东直门外大街21号 100600
☎ (010) 5140 4111
(010) 5140 4292 (领事和行政处)
(010) 5140 4230 (新闻和文化处)
HP www.china.embassy.gov.au

澳大利亚驻上海总领事馆
✉上海市南京西路1168号中信泰富广场22楼 200041
☎ (021) 2215 5200
HP www.shanghai.china.embassy.gov.au

澳大利亚驻广州总领事馆
✉广东省广州市珠江新城临江大道3号发展中心12楼 510623
☎ (010) 5140 4111
HP www.guangzhou.china.embassy.gov.au

澳大利亚驻香港特别行政区总领事馆
✉香港特别行政区湾仔港湾道25号海港中心23楼
☎ (852) 2827 8881
HP www.hongkong.china.embassy.gov.au

设有中文界面的澳大利亚各州旅游网站

- 昆士兰旅游局网站
  HP www.queensland.com.cn
- 澳大利亚北领地官方旅游网站
  HP cn.travelnt.com
  HP www.travelnt.com
- 新南威尔士州悉尼官方旅游网站
  HP www.sydney.com
- 维多利亚州墨尔本官方旅游网站
  HP simplifiedchinese.visitmelbourne.com
- 南澳大利亚州官方旅游网站
  HP www.southaustralia.com/cn
- 西澳大利亚州官方旅游网站
  HP www.westernaustralia.com/cn
- 塔斯马尼亚旅游局中文官网
  HP www.discovertasmania.net.cn

出发前的健康管理

制定宽裕的日程

如果健康出现问题的话，难得的出国旅行就“泡汤”了。所以出发前做充足的准备是圆满完成旅行的关键。

对自己的健康有顾虑的人，请尽量选择日程比较宽松的旅行方案。比起紧赶慢赶的行程，还是将自由时间定得充裕一些玩起来更开心。

不要忘记以下问题！

- 旅行时当地气候如何？穿什么样的衣服比较合适？
- 每天预计何时出发，何时返回？
- 需要步行的路程较长时，考虑体力方面有没有问题？
- 倘若身体状况出现问题，旅行计划可否取消？
- 能否保证吃药时间？
- 有没有充足的方便时间？
- 如果去当地医院，需要准备哪些东西？

旅行方案确定后要准备

出发前由于准备工作比较繁杂，健康很容易受到影响。此时，就需要注意保持生活规律、睡眠充足以及营养平衡。

患有慢性病的人最好去医院接受医生的检查诊断，并咨询一些旅行时的注意事项。定期去医院做检查，需要每天坚持服药的人，一定要备齐旅行途中所需要的药品，最好多预备一个星期的药量，以应对旅程中出现延期的情况。

此外，牙齿有问题的人，最好出发前在国内治疗，因为牙科等一些医疗费不在海外旅行伤害保险的保障范围内。

对自己健康很自信的人，为防万一，最好也在出发前做一次全面的健康体检。在报旅游团时，很多旅行社都会要求填写健康状况调查表或者出示健康体检表。

出发前要准备

保险和证件

万一在旅行时生病或者受伤，也只能前往当地的医院接受治疗。这种情况下，购买能够在一定程度上补偿医药费的境外旅行意外伤害保险就显得很重要了。如果不入这些保险的话，一旦去就医将会花费一笔高额的医药费。所以提醒大家最好考虑一下这些保险（详情请参照p.209）。但是这种保险不适用于对慢性病的治疗。

在海外时为了以防万一，一定要准备好看病时所需的证件。能够派上用场的证件有英文旅行用证件、英文病例、英文的药剂说明书等。这些可以请医生或者专门的旅行医生来出具。此外还有专门机构收取一定费用将中文证件资料翻译成英文，如果有必要也可以去咨询他们。切忌，准备好的资料一定要随身携带。

常备药品

需要随身携带的常备药品种类有：感冒药、镇痛药、腹泻药、肠胃药、便秘药、伤口消毒药等，最好是平日里常用的。提醒容易晕车的人不要忘记带晕车药。

长途飞行小提醒

从中国飞往澳大利亚需要10个小时左右的时间，也算是长途飞行了。如果选乘的是经济舱，空间会比较狭窄，所以要想些法子让自己舒服些。为了避免发生静脉血栓症（所谓的“经济舱综合征”），尽量不要穿牛仔裤等绷紧身体的服装，落座后可把腰带适当放松一些，再换上机舱内的专用拖鞋，让脚放松。必要时，还可以向乘务员多要一些毛毯和枕头。此外，为了能在飞机上睡得更香，最好准备眼罩和耳塞。

护照

护照是由国家发行、国际通用的证明国籍和身份的证件。通俗一点说，护照在国外就相当于国内的身份证，所以去国外旅行，护照是第一必备品。我国护照分为普通护照、外交护照和公务护照三种，公民出境旅游，办理普通护照即可，其有效期为：护照持有人未满十六周岁的五年，十六周岁以上的十年。

申办流程

准备材料 ▶ 填写申请表 ▶ 提交申请 ▶ 凭证领取

准备齐右边表格内的材料后，即可至本人户籍所在地的公安局出入境管理处办理。在工作人员审核完毕后，会收到一张标有日期的取证回执单，一定要好好保管，领取护照时会要求出示。一般，自收到申请材料之日起十五个工作日内就可以签发护照了。如果因合理紧急事由请求加急办理，公安机关出入境管理机构也会受理的。

领取注意事项

办理护照时最好由本人亲自领取，携带身份证或户口簿，凭取证回执单领取护照；如他人代领，须由代领人携带取证回执单、本人身份证、护照申请人身份证复印件领取护照；还可以采取付费邮寄的方式获取护照。

换发或补发

护照有效期即将届满的、护照签证页即将使用完毕的、护照损毁不能使用的、护照遗失或者被盗的、有正当理由需要换发或者补发护照的其他情形，护照持有人可以按照规定申请换发或者补发护照。

此外，护照持有人所持护照的登记事项（包括护照持有人的姓名、性别、出生日期、出生地、护照的签发日期、有效期和签发机关）发生变更时，应当持相关证明材料，向护照签发机关申请护照变更加注。需要注意的是，如果身在国内，需由本人向户籍所在地的市、县公安机关出入境管理机构提出申请；如果身在国外，需由本人向中国驻外使馆、领馆或者外交部委托的其他驻外机构提出申请。

第一次申请所需的材料

1. 居民身份证原件、复印件
2. 本人户口簿、户口簿首页、本人资料页、变更页
3. 填写完整的申请表原件
4. 申换护照需附上原护照
5. 近期2寸淡蓝色背景彩色证件照1张
6. 与出入境事由有关的相应材料

◆办理费用与时限

收费标准：200元/本

办理时限：15个工作日

签证

签证是由目的地国家的驻外使馆所发行的允许入国的许可证。去澳大利亚旅行，必须申请签证。澳大利亚签证可分为访客签证、移民签证、工作签证、留学签证、过境签证。其中访客签证，根据不同的访问目的，又有多种类别可供选择。如果访问澳大利亚的目的为度假、观光、探亲访友，需要申请旅游签证（676类别）。如在澳大利亚有亲属并愿意为其提供担保，也可申请担保探亲签证（679类别），不过这一类别的签证申请需在澳大利亚递交，并由澳大利亚当地移民局审批。

POINT 注意

申办护照和签证都需要至少1周时间，最好尽早办理。
为了让旅途更加安心，尽量办理境外旅行意外伤害保险。

根据不同情况，旅游签证可签发单次或多次入境签证，在澳大利亚停留期限为每次3个月、6个月或12个月。申请人可根据需要，申请相应的入境次数和停留时间。签证官则会根据申请人的个人情况，来决定是否同意给予相应的签证。一般情况下，对大多数人来说， 3个月的旅游签证已能满足需要。签证可以通过大使馆或领事馆所认可的旅行社来申请。

申办流程

准备材料 ▶ 填写申请表 ▶ 递交申请 ▶ 等待办理

这里特别提醒，提交申请时需注意：

①需提供右侧所列文件的复印件；
②方便起见，建议通过邮寄方式递交旅游签证申请，当然亲自递交也可以；
③除了护照原件之外，不要邮寄任何其他文件的原件；
④保留一份护照首页的复印件，以备健康检查时使用；
⑤中文文件请附英文翻译件；
⑥填写申请表时会附有一张资料核对表，最好把该表放在签证申请的首页；
⑦交纳签证申请费时注意签证处只收取人民币，不收澳元、美元或港币，也不接受个人支票。

签证所需材料

一般为准备评估签证申请所需的主要文件有：

1. 签证申请表格
适用于中国公民的，用英文完整填写的48RCHS表，此表可从http://www.immi.gov.au/allforms/foreign/48rchs.pdf处下载。
2. 本人有效护照及旧护照（原件）
3. 本人护照首页的复印件（包含本人信息页，如名字，出生年月等）
4. 近期护照规格照片一张，需粘贴在申请表格上的相应位置
5. 本人户口本整本复印件
6. 资金证明
7. 工作证明或在读证明
8. 其他材料
若有签证回邮快递，需提供详细地址信息；针对特定申请人的补充材料等。
9. 签证申请费
人民币800元（这是自2011年7月1日以来实施的新签证申请费）
其他费用：如在北京签证处申请递交，还须加收人民币20元的EMS回邮快递费。

签证付款方式

1. 可通过中国邮政局汇款。
2. 可亲自到自己所在区域的其中一个澳大利亚驻华签证处服务专柜支付。目前上海签证处和广州签证处在递交签证申请时，可以使用银联卡支付签证费用。
3. 可在澳大利亚境内任一签证处支付。付款人须告知签证处人员申请人的全名及递交申请的具体地点。付款收据须附于申请中。

签证申请受理时间

自收到申请之日起，各签证处受理一份材料所用的平均时间为5个工作日。

旅行费用的准备

携带旅行费用的方式

■澳大利亚的货币单位是澳元(A$)

澳大利亚的货币单位是澳元，比澳元低一级的是澳分。1澳元=100澳分，1澳元约等于6.7元人民币，100元人民币约等于14.98澳元（2012年2月汇率）

澳大利亚纸币面值有5、10、20、50、100澳元五种，硬币面值有5、10、20、50澳分以及1、2澳元六种。1、2澳分的硬币已经停止发行，所以现在市面上非常罕见。

■一般情况下是现金+支付卡

在旅途中，一般使用现金或支付卡进行消费。国内银行和机场都可以兑换外币，也可以携带部分人民币前往澳大利亚本地兑换成澳元。

如果有支付卡的话就可以不用携带大量现金，也不用担心旅行途中金钱被盗。即使出现意外情况也可以在当地取现。其中，使用范围最广的支付卡是VISA和MASTER支付卡。

支付卡

○可以使用
酒店、商场、咖啡厅等
△部分场所可以使用
景区门票、酒吧、酒店等
×大部分场所不能使用
零售店、公交交通、在当地申请的旅游项目等

■国际借记卡也很方便

如果在自己的国际借记卡银行账户中存入足够的资金，也可以在澳大利亚当地的ATM中取现，不过此时取现是要被收取手续费的，而且取出的金额也是依照当地当日的外汇汇率换算后的金额（具体各个银行都不一样，可以事先咨询一下）。

■第一次换汇选择哪里比较好

换汇率还是在目的地比较划算。澳大利亚的机场内都设有换汇点。虽然机场里的汇率有点低，但是可以先换一些作手头备用，之后再去市内的换汇点、银行、邮局等处兑换。

旅行支票

明确了消费金额，签名写上相应数目就可以使用，非常方便。在支付时，需要出示护照来证明与之相对的身份，所以只能限于购买者本人使用。注意，有些商店不收取旅行支票。如果旅行支票丢失的话，可以挂失。

需要带多少钱呢

■视自由活动时间自定消费金额

在当地所需的金钱，由自由活动时间里购买商品的金额决定。如果自由活动时间很多的话，在这段时间里的餐费、旅行费就都得自掏腰包了。买特产时也会花费不少钱，所以尽量把自己的预算准备得充裕些。

最低消费金额的预算目标

全天行动→XX元
半天自由活动→XX元　} x天数
全天自由行动→XX元

娱乐、购物
备注：单位为人民币

不包含在团费中的项目

- 旅馆内额外服务所产生的花费
- 就餐时另点的部分，如酒水钱
- 在国内从自己家出发到集合地的交通费、住宿费等
- 机场建设费、燃油附加税（在报团购买机票时一并支付）
- 行李超重的罚金
- 医药费用等

衣服和随身物品

气候

地处南半球的澳大利亚，最大特征是季节和国内完全相反，12月~2月是夏天、6月~8月是冬天。此外，澳大利亚各地气温差异非常大。北部就算在冬天也是非常炎热的热带气候，内陆则是昼夜温差很大的大陆性气候，而南部则很凉爽。所以在准备衣服时一定要考虑自己是去澳大利亚哪个地方。

例如，凯恩斯地处亚热带和热带之间，4月下旬~11月是旱季，11月下旬~4月中旬是雨季。在7月~8月间昼夜温差高达10摄氏度，这点一定要注意。而悉尼和珀斯的气温则和上海相似，但是比上海要温暖。墨尔本在不同的季节里气温差异非常大，夏天干燥炎热，冬天多阴雨天气，注意不要着凉。

服装

■根据具体情况增减衣物

境外旅行时穿着的服装要根据当地气候状况来准备，并根据具体地区的气候变化来增减衣物（注意尽量不要穿很华丽的衣服）。

■高级餐厅、观看戏剧的服装

虽说不一定非要穿着昂贵的服装，但尽量还是不要穿运动服、短裤、运动鞋去高级餐厅或者观看戏剧。

男性除了进入特别高档的餐厅或者去听音乐会外都可以不打领带。最好能穿皮革制的鞋，但如果实在没有的话穿比较自然的旅游鞋、休闲鞋也没有问题。

女性可以穿衬衫、夹克，连衣裙也可以。要注意不要露出过多的肌肤，颜色也不要太显眼。鞋子尽量带跟，因为是游客，稍微不那么正式也没有关系。夏天的话则可以穿凉鞋。

■逛街时穿的服装

比起服装更需要留意的是随身携带的财物。腰包就好比告诉周围的人自己带着贵重物品，所以尽量不要背腰包。在乘坐公交时尽量把包放在胸前。

收拾行李

■出发时把行李箱空出来

衣物所占的体积比较大，每天都在旅馆洗衣也不现实。所以要根据旅行的日程来准备必要的行李。最后不要忘记腾出一定的空间，用来盛放返程时购买的当地特产。

■在逛街时背斜挎包

澳大利亚治安比较好，犯罪率也很低，但也不能因此就对安全掉以轻心。在逛街时，比起双肩包，背斜挎包可以降低遭窃的风险。

■方便的随身物品

虽说在当地也可以买到药，但是服用方法和药效肯定会与国内常服的药物有差异，所以尽量随身携带常用药。特别是患有慢性病的人一定不能忘带常用药。此外，最好随身携带英文的病例诊断书，这样万一出现什么意外状况在当地就医时也很方便。

现在数码相机已成为主流产品，所以相机的零部件在商店都有出售，不过千万别忘了储存卡，出门旅行肯定会照不少相片的。

此外，手机也是必需品。最好开通国际漫游，以在需要紧急联络时使用。详情可以咨询手机的服务供应商。如果需要大量通话，在当地的机场租赁一个手机使用会比较便宜。

前往机场

●北京首都国际机场

官方微博 http://weibo.com/bjairport E-mail: service@bcia.com.cn
HP www.bcia.com.cn 24小时客户服务 ☎86-10-64541100

■乘坐机场快轨前往 非常便捷！

沿途共设4站，到达机场T3航站楼大约需20分钟。另外，机场快轨与地铁2号线的东直门站和10号线的三元桥站均有转乘站。单程票价为每人25元，发车间隔全天均为10分钟一班。运营时间为：T2：06:35~23:10；T3：06:20~22:50；东直门：06:00~22:30

■乘坐机场大巴前往 行李多也没关系！

开设市区巴士和省际巴士。市区有方庄、西单、北京站、公主坟、中关村、奥运村、西客站、上地、亦庄、北京南站10多条线路。可就近选择停靠站搭乘。统一票价单程16元/人。周边城市旅客可选乘5条省际巴士线路。省际巴士则依距离远近价格有所不同。机场巴士服务热线电话为010-64594375/76

■乘坐出租车前往 无须换乘，打表计价

北京出租车的费用按跳表计算，起跳价10元，每公里加2元。夜间行驶时(23:00～05:00)计价器会自动加价20%。现在还需要多付3元的燃油附加费。正规出租车上均有收据打印机，下车前记得索取收据，上面有出租车公司的电话，若不慎在车上遗失物品还可打电话询问。

●上海浦东国际机场

☎021-96990 HP www.shanghaiairport.com

■乘磁悬浮前往 无须换乘，非常便捷！

在龙阳路地铁站可搭乘磁悬浮列车前往机场，分单程价格每人50元和往返价格每人80元（普通票）两种，运行时间为6:45~21:40，每日19:02前15分钟发一趟车，19:02后20分钟发一趟车。

■乘坐地铁前往 方便快捷！

可以选择乘坐地铁2号线（绿色）到达或者离开浦东国际机场，不过需要在广兰路站进行换乘。注意，2号线地铁在机场与广兰路站之间的运营时间为6:00~22:00，每8.5分钟发一趟车，乘坐很方便。

■乘坐机场大巴前往 行李多也没关系！

目前，浦东国际机场共有大巴专线8条，外加浦东机场环一线和浦东守航线，可就近选择停靠站搭乘。关于大巴具体线路及票价，可参见上海浦东国际机场官方网站查询。

■乘坐出租车前往 无须换乘，打表计价

上海出租车的费用按跳表计算，起跳价12元，也有日间（5:00～23:00）行驶价格和夜间（23:00～次日5:00）行驶价格。正规出租车上均有收据打印机，下车前记得索取收据，上面有出租车公司的电话，若不慎在车上遗失物品还可打电话询问。

POINT 注意 即使是配有导游的旅游团有时也需要自己前往机场。如何能够又准时、又经济顺利地到达机场呢？关键是需要选择合适的交通工具。

●广州新白云国际机场

咨询电话：020-86137273
航班查询台：020-36066999
机场投诉电话：020-36066315
机场民航售票处：020-86130099（国际）
航站楼急救站：020-36062664
空港快线查询：020-86122102
行李寄存台：020-36066854
机场行李查询：020-36066790（国际）
E-mail：sev@baiyunairport.com HP www.baiyunairport.com

■乘坐地铁前往 非常便捷！

乘坐地铁3号线的北延伸段（体育西路至机场南站）可往来机场与市区之间，机场地铁位于航站楼地下1层。

■乘坐机场大巴前往 行李多也没关系！

有两种，分别是空港快线与机场快线，1~4号大巴为空港快线，5~10号为机场快线。同时机场还有前往周边城市的直达班车，很方便。

■乘坐出租车前往 无须换乘，打表计价

机场设有两处出租车搭乘处，分布在航站楼两侧。一般从市区前往机场费用相对比较高，要100多元。

■集合时的注意事项

确认集合的航站楼

在首都国际机场内有1号、2号和3号3个航站楼。在出发前一定要跟旅行社确认是在哪个航站楼登机。从东直门可乘坐地铁到达2号航站楼和3号航站楼。万一抵达了错误的航站楼的话可以乘坐免费的区间车（需15分钟）前往另一个航站楼，所以也不用过于担心。此外，上海浦东国际机场也有2个航站楼。广州新白云国际机场只有1个航站楼，这一点一定要注意。

提前多少时间到达机场？

大多数旅游团都是在飞机起飞前2~3小时在机场集合。

即使抵达机场后，找集合地点也要花费不少时间，这样算上办理登机手续所用时间，再碰上高峰期排队等候、出国审查等，提前3小时到也不算早。尤其出门在外，难免会发生什么意外或者麻烦，所以留出点富裕时间是最保险的。

另外，虽说报了旅行团，但是从自己的住所到机场这一段的交通费还是要自理。如果出现因列车晚点而延误航班的事，那和交通运输部门及旅行社都没有关系，所以也不要指望旅行社会返还旅费。一旦出现了赶不上集合时间的情况，要立刻与旅行社的相关人员联络，以商讨善后之策，看能不能改签飞机票，不过最好不要出现这样的情况。

■如何妥善搬运行李

利用快递把行李运到机场！

把行李箱这样很重的行李运到机场是一件很艰苦的事情。如果没有专人送站，不妨考虑用快递服务，其费用根据距离、重量会有相应变化，花些钱可以省去不少麻烦，回来时也同样可以采用这样的方式运送行李。最好提前1天预约，在快递人员取行李时，一定要收拾好。另外也不要忘了问清楚在机场的什么位置取行李。

善用机场

■不花时间就能够兑换货币的方法

在北京首都国际机场、上海浦东国际机场、广州新白云国际机场里都设有外币兑换所，可以很方便地把人民币兑换成外国货币。

随着时代的发展、技术的更新，现在的服务种类也是多种多样，比如北京首都国际机场内就设有自动货币兑换机，只要按照操作步骤进行，就方便快捷地兑换到自己所需要的外国货币了，即使不懂怎么使用，还可以咨询机器旁的工作人员。

不过在出游高峰时节，即使是自动货币兑换机前还是会排起长长的队，这时不妨去有些银行设在机场内的营业网点办理相关业务。在北京首都国际机场就有中国银行设立的北京首都机场分行，里面设有专门窗口来处理兑换货币和办理旅行支票的业务，所以在别的兑换地都很繁忙的时候就可以来这里了。

此外，一般在到达口的兑换窗口一般人都比较少，而出发窗口的货币兑换所总是很繁忙。

■如何寄存旅行中不需要的外衣

澳大利亚的季节和国内正好相反，所以在出发前可以把不需要带去，但返程后又需要穿的衣物寄存在机场。一般机场都有行李寄存服务，收费标准是按小时和按天数计算的。按天计算的需要行李货架，一般按照行李体积收费，一天费用在20~50元不等。注意，只有在营业时间内才可以取走寄存的衣物。

■使用触摸屏来获取目的地的信息

一般机场内都有可以浏览目的地信息的触摸屏电脑，可以利用它获取自己感兴趣的相关信息。如果在登机前还有空闲时间的话不妨去看一看。

■ 尽快办理出境手续，然后放松一下自己的身体

一般机场都设有休息室，不过只有在接受完出国审查后才可以进入。所以可尽快办完出境手续，然后为长时间的旅途做好准备！

■ 可以把在免税店买的东西寄回家

机场免税店都可以应旅客的要求将买到的酒、巧克力等寄回家。旅客可以在出发前选好商品，然后指定日期让商店寄送。这样既可以全心享受境外旅行，又可以免去回国时报关的麻烦。寄送的具体费用请咨询免税店。

POINT! 注意 办理登机手续所需的时间约为1~2小时。如果不是旺季的话可能会快一点。手续的流程各个机场都是大同小异。如果想在免税店购物，要尽早办理出境手续！

登机手续

办理登机手续

在旅行社指定的集合窗口领取机票后，就可以办理登机手续了。在窗口出示护照和机票（电子机票）。然后办理托运手续，领取行李票和登机牌。

及早完成购物

购买旅行用品和日用品、兑换货币这些事情都要在接受安检前完成。在接受安检后，就不能再回到有众多商店的出发层了。在安检后只有小商店和咖啡厅还可以进入。

出国手续

安检、通关

首先是对随身携带的物品进行检查，同时使用金属探测仪对身体进行检查，如果随身携带着手表等金属制品的话就需要放到托盘上交给工作人员。

检查随身携带的物品

近年来，受恐怖袭击事件的影响，各大机场的安检越来越严格。而托运的行李因为会受到X光的强烈照射，即使是放入胶卷保护袋中，胶卷也会感光。所以在带有胶卷的情况下一定要随身携带，并接受目视检查。

如果身上携带的现金金额超过5000元人民币，一定要申报海关。

候机

通过安检后，查看登机牌上的登机口编号，找到与登机口对应的候机厅。每个候机厅的位置，机场都会有显示屏显示，不清楚可以问机场服务人员。时间早的话，可在候机厅休息，等广播通知登机。进入隔离厅后，在登机牌显示的登机区域候机，可以把身份证件、机票放置保管好，只留登机牌登机。

登机

登机时间一般在起飞前的20～30分钟；起飞前5分钟（无托运行李的旅客）/起飞前10分钟（有托运行李的旅客）不能到达登机口的旅客，将不能登机。登机后找到自己的座位坐下，扣上安全带，起飞前关掉手机。

注意长距离飞行所引发的静脉血栓症！

长时间保持坐姿不动会使下半身血流不畅，血管内的血液凝固引发病症。不过，只要保证充足的水分摄入、站起来走走都可以缓解症状。

入境

到达澳大利亚，办理入境手续

到达 Arrival

不要在飞机着陆后还没有停稳就站起身来。在下飞机后乘坐巴士进入航站楼，接受入境检查。

填写入境卡

在飞行途中会分发入境卡，所以在到达澳大利亚之前就要填好。填写方法如下页所示。

入境检查 Immigration

在机场接受入境检查时需要出示护照和入境卡。在填写入境卡时可以参照右边的样本填写。接受检查时要排在外国人窗口，轮到自己时拿出护照和入境卡，并按照要求回答入境目的和逗留时间等简单的问题。

检疫 Quarantine

因为澳大利亚地处一个独立的大陆，所以对入境的检疫非常严格。在进入航站楼后将会接受检疫，如果身上携带有动植物制品（包括食物），一定要提前申报。

领取行李 Baggage Claim

在结束了入境检查后就可以办理领取行李的手续了。行李会根据班次的不同从不同的行李带上运出，在领取行李时一定要确认登机牌和行李牌上记载的班次和编号，以防取错行李。

丢失行李怎么办?

当托运的行李没有按照预定时间到达时，要和随行导游打个招呼，然后拿着行李牌去航空公司的窗口询问。在告知住所后，行李找到后会送到入住的酒店。

海关检查 Customs

在领取行李后就要接受海关检查了。身上如果带有需要申报的物品，需填写报关单。如果身上携带超过免税限额的金钱或者行李，需要进行特殊申报。而不需要申报的人可以直接走出绿色大门。原则上，乳制品、蛋、水果、蔬菜、肉类等动植物都是严禁入境的。

可以免税入境澳大利亚的商品

香烟	卷烟250支（或者250g）以下
酒类	酒类2250毫升（包括葡萄酒、啤酒、蒸馏酒）以下
随身物品	合计价值为A$900（未满18岁的为A$450）的物品
衣物	新的衣物、鞋、卫生、化妆用品等。
其他	拥有时间在12个月以上、正在使用的个人物品。

POINT 注意

从中国有直飞澳大利亚的航班，可抵达澳洲2个城市。
直飞城市：北京直飞可以抵达悉尼，上海直飞可以抵达悉尼和墨尔本，广州直飞可以抵达悉尼。

填写入境卡

A.姓
B.名
C.护照号码
D.航班号码或船号
E.停留在澳大利亚的地址
F.今后的12个月内是否打算住在澳大利亚？
G.如果你不是澳大利亚公民：
　你是否有结核病？
　你是否因刑事犯罪而被判过刑？
H.你在澳大利亚的联系资料
　电话／E-mail／地址
I.你在澳大利亚的紧急联系人(家人或朋友)姓名／E-mail、电话或地址
J.你是在哪个国家搭上这班飞机或船的？
K.你的职业？
L.你护照上的国籍
M.出生年月日

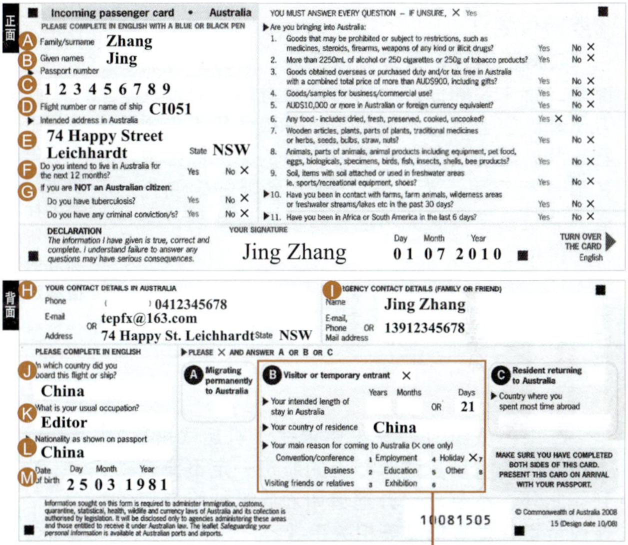

正面

Incoming passenger card • Australia
PLEASE COMPLETE IN ENGLISH WITH A BLUE OR BLACK PEN
A Family/surname Zhang
B Given names Jing
Passport number
C 1 2 3 4 5 6 7 8 9
D Flight number or name of ship CI051
Intended address in Australia
E 74 Happy Street
Leichhardt State NSW
F Do you intend to live in Australia for the next 12 months? Yes No ×
G If you are NOT an Australian citizen:
Do you have tuberculosis? Yes No ×
Do you have any criminal conviction/s? Yes No ×

YOU MUST ANSWER EVERY QUESTION – IF UNSURE, × Yes
Are you bringing into Australia:
1. Goods that may be prohibited or subject to restrictions, such as medicines, steroids, firearms, weapons of any kind or illicit drugs? Yes No ×
2. More than 2250mL of alcohol or 250 cigarettes or 250g of tobacco products? Yes No ×
3. Goods obtained overseas or purchased duty and/or tax free in Australia with a combined total price of more than AUD$900, including gifts? Yes No ×
4. Goods/samples for business/commercial use? Yes No ×
5. AUD$10,000 or more in Australian or foreign currency equivalent? Yes No ×
6. Any food - includes dried, fresh, preserved, cooked, uncooked? Yes × No
7. Wooden articles, plants, parts of plants, traditional medicines or herbs, seeds, bulbs, straw, nuts? Yes No ×
8. Animals, parts of animals, animal products including equipment, pet food, eggs, biologicals, specimens, birds, fish, insects, shells, bee products? Yes No ×
9. Soil, items with soil attached or used in freshwater areas ie. sports/recreational equipment, shoes? Yes No ×
10. Have you been in contact with farms, farm animals, wilderness areas or freshwater streams/lakes etc in the past 30 days? Yes No ×
11. Have you been in Africa or South America in the last 6 days? Yes No ×

DECLARATION
The information I have given is true, correct and complete. I understand failure to answer any questions may have serious consequences.
YOUR SIGNATURE Jing Zhang
Day Month Year 01 07 2010
TURN OVER THE CARD
English

背面

H YOUR CONTACT DETAILS IN AUSTRALIA
Phone ( ) 0412345678
E-mail OR tepfx@163.com
Address 74 Happy St. Leichhardt State NSW

I EMERGENCY CONTACT DETAILS (FAMILY OR FRIEND)
Name Jing Zhang
E-mail, Phone OR Mail address 13912345678

PLEASE COMPLETE IN ENGLISH
J In which country did you board this flight or ship?
China
K What is your usual occupation?
Editor
L Nationality as shown on passport
China
M Date of birth Day Month Year 25 03 1981

PLEASE × AND ANSWER A OR B OR C
A Migrating permanently to Australia
B Visitor or temporary entrant ×
Your intended length of stay in Australia Years Months OR Days 21
Your country of residence China
Your main reason for coming to Australia (× one only)
Convention/conference 1 Employment 4 Holiday × 7
Business 2 Education 5 Other 8
Visiting friends or relatives 3 Exhibition 6
C Resident returning to Australia
Country where you spent most time abroad

MAKE SURE YOU HAVE COMPLETED BOTH SIDES OF THIS CARD. PRESENT THIS CARD ON ARRIVAL WITH YOUR PASSPORT.

Information sought on this form is required to administer immigration, customs, quarantine, statistical, health, wildlife and currency laws of Australia and its collection is authorised by legislation. It will be disclosed only to agencies administering these areas and those entitled to receive it under Australian law. The leaflet Safeguarding your personal information is available at Australian ports and airports.

10081505

© Commonwealth of Australia 2008
15 (Design date 10/08)

来澳大利亚的主要目的：

1.出席会议	5.教育
2.商业	6.展览
3.探访亲友	7.假期
4.就业	8.其他

国际航线的换乘

如果乘坐国际航班到达澳大利亚，再转机到其他城市，首先还是接受入境和海关的检查。在办完所有的手续后再办理行李托运和换乘澳大利亚国内航班。

此外，悉尼机场和墨尔本机场的国际线与国内线的航站楼之间有2~3公里的距离，这时就需要乘坐区间车前往。

入境检查时可能用到的会话

■旅行的目的是什么？
What's the purpose of your visit?

●观光。
Sightseeing.

■准备逗留多长时间？
How long are you going to stay?

●4天。
Four Days.

■住在哪儿？
Where are you staying?

●准备住在ABC旅馆。
I'll stay at ABC hotel.

回国

从澳大利亚搭机回国

收拾行李

收拾行李时，最好分成托运、随身携带两部分。首先要确保护照和签证随身携带并放在方便拿出的地方，然后将相机、摄像机等贵重物品及办理登机手续时需要申报的免税品都放在随身行李里。而水果刀等刀具则一定要托运。免税品在接受完出境检查后可以拿到，所以记得也随身携带上。

托运行李的重量限制

根据航空公司、线路、机票种类的不同限制重量也不一样。一般在乘坐澳大利亚的经济舱时，允许携带1件重量不超过23kg的行李。超出标准的部分需要支付高额的罚金，所以一定要事先在旅馆把超出标准的部分用国际快递寄回国，详情参照p.225。

酒店退房

在跟团旅游时，一般要求在飞机起飞前2个小时抵达机场。注意早上的航班一定不要迟到。此外，不要忘记办理诸如酒店附加服务、在前台寄存贵重物品等相关手续。

一定要早点出发

如果是自助游的话至少要提前2小时到达机场，事先要对交通状况和路上所需时间进行确认。如果需要办理免税手续的话，就要更早一点出发了。如果是早上出发的航班，尽量在前一天晚上就在前台预订好出租车。

登机、出境手续

抵达机场后首先是办理登机手续。需要托运行李，领取登机牌、行李牌等，尽量早一点完成登机。

在出境窗口会有工作人员提醒准备护照、签证、ETA卡、登机牌、出境卡，在查验完毕、出境官员盖上印章后手续就算办完了。

兑换人民币

如果手头还剩下没用完的澳元，那么在接受完出境检查后就可以去兑换了。因为在国内不能够兑换硬币，所以在回国前尽量把它们都花光。

此外，机场建设费要在上飞机前使用澳元缴纳，不过如果乘坐澳航班机的话，38澳元的机场建设费就已经包含在机票价格内了。

登机、回国

POINT! 注意

从澳大利亚到国内大概需要10~14小时，和去程时间基本一致。如果是跟团旅行，旅行社会代您确认航班，这样可以省去不少麻烦。

免税手续

在海外旅客购买商品时，可以返还一部分（10%）消费税（GST）。免税方法详情请参照p.228。

申请退税方法

①在当地机场的退税窗口申请澳元退税。

②在商店索要退税专用信封，填写支付卡账号后投入邮筒中。之后退税会以汇款的形式返还。

③在国内机场的退税窗口可以接受人民币现金的退税。

入境中国时的免税范围

酒精饮料	2瓶（12度以上，1.5升以下）
烟草制品	
香烟	400支
雪茄	100支
烟丝	500克

禁止进境的物品

酒类	每瓶
1	各种武器、仿真武器、弹药及爆炸物品；
2	伪造的货币及伪造的有价证券；
3	对中国政治、经济、文化、道德有害的印刷品、胶卷、照片、唱片、影片、录音带、录像带、激光视盘、计算机存储介质及其他物品；
4	各种烈性毒药；
5	鸦片、吗啡、海洛因、大麻以及其他能使人成瘾的麻醉品、精神药物；
6	带有危险性的病菌、害虫及其他有害生物的动植物及其产品；
7	有害人畜健康，来自疫区的以及其他传播疾病的食品、药品和其他物品

回国后要接受入境检查

在到达国内机场后，手持护照前往入境检查窗口。在接受完检查后，按照自己的航班号领取行李。万一出现找不到自己行李的情况，可以拿着行李牌向机场工作人员咨询。领到行李后需要接受海关的检查。如果身上携带的物品处在免税范围内可以直接走出绿色检查台，如果超出规定部分需要在红色检验台接受检查。

如果身上携带有需要检疫的动植物制品的话先要前往海关前的检疫台检疫。

携带物品、寄送物品申报单

在旅途中，乘务人员就会提前分发报关单。如果身上携带着超过免税范围商品的话，需要填写报关单。此外，还有另寄行李报关单，在填写完毕后需要交给另寄行李报关窗口。

★衣料、衣着、鞋、帽、工艺美术品和价值人民币1000元以下的其他生活用品，属于自用合理数量范围内的可免税，其中价值人民币800元以上、1000元以下的物品每种限1件。

★进境居民旅客携带在境外获取的个人自用进境物品，总值在5000元人民币以内（含5000元）的；非居民旅客携带拟留在中国境内的个人自用进境物品，总值在2000元人民币以内（含2000元）的，海关予以免税放行，单一品种限自用、合理数量，但烟草制品、酒精制品以及国家规定应当征税的20种商品等另按有关规定办理。

交通

飞 机

澳大利亚国土面积辽阔，主要城市之间的距离非常远，所以飞机也是不可或缺的交通工具。澳大利亚的国内航线非常发达，航班次数很多，购票也比较便捷。外国旅客在这里还可以享受打折优惠，所以一定要灵活运用这一点。

乘坐飞机时需要注意

在澳大利亚一些大的国际机场中，国内线路和国际线路是在不同的航站楼登机的。至少要提前30分钟抵达机场办理登机手续。

澳大利亚国内的主要航空公司

澳大利亚国内的航空公司主要有维珍航空、捷星航空、澳航等，其航线覆盖澳大利亚本国各大城市和小城市。

主要城市间航行所需时间

悉尼→堪培拉	50分钟
悉尼→布里斯班	1小时25分钟
悉尼→阿德莱德	2小时
悉尼→凯恩斯	3小时
悉尼→珀斯	4小时45分钟
布里斯班→凯恩斯	2小时15分钟
布里斯班→墨尔本	2小时15分钟
布里斯班→珀斯	5小时20分钟
凯恩斯→达尔文	2小时25分钟
凯恩斯→墨尔本	3小时20分钟
凯恩斯→珀斯	6小时5分钟

火 车

澳大利亚长途铁路都是由澳大利亚皇家铁路公司运营的。其国内的铁路以东南部主要城市为中心，全长计4公里左右。

如果单纯以火车作为交通工具的话，从悉尼乘坐火车到珀斯大约需要4天3夜，路上耗费时间很长，不是很方便。而且一周只有不多的几班列车，在指定日程里也是会受这一点的限制。

不过，坐火车可以透过车窗看到外面雄伟的山脉和广阔的平原，能切身体会到这片广袤大陆的活力，从这一点上来说，坐火车旅行倒是非常有吸引力的。

列车的种类

澳大利亚的长途列车根据路线的不同有着不同的称谓，对旅行者而言，区分起来比较容易。比如，从悉尼到珀斯的列车被称为“印度洋—太平洋”号（Indian Pacific），从墨尔本开往阿德莱德的列车则被称为“跨越大陆”号（The Overland）等。

此外，列车内为了保障旅客长途旅行的舒适，安装了很多设备。比如在头等舱内，设有洗手间和浴室，和旅馆一样舒适。而且在餐车里，还可以享受到丰富的美餐。

周游票

如果想要充分享受列车之旅，购买周游票是非常划算的。此外，在一定路线之内，还可以自由乘坐巴士。

●库兰达观光列车

从凯恩斯开往郊外的库兰达观光列车，可以轻松体验列车旅行的乐趣。从木制列车的窗户向外看去，广阔的稻田、森林、山崖等变化多端的风景可以尽收眼底。→参照p.120

●乘桑蓝达列车沿东海岸行驶

从布里斯班到值凯恩斯之间的沿海岸线行驶的澳大利亚最快速的列车，全程约24小时。座椅非常舒适，车厢内还有电影和音响设备。从布里斯班开往凯恩斯的经济卧铺票价为A$310.2。

长 途 巴 士

在辽阔的澳洲大陆上乘坐巴士慢慢旅行是一件非常惬意的事。

澳大利亚“灰狗”巴士公司建设了几乎覆盖澳大利亚全境的巴士路线网，而且还特别设置了一些旅行线路。只是运营的

POINT! 注意 在土地广袤的澳大利亚，一般国内出行都要靠飞机。如果时间上充裕，也可以体验一下列车旅行或者长途巴士旅行。

车辆比较少，所以需要提前预约。在夏天旺季来临之际更要提早预约。

■周游票

澳大利亚周游票可以使用很多次，相对而言既能节省路费，又能减少购票的时间，可谓一举两得。澳大利“灰狗”巴士公司有两条代表性的路线，其他路线在此基础上延伸。一般在运费基础上再加一定的费用就可以享受和旅游团一样的服务了。

租车

在拥有辽阔大自然的澳大利亚，开车欣赏郊外的风光是一件很惬意的事情。在选择时间和路线时也能够拥有更高的自由度，可以说是非常有吸引力。若持有有效海外驾驶执照（中国因为没有加入联合国道路交通公约，所以不可能授权任何机构签发国际驾照，也就是说中国公民是没有国际驾照的），可在澳大利亚驾驶同级汽车。要是租车出行的话，此时必须携带驾驶执照及有效护照。

■租车方法

如果希望驾车旅行的话，需要事先预约。要慎重考虑希望驾驶车的型号、时间、同行人数、租车场所和换车场所等，然后尽早提出申请。有信誉的租车公司，是那些在世界范围内开展业务的公司，比如艾比斯、巴杰特、哈茨等，这些公司都可以在网上预约。

■租车时需要的证件

•驾照

•海外有效驾照

•护照（为了证明身份）

此外，因为需要支付卡和保证金来预付一部分租金，所以支付卡是不可或缺的。如果在国内就已经预约了车的话，不要忘记携带租车预约确认证明文件。

■汽车保险

虽然汽车租金已经包含了部分汽车保险，但是租车时还是会被问及是否加入CDW（交通险）或者PAI（乘员伤害险），尽量加入这两个保险比较放心。

汽车租金参考（一天）

经济型轿车 A$85左右

紧凑型轿车 A$95左右

自动挡轿车 A$98左右

中型轿车 A$100左右

※有很多中小公司的租金都非常低廉，保险起见，签合同时一定要仔细阅读相关条款。

■交通情况

澳大利亚的马路和国内不一样，为左侧通行，所以对中国游客而言是需要注意的。尽管澳大利亚道路很宽阔，不过还是要小心不要超速。此外，在澳洲中部驾驶时一定要注意不要迷路，要保证手边有地图册，在认真考虑时间和距离后制订驾驶计划。

加油方法

澳大利亚的加油站大部分都是自助式的，其交纳方式有先付款和后付款两种。采用后付款方式时，要记住自己使用油枪的编号，在把自己的加油量报告给交费窗口后再付费。一般情况下，澳大利亚城市内油价较低，而内陆地区油价较高。在城市外的地区汽油的型号不是很齐全，而且有些加油站夜间不营业，所以最好要事先加满油。

货币和换汇

货币种类

澳大利亚纸币：依次是A$5，A$10，A$20，A$50，A$100。
澳大利亚的硬币：依次是A$1，A$2，5￠，10￠，20￠，50￠。

5澳元 (A$5) 纸币正面头像是英国女王伊丽莎白二世，背面是澳大利亚国会山。

10澳元（A$10）纸币正面头像是澳大利亚诗人帕特森，背面是澳大利亚诗人吉尔默女爵。

20澳元（A$20）纸币正面头像是澳大利亚女企业家莱蓓，背面是澳大利亚“皇家飞行医生服务”创始人弗林牧师。

50澳元（A$50）纸币正面头像是澳大利亚土著作家、发明家戴维•乌奈庞，背面是澳大利亚第一位女议员艾蒂丝•科恩。

100澳元（A$100）纸币正面头像是澳大利亚女高音歌唱家梅尔巴，背面是澳大利亚杰出的军事将领莫纳什爵士。

聪明的换汇方法

■在哪里换汇最划算？

一般情况下相比国内，在澳大利亚本土换汇更加划算一些，不过两者之间也没有太大的差距。此外，银行、街上的换汇所的汇率相对高一些，而在机场、酒店换汇就不是那么划算了。根据金额的不同，会产生不同金额的手续费，有的地方汇率很高但手续费也高。所以在考虑换汇时一定要把手续费包含在内。

【银行】

澳大利亚银行最大的不便就是营业时间很短。一般营业时间是：周一到周四为9:30至16:00，周五为9:30至17:00。周六、日和节假日休息。在机场内有配合航班时间营业的银行，但是要注意不同的银行收取的手续费也不一样。

【酒店】

汇率不是很高，但是因为24小时营业，所以紧急情况下还是很方便的。还有些酒店对入住者是不收取手续费的。

【车站、机场】

澳大利亚有些机场也设置了自动换汇机，但是其汇率不是很理想。如果和当地的导游换汇的话，汇率要更低一些。

一定要仔细确认金额

在换汇时一定，要当场辨认拿到手的货币真伪及金额数目。就算是银行有时也难免会出现差错。

换汇时需掌握的会话

●我要换澳元，并且请多换点零钱，行吗？
Could you exchange this to A$ including small coins?

●手续费是多少？
How much is your commission?

●请把我的旅行支票兑换成现金。
Please cash this traveler's checks.

●钱数好像有点不对。
I think the amount is incorrect.

●请给张收据可以吗？
May I have a receipt?

POINT 注意

如果被换汇问题所困扰，旅行的乐趣必然会打折扣，所以尽量在划算的地方多换一些。
如果能够灵活使用借记卡的话，可以省去很多麻烦。

■在澳大利亚换汇的诀窍

有时使用支付卡消费，所产生的汇率差也比较理想。但是，因为各个支付卡公司的资费标准、还款期限不一样，所以游客换取的实际金额会出现变动。

此外，在一些大型的免税店里，基本上都可以换汇，可以方便地换取当地货币然后直接去购物。还有些赌场，也可以换汇。而且这些场所是24小时营业的，汇率和银行也差不了太多，所以关键时刻也别忘了这些换汇场所。

■使用借记卡取现的方法

在ATM机上使用国际借记卡可以取现。ATM机在各个旅游景点和商业街上随处可见，虽然会收取一定的手续费，但是24小时内随时可以取款，急用时还是很方便的。如果在卡的背面有Cirrus 或者Plus标志的话，那么就可以在贴有同样标志ATM机上使用。支付卡则是根据背面VISA、Master的标志对应不同的ATM机。

■即使不会英语也能够操纵ATM机的方法

ATM机上使用的专业术语一般都是英语，如果不懂英语的话会有点麻烦。不过因为操作的流程都是固定的，所以只要能看懂画面上关键的英语单词就可以了。右侧列出了在每一步骤中需要留意的英文单词，大概知道相关意思，按照该流程操作就不会有问题了。

顺序	显示屏上常出现的英文单词	操作方法
1	Insert your card（插卡）（Enter card「插卡」）	插入卡，然后选择语言（没有中文的话选英语）
2	Enter PIN「输入密码」	确保周围安全，输入银行卡设置的有效密码
3	WITHDRAWAL「取现」（CASH ADVANCE「取现」）	选择交易
4	SAVING ACCOUNT「储蓄账户」（CREDIT CARD「信用卡」）	选择账户类型
5	AMOUNT「金额」	输入金额（有几个金额选项），有些也可自己输入金额
6	TAKE CASH「取出现金」	取出现金
7	Another Transaction「继续交易」	继续/取卡（出现这一问题时，如果不需要其他服务了，直接按NO）
8	Take your card and receipt.「取卡并打印凭条」	（取卡和凭条）一定不要忘记取卡并打印凭条

电话和邮局

电话

在酒店

拿起话筒 ▶ 拨外线区号 ▶ 拨被叫号码

【市内通话】拨打不加区号

【市外通话】拨打时要加外埠区号

首先是拨打外线号码（不同的旅馆号码也不一样，在澳大利亚一般是0~9），然后拨打被叫号码。酒店可能会收取一定的通话服务费。如果不知道收费标准而且对自己的英文又没有信心的话可以请导游帮忙联系。

公共电话

拿起话筒 ▶ 投入硬币或用电话卡 ▶ 拨被叫号码

【市内通话】拨打不加区号

【市外通话】拨打时要加外埠区号

在澳大利亚使用公共电话，其方法和国内一样，可以使用10、20、50澳分以及1澳元的硬币，市话一律40澳分/分钟，电话卡有5、10、20、50澳元等面值的，在报摊、便利店和酒店的商店里都有出售。如果购买的电话卡颜色是蓝色、橙色、银色的话，可以用来拨打国际长途。

使用手机

在澳大利亚有些城市还提供长期或短期的手机租赁服务。比起使用从国内带过去的手机拨打国际长途，在当地租一台手机所花的话费要少很多。

国际长途

在澳大利亚当地，大部分国际长途电话都可由其本地手机用户直接拨号，非常方便。如果你购买了当地手机卡，就可以直接拨打电话回国了！如果要用带过去的手机拨打，那费用肯定不便宜。打国际长途电话省钱小窍门不少，有买国际电话卡的、有用网络电话的，全看自己方便。

拨打国际长途的方法

•如何从中国打电话到澳大利亚

用电话或者手机拨打：0061（澳大利亚国家代码）+澳大利亚城市区号+被叫电话号码

•如何从澳大利亚打电话到中国

0086（中国国家代码）+中国城市区号+被叫电话号码

•澳大利亚主要城市区号

中东部区域 (新南威尔士州、首都特别地区、维多利亚州北部部分地区，包括堪培拉、悉尼)区号为2；

东南部区域 (塔斯马尼亚州、维多利亚州大部分和新南威尔士州南部部分地区，包括墨尔本、霍巴特)区号为3；

东北部区域 (昆士兰，包括布里斯班)区号为7；

中部及西部区域 (南澳大利亚州、北领地及西澳大利亚州，包括珀斯、阿德莱德、达尔文)区号为8。

传真

在澳大利亚邮局发传真，一般只收取电话费，没有手续费。如果在酒店的前台发传真的话，则需要收取手续费。

POINT 注意 相比直拨国际长途电话，使用国际电话卡或者网络电话可省去不少费用，也很方便。如果邮寄东西，尤其是比较重的行李时，一定要选择合适的途径。

邮 政 与 快 递

明信片•书信

澳大利亚邮政属于国有公司，信用等级高，值得信赖。如有需要可以通过邮政邮寄相关物品。澳大利亚国内书信和明信片一律50￠。从澳大利亚寄往国内的航空信件中明信片要A$1.35，书信要A$1.4，随着重量的增加邮费也会相应增长。邮票在邮局、酒店都有出售。寄往国内的邮件通常在一周内可以送达。如果有需要的话，还可以选择特快专递。

写收件人的方法

寄往中国的邮件，收件人用汉语拼音写就可以（下面再附上中文名）。

寄件人姓名（可以付上中文名字） 邮票

收件人地址

CHINA AIR MAIL

一定要用英语（汉语拼音）可以再附上中文地址

用醒目的黑色写

不要忘记只有CHINA是用英文写的，此外，用黑笔写上AIR MAIL这两个词。

小包裹•国际快递

如果买了太多的东西导致行李过重，花点费用通过国际快递送达国内是比较方便省事的。除了几个知名的国际快递公司外，在澳大利亚所有邮局都可以办理这一业务，从国内邮局寄到澳大利亚的邮件也可以在此领取。每件重量要在20kg以下，3~4天就可以送到家中了。

街边醒目的黄色邮筒

寄送物品的流程

申请寄送 ▶ 填写寄送物品申请书 ▶ 提交海关 ▶ 收到签收通知书 ▶ 领取邮件

寄送物品的收件人必须是已经回国的本人，在邮件的外包装上一定要写清楚“寄送物品”的字样。如果是从特产店寄出的话，不要忘记提醒店员写上这一字样。

在回国时，需要向海关提交携带品、寄送物品报关单（参照p.219），检验合格后会盖上两个确认印章，这张单子在取行李时是必需的，所以一定要好好保管。

在寄送物品抵达国内后，会收到从海关和航空邮件代理处寄出的取货通知单。

如果外包装上没有标记“寄送物品”字样，或者是忘记报关、丢失了报关单等情况，就会被海关当成一般的贸易货物来对待，需要办理一系列的烦琐手续。所以一定不要忘记写清“寄送物品”字样。

澳大利亚邮局的营业时间

中央邮局：周一至周五8:00~17:30，周六9:00~12:30，周日、节假日12:00~16:00
其他邮局：周一至周五9:00~17:00，周六、周日、节假日休息

国际快递的邮费

500g以内：A$36.40~
500g~1kg：A$44.15~
1~1.5kg：A$53.50~
1.5~2g：A$61.25~
2~20kg：每500gA$5~

生活习俗和礼仪

POINT 注意 不同的国家有着不同的生活习惯和理解，经常和国内有着很大差异，这一点一定要牢记。

■厕所

澳大利亚的公共厕所都是免费的。在主要的车站、地铁站、观光园、大型商城内都设有厕所，所以内急时大可不必担心。注意，街上有些厕所是需要请工作人员帮忙开门的。

■水

在城市内的自来水可以直接饮用，只是因为水质较硬，所以不是很好喝。当然购买矿泉水饮用是最放心的。（500ml装售价1.5澳元左右）。有很多矿泉水内带气泡，如果喝不习惯可以选择带有“without gas”标志的品牌。

■电压

电压：220v~240v,50Hz
电器插座：一般是三孔插头

中国国内电器可以直接使用，但国内的两孔插头则需要插头转换器。数码相机的充电器也一样。

■时差

澳大利亚国内也有时差。分东部、中部、西部3个不同的时区，相邻时区有30分钟和1个半小时的时差。在悉尼时间为12:00时，达尔文时间是11:30，西澳大利亚州的珀斯则是10:00。其东部时区和中国之间的时差是2个小时。此外，在南部实施夏令时（10月的第1个星期日~次年4月的第1个星期日）的时候，时间要再早一个小时。

■气候

因为地处南半球，季节和中国正好相反。在不同地区气候差异也很大，一定要根据不同的目的地来选择合适的衣物。

■美术馆、博物馆

在携带照相机进入时一定先要确认是否允许拍照。照相时记住一定不要开闪光灯。

■教堂

澳大利亚很多著名的教堂现在都已成为经典旅游景点，不过因为教堂是神圣的场所，切忌不要大声喧哗。

■小费

在澳大利亚小费并不是强制的。但是，如果在酒店受到热情周到的服务，要表示感谢时可以适当给一定小费。

■公共场所的礼节

在酒店内走出自己的屋子就算进入公共场所了。在这种地方最好不要穿睡衣或拖鞋。此外，Thank you 和Excuse me等用语是需要时常挂在嘴边的。

■关于吸烟

澳大利亚境内机场航站楼，以及机舱内都是禁烟的。在大部分州，法律上都明令禁止在餐厅内吸烟，就算是没有看到禁烟标志，在准备吸烟时最好询问一下周围人的意见。在街上抽烟时，一定要随身携带装烟灰的容器，还要注意不能随地乱扔烟头，否则会被处以A$200的罚款。

尺寸对照表

中国	S	M	L	LL	XL		
澳大利亚	8	10	12	14	16		
	XS	S	M	L	XL		
女鞋							
中国	22	22.5	23	23.5	24	24.5	25
澳大利亚	51/2	6	61/2	7	71/2	8	81/2
男装							
中国	S	M	L	LL	XL		
澳大利亚	12	14	16	18	20		
	XS	S	M	L	XL		
男鞋							
中国	25	25.5	26	26.5	27	27.5	28
澳大利亚	71/2	8	81/2	9	91/2	10	101/2

饮食

POINT 注意 在澳大利亚，从一流的豪华餐厅到街边小店，各式各样的都有，你完全可以大快朵颐地享受到南太平洋正宗的肉食、海鲜以及各国美食。

餐厅的种类

牛排

以澳洲牛肉和羔羊肉为主，在有些店里还可以吃到袋鼠肉或者鳄鱼肉。

海鲜

在珀斯、悉尼、黄金海岸等地沿海的街上，可以品尝到龙虾、牡蛎等特产。

中餐

从外卖餐厅到小吃店，澳大利亚的中餐馆很多。在悉尼和墨尔本市内还有唐人街。

民族风味菜

印度、泰国、越南等国的料理，可以轻松体验异国风情。

日本料理

日本料理在当地也比较受欢迎，在一些大城市会开有日本料理店。

咖啡厅

在澳大利亚有很多自助咖啡厅和连锁咖啡厅。还有很多可以眺望海岸的露天咖啡店。

酒吧

作为英国统治时期的一个印记，在澳大利亚有很多酒吧。在其中可以慢慢享用啤酒或者葡萄酒。

餐厅礼节

有必要提前预约吗？

有些很有名的高档餐厅，很难订到位子。如果有非常想去的餐厅的话，可以通过当地的华人旅行社来预约，这样比较省事。一般的餐厅到了周末人都会很多，一定要提前预约。

进餐时穿的服装

在进出酒店内的餐厅或者高档餐厅时，要注意穿正装。在一般的餐厅里就没有必要了，不过还是尽量不要穿短裤、拖鞋。

进店后等待招呼

在餐厅内每一桌都有负责招待的服务人员，所以可以坐着等待。此外，一定要记住负责自己桌的服务员。点菜越早，上菜就越快。在很多咖啡厅，落座后会有服务员主动过来招待。

需要注意的礼节

进餐时的相关礼节也不需要太刻板，但一些最低限度的礼节，如禁止抽烟、大声说话等必须要遵守的。另外，如果餐具掉在了地上，最好不要自己捡，这时可以请服务员帮忙捡起，如果手边没有调味料时也要请服务员帮忙。

从饮料开始点菜

点菜从饮品开始（开胃酒、啤酒等），然后再慢慢挑选食物。一般，一顿饭通常由前菜、汤、主菜、饭后甜品构成，如果拿不定主意可以选择该店推荐的菜肴。当然，只点一道主菜也没什么不可以的。而咖啡和甜点都是在吃完主菜后再点。

在自己的桌子上付钱

在澳大利亚一般是坐着把服务员招呼过来结账的。如果享受到的服务特别周到，可以付5%~10%的小费。

一句话会话

●有什么推荐的吗？
What dish do you recommend?

●这个和我点的菜有点不一样啊！
This is not what I orderd.

●非常好吃！
It was very delichious.

●请结账！
Check,please.

购物

POINT 在使用支付卡时一定注意不要泄露卡的相关信息，要时刻保证卡在自己的视线范围内。

■特产·名产

澳大利亚的特产中有深受女性喜爱的蛋白石。蛋白石有黑、白等多种颜色，在加工后可制成各种饰品。在澳大利亚还有很多以考拉、袋鼠的形象设计的小物件，也很有特色。年轻人一般喜欢冲浪T恤衫，如果新潮的话可以选择用桉树枝制作的乐器或色彩鲜艳的绘画等。

在食品方面，以澳大利亚产的坚果为原料做成的巧克力和牛肉干都很有名。提醒购买肉类食品时一定要记得确认检疫标志。另外，澳大利亚产的红酒也很受欢迎。

■品牌购物

在澳大利亚有很多名牌服装店、陶瓷店，里面售卖的有些物品相比国内会比较便宜。肯顿、维斯阿特等在国内有着很高人气的品牌就值得购买。但是澳大利亚的服装尺码一般要比中国大，所以一定要亲自试穿后再决定是否购买。澳大利亚有些鞋子的价格也很便宜，但也要注意尺码问题。

■打折降价期

在换季时，澳大利亚各大商场会举办大型让利促销活动。澳大利亚的季节和中国正好相反，所以春装在11月、夏装在2月、秋装在5月、冬装在8月一般都会进行换季促销活动。

■免税

在澳大利亚机场和市区的免税店中，有很多烟、酒之类的免税商品。有些店员也会说中文，所以不用过分担心交流沟通问题。不过一定要记着在购买免税商品时出示护照等，这一点千万不要忘记，否则有可能不能退税。

■商店

澳大利亚商店的营业时间一般是：周一至周五是9:00~17:30，周六是9:00~16:00，周日、节假日商店一般休息。不过在大城市里，也有很多店铺是全年无休。此外，有的城市每周都有一天所有商店营业到21:00，这点最好提前打听好。

■GST退税

在澳大利亚，无论是剧场、博物馆的门票还是在餐厅中的消费，在国内所有的消费都会课以10%的消费税（GST）。不过对于外国旅游者而言，还有对应的GST退税制度。从离境前30日内在一家商店购买300澳元以上商品的旅行者都可以申请退税。

但是，适用对象仅限于随身携带行李或者穿在身上的衣服。

申请退税时，需要在机场出发口设立的退税窗口填写退税单后领取。

■限制携带需要检疫的物品

从国外携带食物进入国内时，需要接受检疫。就算是已经包装好的特产，到了机场以后还是要打开接受检疫的，在扣上“检疫合格”的印章后才能被准予放行。

一句话会话及相关单词

●就是看看。
Just looking.

●可以试一下吗？
Can I try this one?

●我要这个。
This one,please.

鞋 shoes　包 a bag
口红 lipstick　咖啡 coffee
零钱袋 a change purse
玩偶 a stuffed doll
观光地图 a sightseeing map
特供红酒 a house wine
啤酒 beer　帽子 a hat
钱包 a billfold　收据 a receipt
水 water　戒指 a ring
耳环 earrings　菜单 a menu

住宿

POINT 注意 外出时千万不要忘记锁门，也不要忘了把房间钥匙落在屋子里。外出途中一定要妥善保管好钥匙！

■房间钥匙

一般酒店房间钥匙可分为插入式和卡片式两种。插入式钥匙一般是在门外反琐，这和国内一样，如果不是的话最好在进屋时询问清楚。

插入式钥匙外出携带不方便，可以寄存在酒店前台，卡片式钥匙由于轻便通常不需要寄存，但是携带外出时一定要谨防丢失。卡片式钥匙有时还控制着整个房间的主电源，进屋后需要插在门边的卡槽里，这样房间才能通电。

■建筑物的楼层

在澳大利亚使用英式的方法来表示楼层数。需要注意的是，地面上的一层通常被表示为Ground Floor（G），而国内所认为的2层在这里才是1层(Level 1)，再往上依次是2、3、4层……

■保险箱

即使把贵重物品放在房间里也有被偷的隐患，为了安全考虑，最好把贵重物品寄存在酒店的保险箱里。

寄存在酒店前台的保险箱内

这种保险箱一般有两道锁，自己和酒店方各持一道锁的钥匙。注意不要把自己拿的钥匙丢了。

放在自己房间内的保险箱里

这种保险箱一般是电子锁，由自己来设定密码。

■迷你冰箱

为方便客人有些宾馆的房间里，配有小冰箱，除了放置各种饮品外，还准备一些简单的开胃食物。不过要注意，这些食物是需要付费的，费用可以在退房时一起结算。有些酒店也会免费赠送客人一两瓶矿泉水。

■坐浴盆

女坐浴盆是女性专用的重要部位清洗器，很容易与马桶搞混，不过区分起来也比较简单，坐浴盆没有盖，而且还有喷水装置。

■浴盆与水管

在沐浴时，可以在紧贴浴盆外壁的地面上铺块地垫，以防水弄湿地板。如果没有地垫，注意不要把水溅出浴盆。水龙头上H表示热水，C表示凉水。

■客房专职服务

客房专职服务人员可以提供预约餐厅、订购音乐会门票、报旅游团，以及咨询等服务。在自由活动时间里，客房服务能帮不少忙。不过这种服务一般只有高档酒店才提供。如果预订的酒店没有这项服务，可以直接去酒店前台询问一些简单的事务。

■退房

一般来说，跟团导游会帮忙办理宾馆入住手续，但退房时就需要自己办理了。因为有些追加账目是要个人去结算的，所以最好提前去办理。

需要个人结算的项目

电话、小冰箱中的食物、房间服务、洗衣店洗衣、酒店内酒吧或餐厅的餐饮费（旅游团计划外的餐饮项目）。

礼节和注意事项

◆客房冰箱里的食物和饮品一般都很贵，可以在外面商店购买再带回来食用。但是，在丢弃垃圾时注意要给打扫的服务员小费。

◆在房间外活动时最好不要身着睡衣、拖鞋等不正规衣物。

◆很多酒店都设有门禁时间（有些酒店规定是午夜12点），所以一定要留心不要超过了规定时间。

◆在入住时不要忘记确认紧急出口的位置。

一句话会话

●请帮我把行李搬下（上）去。

Please send someone to bring down（up）my baggage.

应对意外情况

预防意外

一般情况下澳大利亚的治安都是非常好的。但是，和世界其他国家一样，在这里也有很多针对游客的犯罪活动。最好的防范手段就是要有防范意识。

■酒店内

有人敲门时，一定要先通过猫眼看清来者然后再开门。安全起见，在开门时也要加上门链以防万一。另外，在室外最好不要让随身物品离开自己的视线范围。

■街上

如果一边看地图一边行走，那无疑就是告知周围的人自己是外来游客了，所以尽量在出发前把路况信息整理好，记在脑中，上街就不要再捧着地图走了。此外，如果路上有人搭话要和蔼地回答，不管听懂听不懂都要保持微笑，然后告诉对方自己的意见。当然遇到那种兜售推销的人您如果不感兴趣，最好还是不要答理。

预防纠纷的三条妙招

1. 深夜最好不要单独外出，天黑后也尽量不要在外逗留，如果实在有事需要外出，一定要多约几个人一起行动，还要注意选择明亮人多的地方活动。
2. 外出时尽量少带点东西，“轻装上阵”会省去很多麻烦。如果带着包，最好要做到包不离手。在购物后要尽量把买的东西装到其他的袋子里。
3. 护照和返程机票等重要物品要妥善保管，如果方便的话寄存在酒店的保险箱内，以防丢失。

处理意外的措施

■拨打应急电话

在澳大利亚，警察、消防、急救的电话号码都一样，也就是被称为“应急电话”的000。当接通电话后，你首先会听到“警察、消防还是急救？”这样的询问，选择应答后再详细告知相关情况。

因没有特别针对中文的服务，所以在说明情况时最好用英语。如果不会说英语，身边有导游、当地陪同人员或者酒店服务人员，那么可以请他们帮忙联络。如果对自己的英语口语不是很自信，可先告知对方自己是中国人，请求放慢语速，这样就比较容易听清楚对方问题了。

打电话时不要慌张

紧急情况下使用的短语

●救命！
Help me!

●小偷！
Pickpocket!

●抢劫！
Bag snatcher!

●请帮我叫警察。
Call the police, please.

●请帮我叫个医生。
Please call a doctor.

●紧急情况！
Emergency!

●我迷路了。
I’ m lost.

●这是哪儿？
Where is here?

●我不会说英语。
I can’ t speak English.

●我没点过这个。
I don’ t think I ordered this.

●我把房间钥匙丢了。
I lost my room key.

在海外，瞄准游客下手偷窃的犯罪事件也不少，所以一定要留意自己贵重物品和行李的安全，尽量不要选择晚上外出。如不幸遇到意外时也要冷静应对。

遗失或失窃

盗窃这类的犯罪，如果自己提高警惕的话是可以防止的。万一被盗的话要立即向最近的警察局报警，填写一份失窃、遗失证明书，现金可能无法追回了，但是如果护照也一起被盗，补办时需要出国办理护照同样的材料。此外，在报警的同时，可以联络中国驻澳大利亚大使馆或领事馆，以补办相关证件。

失窃、遗失时需办理的手续

护照	机票
▼	▼
报警	报警
▼	▼
领取失窃、遗失证明	领取失窃、遗失证明
提交给总领事馆	再买一张
▼	
补办	

需要提供以下材料：澳警方出具的证明、护照复印件、澳有效签证页复印件或在澳合法居留证明、一份护照遗失经过报告、护照申请表、近期彩色护照照片3张。

贵重物品	支付卡
▼	▼
报警	与支付卡公司联系
▼	▼
领取失窃、遗失证明	办理挂失
向保险公司提出申请	向发行支付卡公司申请
▼	▼
领取保费	补办

注意现金和支票不在保险的赔付范围内。

紧急联络方式

报警、急救、消防 ☎000

中国驻澳大利亚大使馆
✉15 Coronation Drive,Yarralumla, ACT 2600，Australia
☎02-6273-4780
传 真：02-6273-5848
E-mail: chinaemb_au@mfa.gov.cn
HP au.china-embassy.org
领区：首都特别地区、南澳大利亚和北领地。主要城市有堪培拉、阿德莱德和达尔文。

驻悉尼总领事馆
✉39 Dunblane Street, Camperdown NSW 2050, Australia
☎02-8595-8002
传 真：02-8595-8001
领事保护电话：02-8595-8029（非工作时间，遇危及人身安全的紧急情况，可打：0413647168）
HP sydney.chineseconsulate.org
领区：新南威尔士州，主要城市有悉尼。

驻墨尔本总领事馆
✉75-77 Irving Road,Toorak VIC 3142,Australia
☎03-9821-0208
领事保护：03-9804-3271 （紧急情况可打：0417114584 0408030426）
HP melbourne.china-consulate.org
领区：维多利亚州和塔斯马尼亚州，主要城市有墨尔本和霍巴特。

驻珀斯总领事馆
✉45 Brown Street, East Perth, WA 6004, Australia
☎08-9222-0333
领事保护与协助：92220302,0416132339
HP perth.chineseconsulate.org
领区：西澳大利亚州，主要城市有珀斯等。

驻布里斯班总领事馆
✉Level 9, 79 Adelaide St., Brisbane QLD 4000
☎07-3210-6509
HP brisbane.chineseconsulate.org
领区：昆士兰州，主要城市有布里斯班、黄金海岸、凯恩斯。

一句话会话

● 情况紧急！
It's emergency!

● 小偷！抓住他！
A robber! Stop him!

● 我的包被偷了。
My bag has been stolen.

● 请您给我开一份失窃证明，好吗？
Could you make out a report of the theft?

健康管理

如何保持身体健康

■注意饮食、空调、日晒

在旅途中，要注意保证充足的睡眠和休息。而且，在水土不服的地方还要注意饮食。澳大利亚的饭菜量很大，一般不是按照人数来点菜，而是一份菜几个人分着吃。注意要经常吃些沙拉、三明治之类的低热量食品来调理肠胃。如果对当地的食品不是很适应，可以选择中餐、日本料理中的粥、汤类等对胃刺激比较小的食物，而且最好控制饮酒量。

在酒店或餐厅里，要注意空调的温度。酒店里的冷气经常开得很足，所以在室内也要披上一件外套。在外出车内时也是一样。另外，酒店的房间里有时会非常干燥，嗓子经常会疼痛。为此，可以在睡觉时浴盆里放满水开着浴室门睡觉，或者在枕头边上放一条湿毛巾。

日常饮食要营养平衡

另外需要特别注意的就是澳大利亚特有的强日照天气。澳大利亚上空的紫外线辐射量非常大，所以要准备好帽子、墨镜、防晒霜等户外旅行必备的东西。此外，及时补充水分可以防止中暑。

■要有取消旅行的勇气

在旅途中，如果感到自己的身体不舒适，一定不要勉强。如果不及时治疗可能病情会恶化。如果是局限在一个城市内的旅行，那么就跟导游打个招呼取消观光的安排，待在酒店里静养。身体出现异常时一定要有这样的决断力。

紧急关头

■澳大利亚的医疗概况

澳大利亚的医疗水平非常高，医疗体系分为公立医院和私立医院，医疗机构划分为四个等级（诊所、医院、专科医院、药房），其职责被严格地区分开来。在旅行时，如果需要看医生就去诊所，需要救护车急救时则要去医院。

澳大利亚的医疗费

发烧等症状	A$75~
止痛药	A$30~40
盲肠炎手术	A$1300~2200
住院	A$400~500
叫救护车	A$140~15
上酒店看病	A$170~200

接受医生检查

■自己联系就医

如果出现腹痛、感冒等症状，吃了携带过去的常用药依然没有好转迹象，或者不小心受伤不能自行包扎，就需要去当地医院或者诊所寻求专业人士的帮助了。可以让导游或者酒店服务人员推荐一下附近的诊所。在澳大利亚的大城市，医院都24小时服务。也可以找当地华人开设的诊所，毕竟语言相通，沟通起来顺畅，可以准确告知医生自己的病情及时得到诊治。

如果在自由活动时间里，独自行动遭遇不测，可以与出发前投保的保险公司联系。联系时可以使用中文，看能不

POINT 注意

出国旅行时，因为水土不服，难免会出现身体不适的状况。无论是从享受旅行本身还是避免给周围人带来麻烦的角度，保持身体健康都非常重要。如关键时刻身体健康出现问题，还要当机立断取消行程。

能让对方帮忙联系指定的诊所，通过这一途径就医也很方便。如果身上没有携带现金的话还可以先用信用卡透支服务功能来付费。

■重病

如果突发心肌梗塞、脑卒中等疾病，可拨打急救电话000呼叫救护车。此时若不会说英语，可请随团导游或者酒店服务人员帮忙拨打。此外，无论是在急救时还是在接受诊断治疗时都需要出示护照，所以去医院时一定不要忘了带上身份证明文件。澳大利亚境内的救护车都是需要付费的，价格根据行驶距离而定，这点也要注意。

●澳大利亚急救电话　☎000

■在当地买药

在澳大利亚，很多时候药店都被称为“CHEMIST”。感冒药、退烧药、止咳药、肠胃药、维生素等药物没有处方单也可以购买，但是在购买抗生素或者消炎药时必须要出示医生开的处方。此外，外国药品，在药效上可能和国内有所不同，在服药时一定要先看清楚说明书上写的用量，如果不能确定，建议老人和小孩及体弱者用药量最好比标准量稍微少些。

要注意控制用药量

在澳大利亚看病的流程

给保险公司打电话
▽
去指定的诊所
▽
诊断、治疗
▽
接受治疗、完成手续

直接去医疗中心/诊所
▽
诊断、治疗
▽
付医疗费
▽
开具必要的证明（收据和诊断书）
▽
回国后向保险公司索要保费
▽
完成手续

※自己联系医院看病时的例子。在情况紧急时，可以直接拨打000，然后申请转院至相应医疗中心。

一句话会话

●请叫辆救护车
Please call an ambulance.

●我要看病。
I would like to see a doctor.

●我感觉很难受。
I feel sick.

●我的头（肚子）疼。
I have a headache(stomachache).

参考［历史和年表］

关键词

①欧洲人的到来

在欧洲，对澳大利亚的最初认识是在中世纪末期，在当时澳大利亚只不过是一片想象中的大陆。15世纪初，荷兰、西班牙、葡萄牙开始对西太平洋的探索。在此期间，最先发现约克角、登上澳洲大陆的是荷兰人的船队。在之后他们花费了20多年时间对澳洲西海岸进行考察，并将澳大利亚命名为“新尼德兰”（新的荷兰）。

②欧洲人的入侵

1776年，在美国独立战争中战败的英国人失去了流放犯人的地方。而对于英国而言，澳洲新大陆成为新的罪犯流放地。1787年，第一批被流放者登上了这片大陆，第二年，被流放者和他们的家族被一个庞大的船队送到了这片大陆上。他们衣、食、住都没有任何依靠，于是他们就开始自己开拓农场，开始放牧。之后这片流放地就发展了澳大利亚产业的中心。澳大利亚已经把船队到达的1月26日定为建国纪念日。截至1868年，被流放者的总数已达16万人。

③淘金热和人口增长

在澳大利亚发现了黄金后，成千上万的人从世界各地陆续来到澳大利亚，1850年时澳大利亚的人口还只有40万人，在之后的短短十年间人口急剧地增长到了114万人。在维多利亚州的巴拉腊特发现巨大的矿脉后，大批的淘金者也随之来到这里。因为这里人口过于集中，对治安也产生了不好的影响。另一方面，曾经是被当做无赖的淘金者们的劳动意识逐渐被唤醒，开始进行劳动生产。

年份	事件
5万年以前	当地土著人的祖先从亚洲渡海来到澳大利亚。
1606年	荷兰航海家杨茨到达澳大利亚的约克角。
1642年	Key Sentence ① 荷兰人塔斯曼在南部海域发现了塔斯马尼亚岛（后以他的名字命名）。
1768年	英国航海家詹姆斯•库克开始了对太平洋的考察。
1770年	库克登上澳洲大陆东南海岸考察，将其命名为新南威尔士，并宣告这块辽阔的土地归英国所有。
1788年	菲利普率1500人的船队，其中包括700名被流放的犯人，在植物学湾登陆并将所在地命名为悉尼。
1793年	Key Sentence ② 第一艘移民船抵达澳大利亚。
1797年	美利奴羊被运到澳大利亚。
1803年	英国宣告对塔斯马尼亚拥有主权。《悉尼公报》创刊。
1829年	英国宣告对澳大利亚全境拥有主权，并开始建设以珀斯为中心的西澳大利亚殖民地。
1836年	流放犯开始来到阿德莱德，南澳大利亚殖民地成立。
1851年	在悉尼西部发现金矿，引发淘金热。设立以墨尔本为首府的维多利亚殖民地
1852年	Key Sentence ③ 澳大利亚第一所大学——悉尼大学创立。
1856年	设立塔斯马尼亚殖民地。
1859年	设立以布里斯班为首府的昆士兰殖民地。

库克船长的小屋

阿德莱德的街景

POINT 注意

了解了澳大利亚的历史，可以更深层次地理解当地人的生活，旅行也会变得更有乐趣。

年份	事件
1868年	停止接受英国的流放犯。
1880年	在墨尔本召开万国博览会。
1900年	英国议会承认6个殖民地自治，各殖民地以州的形式统一组成澳大利亚联邦。（4 Key Sentence）
1901年	制定移民限制法（白澳政策）。（Key Sentence 5）
1913年	定堪培拉为首都。
1914年	第一次世界大战爆发，澳大利亚作为同盟国参战（~1918年）。
1927年	联邦政府议会迁往堪培拉。
1939年	第二次世界大战爆发。英法对德宣战，同澳大利亚也对德宣战。
1945年	第二次世界大战结束。
1947年	战后开始从欧洲接受难民。
1956年	举办墨尔本奥运会。
1967年	承认原住民的选举权。
1972年	废除白澳政策。（Key Sentence 6）
1976年	通过原住民土地权利法。承认原住民土地所有制度。
1988年	庆祝欧洲移民到澳大利亚200周年。
1989年	在堪培拉召开第一届亚太经合组织部长级会议（APEC）。
1998年	承认原住民在海域的居住权。
2000年	举办悉尼奥林匹克运动会。
2007年	茱莉雅·吉拉德当选澳大利亚总理，成为澳大利亚历史上首位女总理。

国会议事堂

奥林匹克赛场

Key Sentence 关键词

④成立联邦政府

各殖民地在改善食住环境、发展产业、稳定经济以后，澳大利亚开始握有太平洋的主动权。6个殖民地都向英国要求自己的自治权，在经过10多年的讨论以后，最终成立了联邦政府。而推进这一进程成为现实的动力就是“由白人来建立国家”这一想法。

⑤白澳种族主义的抬头

随着淘金热引发的人口增加，各地开始了排斥非欧移民的运动。其结果就是，在1901年成立的新联邦议会所制定的法令中，就有限制移民的法律。白澳政策在20世纪一直被实行。除了禁止非欧洲移民进入以外，还对已经移民的非英裔公民进行社会、生活的同化教育，给他们带来了很大的痛苦。

⑥第二次世界大战和白澳政策的废止

伴随着白澳种族主义的高涨，澳大利亚中的大部分人口都是英裔移民的后代。但是，经历了两次世界大战以后，澳大利亚的人口急剧减少。而且，战后的重建工作，也因为劳动力不足变得举步维艰。这样一来，引入外来劳动力就变得非常必要了。由此，开始接受东欧、南欧以及中东地区的移民，白澳种族主义实际上开始消亡。移民的大量涌入也给澳大利亚注入了新的发展动力。

参考[旅行会话]

基本会话

打招呼

早上好。	下午好。	再见。	很高兴见到你。
Good morning.	Good afternoon.	Good-bye.	Nice to meet you.
是。/ 不是。	谢谢。	不好意思。	对不起。
Yes. / No.	Thank you.	Excuse me.	I'm sorry.

咖啡厅/餐厅用语

让我看一下菜单可以吗？	有什么推荐的吗？
May I have a menu, please?	What do you recommend?
结账。	非常美味。
Check (Bill), please.	It was very delicious.

购物用语

我就是看看。	让我看一下这个。	可以试穿一下吗？
I'm just looking.	Please show me this.	May I try this on?
太大（小）了。	我要这个。	多少钱？
This is too big (small).	I'll take this.	How much?

问讯、答复用语

……在哪儿？	请……走。
Where is…?	To…,please.

询问地点

免税店	市场	酒店	餐厅
the duty-free shop	the market	the hotel	the restaurant
特产店	购物中心	剧场	高尔夫球场
the souvenir shop	the shopping mall	the theatre	the golf course
厕所	观光信息中心	美术馆	博物馆
the toilet	the tourist information centre	the art museum	the museum
入口	出口	唐人街	公园
the entrance	the exit	the Chinatown	the park

索引 INDEX

观光

住宿

乐游全球丛书
翻译委员会

丛书翻译统筹

潘寿君

翻译审订（以音序排名）

陈燕生　程长善　侯　越　潘寿君　王　怡
谢立群　张文颖　张志军　周　洁

翻译成员（以音序排名）

陈　晨　迟晓春　董娜娜　宫　静　郭攀霞　郭文雅　韩佳梅
黄叶清　黄奕纬　凌　艳　刘东婧　刘　芳　柳慕云　罗芳芳
满新茹　潘　丽　裴　玺　任二青　王丽珠　吴媛媛　徐　超
徐　琳　徐珊珊　阎婷婷　杨　欢　张静超　张　楠　张亚林
张　永　张　玉　赵　丽　钟萍萍　周　微　宗文玉

Staff

制作
㈱ガンザオーリ
斉藤欽哉
川原憲一
佐藤和紀
木原一美
小森孝志
須藤桃子
夏実恭子
千葉征徳
小砂景敏
杉山友隆
野澤雅史
淵崎昭治
㈲テクスタイド

コーディネート
Jack FAGHANI
John MILANESE
Jay Samarakoon

デザイン
エディア
菅　知子
ビット
ムラカミマスミ
アイ・デプト
伊藤明彦

イラスト
岡本倫幸

カバー・表紙デザイン
下川雅敏

カバー写真
鈴木義明
JALフォトサービス

地図デザイン
㈱チューブグラフィックス

地図制作
㈱千秋社
㈱ジェオ

協力
オーストラリア政府観光局
ビクトリア州政府観光局
クイーンズランド州観光公社
西オーストラリア州政府観光局
南オーストラリア州政府観光局
ニュー・サウス・ウエールズ州政府観光局
ノーザン・テリトリー政府観光局

北京市版权局著作权合同登记图字：01-2011-1605
审图号：GS（2011）1843 号

总 策 划：刘 权 冉 颖
执行策划：冉 颖 梁 爽 陈凤玲
责任编辑：陈凤玲 高 峰

WAGAMAMA ARUKI TOURS FOR PACKAGE TOUR series: :（オーストラリア）

图书在版编目（CIP）数据

澳大利亚 / 实业之日本社海外版编辑部编著；张文颖，刘芳译—北京：旅游教育出版社，2012.9
（乐游全球 跟团游系列）
ISBN 978-7-5637-2411-6

I. ①澳… Ⅱ. ①实… ②张… ③刘… Ⅲ. ①旅游指南—澳大利亚 Ⅳ. ① K961.19

中国版本图书馆 CIP 数据核字（2012）第 109925 号

乐游全球 跟团游系列

澳大利亚

实业之日本社海外版编辑部 编著
张文颖 刘芳 译

出版单位：旅游教育出版社
地 址：北京市朝阳区定福庄南里 1 号
邮 编：100024
发行电话：（010）65778403 65728372
65767462（传真）
本社网址：www.tepcb.com
E-mail：tepfx@163.com
印刷单位：北京博海升彩色印刷有限公司
经销单位：新华书店
开 本：880 × 1230 1/32
印 张：7.5
字 数：315 千字
版 次：2012 年 9 月第 1 版
印 次：2012 年 9 月第 1 次印刷
定 价：40.00 元

（图书如有装订差错请与发行部联系）